utb 2598

AF635107

Eine Arbeitsgemeinschaft der Verlage

Böhlau Verlag · Wien · Köln · Weimar
Verlag Barbara Budrich · Opladen · Toronto
facultas · Wien
Wilhelm Fink · Paderborn
Narr Francke Attempto Verlag · Tübingen
Haupt Verlag · Bern
Verlag Julius Klinkhardt · Bad Heilbrunn
Mohr Siebeck · Tübingen
Ernst Reinhardt Verlag · München
Ferdinand Schöningh · Paderborn
Eugen Ulmer Verlag · Stuttgart
UVK Verlag · München
Vandenhoeck & Ruprecht · Göttingen
Waxmann · Münster · New York
wbv Publikation · Bielefeld

Johannes Wallmann

Der Pietismus

2., veränderte Auflage

Vandenhoeck & Ruprecht

Johannes Wallmann, geb. am 21. Mai 1930 in Erfurt; Studium der Theologie in Berlin und Tübingen; 1970–1995 Professor für Kirchengeschichte an der Evangelisch-Theologischen Fakultät der Ruhruniversität Bochum; Ehrendoktor der Universität Helsinki; seit 2002 Honorarprofessor an der Humboldt-Universität Berlin; Mitglied der Rheinisch-Westfälischen Akademie der Wissenschaften; Verfasser und Herausgeber zahlreicher Publikationen zur Kirchengeschichte des 17. Jahrhunderts, insbesondere der Lutherischen Orthodoxie und des Pietismus, z.B.: Philipp Jakob Spener und die Anfänge des Pietismus, Tübingen [2]1986; Theologie und Frömmigkeit im Zeitalter des Barock: Gesammelte Aufsätze, Tübingen 1995; Kirchengeschichte Deutschlands seit der Reformation, Tübingen [7]2012.

Online-Angebote oder elektronische Ausgaben sind erhältlich unter **www.utb-shop.de**

Bibliografische Information der Deutschen Nationalbibliothek:
Die Deutsche Nationalbibliothek verzeichnet diese Publikation in der Deutschen Nationalbibliografie; detaillierte bibliografische Daten sind im Internet über http://dnb.de abrufbar.

© 2019, 2005 Vandenhoeck & Ruprecht GmbH & Co. KG,
Theaterstraße 13, D-37073 Göttingen
Alle Rechte vorbehalten. Das Werk und seine Teile sind urheberrechtlich geschützt. Jede Verwertung in anderen als den gesetzlich zugelassenen Fällen bedarf der vorherigen schriftlichen Einwilligung des Verlages.

Umschlaggestaltung: Atelier Reichert, Stuttgart
Satz: Text & Form, Garbsen
Druck und Bindung: Friedrich Pustet, Regensburg
Printed in the EU

Vandenhoeck & Ruprecht Verlage | www.vandenhoeck-ruprecht-verlage.com

UTB-Band-Nr. 2598
ISBN 978-3-8252-5085-0

Inhalt

Vorwort zur zweiten Auflage

Da die Erstauflage meiner 2005 als UTB erschienenen Geschichte des Pietismus eine nur leichte Überarbeitung des im kirchengeschichtlichen Handbuch „Die Kirche in ihrer Geschichte“ 1990 erschienenen Faszikels „Der Pietismus“ war, handelt es sich eigentlich um eine dritte Auflage. Daß meine Darstellung trotz der inzwischen intensiv betriebenen Pietismusforschung ihre Leser findet, freut mich. Meine Art, größere geschichtliche Zusammenhänge erzählerisch darzustellen, streng wissenschaftlich, aber auf Fachterminologie verzichtend und ohne Rücksicht auf wechselnde Forschungstrends, findet in der immer spezialistischer werdenden Einzelforschung offensichtlich Zustimmung. Meine nach der gleichen Art verfaßte Gesamtdarstellung *Kirchengeschichte Deutschlands seit der Reformation* UTB 1355 hat seit 1973 sieben, jedesmal durchgesehene Neuauflagen (zuletzt 2012) erlebt und und wird bis zur Gegenwart nachgedruckt.

Vor zwanzig Jahren gab es in der Pietismusforschung einen intensiven Streit über die Definition des Begriffs Pietismus. Die große von Martin Brecht u.a. herausgegebene vierbändige „Geschichte des Pietismus“ (1998–2004) sah nicht in Philipp Jakob Spener, sondern in Johann Arndt den Begründer des Pietismus und führte den Pietismus über das 19. Jahrhundert bis in die Gegenwart fort. Ich selbst hatte Arndt als Begründer der pietistischen Frömmigkeit erst in die Pietismusforschung eingeführt und behandele ihn auch hier, rechne ihn aber nur im weiteren Sinn zum Pietismus und verstehe unter Pietismus eine Frömmigkeitsbewegung, die ihren Begründer in Philipp Jakob Spener hat und zuweilen Barockpietismus genannt wird. Die Wandlung vom Altprotestantismus, der der mittelalterlichen Naherwartung des Jüngsten Tages verhaftet blieb, zum Neuprotestantismus, vollzieht sich nicht mit Arndt, sondern mit Spener, der mit der Hoffnung besserer Zeiten dem Protestantismus eine geschichtliche Zukunft eröffnet, in der Reich-Gottes-Arbeit möglich wird und Luthers antijüdische Spätschriften von 1543 in Vergessenheit geraten. Der Pietismus des 17. und 18. Jahrhunderts ist eine fundamentale Erneuerungsbewegung des Protestantismus, neben dem angelsächsischen Puritanismus die bedeutendste religiöse Bewegung des Protestantismus seit der Reformation.

Die Pietismusforschung der letzten Jahrzehnte bleibt, auch wenn sich der Blick von Deutschland auf andere Länder wie die Niederlande, die baltischen Länder und Nordamerika ausweitet, überwiegend dabei, den Pietismus mit Spener beginnen zu lassen. Eine Pietismusforschung für das 19. und 20. Jahrhundert hat sich nicht ergeben. Insofern entspricht mein Buch, das in die Sprachen anderer Länder (Ungarn, Korea, Japan) übersetzt worden ist, dem gegenwärtigen Stand der Forschung.

Meiner Darstellung wurde vorgeworfen, sie sei stark personenorientiert. Doch dies erweist sich vielleicht als Vorteil. Weil die Geschichte des Pietismus nur in der Frömmigkeit einzelner Personen und Peronengruppen greifbar ist, wird eine von wechselnden Forschungstrends (sozialwissenschaftliche Methodik, Genderforschung) freie historische Darstellung ihre Bedeutung behalten. Pietistischen Frauen wie Anna Maria van Schurman, Maria Sybille Merian und Anna Maria Schuchart wird von mir größere Aufmerksamkeit geschenkt als von anderen.

Meine Darstellung erscheint unverändert. Das Literaturverzeichnis auf den neuesten Stand zu bringen, ist wegen der Fülle der seit 2005 erschienenen Literatur unmöglich. Die neuere Literatur ist durch die jährlich erscheinende Pietismusbibliographie des Jahrbuchs „Pietismus und Neuzeit“ leicht zugänglich. Dagegen ist die ältere Literatur schwieriger zu erfassen, so daß mein bisheriges Literaturverzeichnis nützlich bleibt. Auf den neuesten Stand gebracht habe ich lediglich die Angaben über die Quellenausgaben und Quellenauswahlausgaben. Hierfür danke ich Klaus vom Orde.

Berlin, im September 2018 Johannes Wallmann

Literatur[1]

I. Pietismus (allgemein)

a) Quellenausgaben

Historisch-kritische Ausgaben:
Texte zur Geschichte des Pietismus (TGP), Berlin 1972ff und Göttingen 1979ff. Im Erscheinen begriffen Texteditionen von A.H. Francke (bisher fünf Bände), G. Tersteegen (bisher zwei Bände: Geistliche Reden, Göttingen 1979; Niederländische Briefe, Göttingen 1982; Briefe (zwei Bände), Gießen und Göttingen 2008. J.A. Bengel, Briefwechsel, zwei Bände, Göttingen 2008 und 2012. F.Chr. Oetinger (abgeschlossen, drei Bände: Lehrtafel, Berlin 1972; Theologia, Berlin 1979; Biblisch-emblematisches Wörterbuch, Berlin 1999); Ph.J. Spener, Briefe aus der Frankfurter Zeit 1666–1686, Tübingen (bisher sechs Bände, 1992–2019), Briefe aus der Dresdner Zeit 1686–1691 (bisher vier Bände Tübingen 2003–2017); Briefe aus der Berliner Zeit 1691–1705 (bisher ein Band, Tübingen 2019); Briefwechsel mit A.H. Francke 1689–1704, Tübingen 2006.

Reprintausgaben:
Im Erscheinen begriffen Editionen der Werke von Ph.J. Spener (Hildesheim 1979ff), G. Arnold (Stuttgart 1963ff), N.L. v. Zinzendorf (Hildesheim 1962ff), F.Chr. Oetinger (Stuttgart 1977ff = Ndr. der Sämtlichen Schriften hg.v. K.Chr. E. Ehmann, 1852–64).

b) Quellenauswahlsammlungen

Albrecht-Birkner, Veronika/Breul, Wolfgang u.a., Pietismus. Eine Anthologie von Quellen des 17. und 18. Jahrhunderts. Leipzig 2015. – Bunners, Christian: Lieder des Pietismus aus dem 17. und 18. Jahrhundert, Leipzig 2003. – Erb, Peter C.: Pietists. Selected Writings (The Classics of Western Spirituality), New York 1983. – Peschke, Erhard: August Hermann Francke, Werke in Auswahl, Witten/Berlin 1969. – Schmidt, Martin/Jannasch, Wilhelm: Das Zeitalter des Pietis-

1 Die Abkürzungen richten sich nach S.M. Schwertner, IATG², Berlin/New York 1992.

mus (Klassiker des Protestantismus VI), Bremen 1965, Ndr. Wuppertal 1988. – URNER, Hans: Der Pietismus, Berlin ²1962. – WEBER, Otto/BEYREUTHER, Erich: Die Stimme der Stillen. Ein Buch zur Besinnung aus dem Zeugnis von Pietismus und Erweckungsbewegung, Neukirchen 1959. – ZIMMERMANN, Ernst: Der Pietismus (Religionskundliche Quellenhefte 25), Leipzig/Berlin um 1910.

c) Bibliographien u.ä.

BREYMAYER, Reinhard: Auktionskataloge deutscher Pietistenbibliotheken, in: R. Wittmann (Hg.), Bücherkataloge als buchgeschichtliche Quellen in der frühen Neuzeit, Wiesbaden 1985, 113–208. – BRUCKNER, John: A bibliographical catalogue of seventeenth-century German books published in Holland, Den Haag/Paris 1971. – DÜNNHAUPT, Gerhard: Personalbibliographien zu den Drucken des Barock, Tl. 1–5, Stuttgart ²1990–1991. – GRÜNBERG, Paul: Spener-Bibliographie, in: ders./Ph.J. Spener, Bd. 3, Göttingen 1906 (Ndr. 1988), 211–388. – MÄLZER, Gottfried: Die Werke der württembergischen Pietisten des 17. und 18. Jahrhunderts, Berlin 1972. – MCKENZIE, Edgar C.: A Catalogue of British devotional and religious books in German Translation from the Reformation to 1750, Berlin 1997. – MEYER, Dietrich (Hg.): Bibliographisches Handbuch zur Zinzendorf-Forschung, Düsseldorf 1987. – RAABE, Paul/PFEIFFER, Almut: August Hermann Francke 1663–1727. Bibliographie seiner Schriften, Halle/Tübingen 2001. – Jährliche Pietismus-Bibliographie in: Pietismus und Neuzeit (PuN) 1974ff.

d) Gesamtdarstellungen

BEYREUTHER, Erich: Geschichte des Pietismus, Stuttgart 1978. – BRECHT, Martin/DEPPERMANN, Klaus/GÄBLER, Ulrich/LEHMANN, Hartmut (Hg.): Geschichte des Pietismus, 4 Bde., Göttingen 1993–2004. – BRECHT, Martin: Art. „Pietismus“, in: TRE 26 (1996), 606–631. – GOEBEL, Max: Geschichte des christlichen Lebens in der rheinisch-westphälischen evangelischen Kirche, 3 Bde., Coblenz 1849–60, Ndr. Gießen 1992. – HEPPE, Heinrich: Geschichte des Pietismus und der Mystik in der reformirten Kirche, namentlich der Niederlande, Leiden 1879. – HIRSCH, Emanuel: Geschichte der neuern evangelischen Theologie im Zusammenhang mit den allgemeinen Bewegungen des europäischen Denkens, Bd. 2, Gütersloh ⁵1975, 91–317. – LEHMANN, Hartmut: Das Zeitalter des Absolutismus, Stuttgart 1980. – MIRBT, Carl: Art. „Pietismus“, in: RE³ 15 (1904), 774–815. – OSCULATI, Roberto: Vero Cristianesimo. Teologia e società moderna nel pietismo luterano, Bari 1990. – RITSCHL,

Albrecht: Geschichte des Pietismus, 3 Bde., Bonn 1880–86, Ndr. Berlin 1966. – SACHSSE, Eugen: Ursprung und Wesen des Pietismus, Wiesbaden 1884. – SCHARFE, Martin: Die Religion des Volkes. Kleine Kultur- und Sozialgeschichte des Pietismus, Gütersloh 1980. – SCHICKETANZ, Peter: Der Pietismus von 1675 bis 1800, Leipzig 2001. – SCHMID, Heinrich: Die Geschichte des Pietismus, Nördlingen 1863. – SCHMIDT, Martin: Pietismus, Stuttgart (1972), [3]1983. – SCHNEIDER, Hans: Der Pietismus, in: R. Kottje/B. Moeller (Hg.), Ökumenische Kirchengeschichte, Bd. 3, Mainz/München [4]1989, 56–74. – SCHRADER, Hans Jürgen: Art. „Pietismus", in: Literatur Lexikon. Begriffe, Realien, Methoden. Bd. 14 (1993), 208–216. – STOEFFLER, F. Ernest: The Rise of Evangelical Pietism, Leiden (1965), [2]1971. – DERS.: German Pietism during the eighteenth century, Leiden 1973. – WALCH, Johann Georg: Historische und Theologische Einleitung in die Religionsstreitigkeiten der Evangelisch-Lutherischen Kirche, 5 Bde., Jena 1733ff, Ndr. Stuttgart-Bad Cannstatt 1972ff. – WALLMANN, Johannes: Art. „Pietismus", in: RGG[4] 6 (2003), 1341–1348.

e) *Sammelbände, Aufsatzsammlungen, Festschriften*

ALAND, Kurt (Hg.): Pietismus und Bibel, Witten 1970. – DERS.: Pietismus und moderne Welt, Witten 1974. – BEYREUTHER, Erich: Frömmigkeit und Theologie. Ges. Aufsätze, Hildesheim 1980. – BLAUFUSS, Dietrich: Korrespondierender Pietismus. Ausgewählte Beiträge, Leipzig 2003. – BORNKAMM, Heinrich/HEYER, Friedrich/SCHINDLER, Alfred (Hg.): Der Pietismus in Gestalten und Wirkungen, FS M. Schmidt, Bielefeld 1975. – BRECHT, Martin: Ausgewählte Aufsätze, Bd. 2: Pietismus, Stuttgart 1997. – BREUEL-KUNKEL, Wolfgang/VOGEL, Lothar (Hg.): Rezeption und Reform. FS H. Schneider, Darmstadt/Kassel 2001. – BUSCH, Gudrun/MIERSEMANN, Wolfgang (Hg.): „Geist=reicher" Gesang. Halle und das pietistische Lied, Tübingen 1997. – GRESCHAT, Martin (Hg.): Zur neueren Pietismusforschung, WdF 440 (1977). – DERS. (Hg.): Orthodoxie und Pietismus, Gestalten der Kirchengeschichte 7, Stuttgart 1982. – HINSKE, Norbert (Hg.): Zentren der Aufklärung I: Halle. Aufklärung und Pietismus, Heidelberg 1989. – JAKUBOWSKI-TIESSEN, Manfred (Hg.): Krisen des 17. Jahrhunderts. Interdisziplinäre Perspektiven, Göttingen 1999. – KEMPER, Hans-Georg/SCHNEIDER, Hans (Hg.): Goethe und der Pietismus, Tübingen 2001. – KOCH, Ernst/WALLMANN, Johannes (Hg.): Ernst Salomon Cyprian (1673–1745) zwischen Orthodoxie, Pietismus und Frühaufklärung, Gotha 1996. – LAGNY, Anne (Hg.): Les Piétismes à lâge classique. Crise, conversion, institutiones, Villeneuve 2001. – LEHMANN, Hartmut/SCHILLING, Heinz/SCHRADER, Hans-Jürgen (Hg.): Jansenismus, Quietismus, Pietismus, Göttingen 2002. – LEUBE, Hans: Orthodoxie und Pietismus. Gesammelte Studien (hg.v. D. Blaufuß), Bielefeld 1975. – MEYER, Dietrich (Hg.): Pietismus-Herrnhutertum-Erweckungsbewegung, FS E. Beyreuther, Köln 1982. – DERS./STRÄTER, Udo (Hg.): Zur Rezeption mystischer Traditionen im Protestantismus des 16. bis 19. Jahrhunderts, Köln 2002. – MIERSEMANN, Wolfgang/BUSCH, Gudrun (Hg.): Pietismus und Liedkultur, Tübingen 2002. – NEUMANN, Josef N./STRÄTER, Udo (Hg.): Das Kind in Pietismus und Aufklärung, Tübingen 2000. – NIEDEN, Hans-Jörg/NIEDEN, Marcel (Hg.): Praxis Pietatis. Beiträge zu Theologie und Frömmigkeit in der Frühen Neuzeit, FS W. Sommer, Stuttgart 1999. – SCHMIDT, Martin: Wiedergeburt und neuer Mensch. Ges. Studien zur Geschichte des Pietismus, Witten 1969. – DERS.: Der Pietismus als theologische Erscheinung. Ges. Studien zur Geschichte des Pietismus II, Göttingen 1984. – STRÄTER, Udo (Hg.): Pietas in der Lutherischen Orthodoxie, Wittenberg 1998. – DERS. (Hg.): Melanchthonbild und Melanchthonrezeption in der Lutherischen Orthodoxie und im Pietismus, Wittenberg 1999. – DERS./NEUMANN, Josef N. (Hg.): Waisenhäuser in der Frühen Neuzeit, Tübingen 2003. – WALLMANN, Johannes: Theologie und Frömmigkeit im Zeitalter des Barock, Ges. Aufsätze, Tübingen 1995. – DERS.: Pietismus-Studien, Ges. Aufsätze Bd. 2, Tübingen (im Erscheinen). – DERS./LAASONEN Pentti (Hg.): Der Pietismus in seiner europäischen und außereuropäischen Ausstrahlung, Helsinki 1992. – DERS./STRÄTER, Udo (Hg.): Halle und Osteuropa. Zur europäischen Ausstrahlung des hallischen Pietismus, Tübingen 1998. – ZELLER, Winfried: Theologie und Frömmigkeit. Gesammelte Aufsätze, 2 Bde., Marburg 1971/78.

f) Übergreifende Darstellungen und Untersuchungen

BARTHOLD, Friedrich Wilhelm: Die Erweckten im protestantischen Deutschland während des Ausgangs des 17. und der ersten Hälfte des 18. Jahrhunderts, besonders die frommen Grafenhöfe, Leipzig 1852/53, Ndr. Darmstadt 1968. – BEYREUTHER, Gottfried: Sexualtheorien im Pietismus, in E. Beyreuther u.a. (Hg.), N.L. v. Zinzendorf. Materialien und Dokumente, Reihe 2, Bd. XIII, Hildesheim 1975, 509–596. – CRITCHFIELD, Richard: Prophetin, Führerin, Organisatorin. Zur Rolle der Frau im Pietismus, in: B. Becker-Cantarino (Hg.), Die Frau von der Reformation zur Romantik, Bonn 1980, 112–137. – FRIEDRICH, Martin: Zwischen Abwehr und Bekehrung. Die Stellung der deutschen evangelischen Theologie zum Judentum im 17. Jahrhundert, Tübingen 1988. – GIERL, Martin: Pietismus und Aufklärung. Theologische Polemik und die Kommunikationsreform am Ende des 17. Jahrhunderts, Göttingen 1997. – JUNG, Martin H.: Frauen des Pietismus, Gütersloh 1998. – KAISER, Gerhard: Pietismus und Patriotismus im literarischen Deutschland. Ein Beitrag zum Problem der Säkularisation, Frankfurt a.M. ²1973. – KANG, Chi-Won: Frömmigkeit und Gelehrsamkeit. Die Reform des Theologiestudiums im lutherischen Pietismus des 17. und des frühen 18. Jahrhunderts, Giessen 2001. – Kemper, Hans-Georg: Deutsche Lyrik der frühen Neuzeit, Bd. 5/1: Aufklärung und Pietismus, Tübingen, 1991. – Köster, Beate: Die Lutherbibel im frühen Pietismus, Bielefeld 1984. – Lächele, Rainer: Die „Sammlung auserlesener Materien zum Bau des Reichs Gottes“ zwischen 1730 und 1760. Erbauungszeitschriften als Kommunikationsmedien des Pietismus. Theol. Habil. Marburg 2001. – Lang, August: Puritanismus und Pietismus. Studien zu ihrer Entwicklung von M. Butzer bis zum Methodismus, Neukirchen 1941, Ndr. Darmstadt 1972. – Langen, August: Der Wortschatz des deutschen Pietismus, Tübingen ^{2}1968. – Maier-Petersen, Magdalene: Der „Fingerzeig Gottes“ und die „Zeichen der Zeit“, Stuttgart 1984. – Martens, Wolfgang: Literatur und Frömmigkeit in der Zeit der Frühaufklärung, Tübingen 1989. – Schian, Martin: Orthodoxie und Pietismus im Kampf um die Predigt. Ein Beitrag zur Geschichte des endenden 17. und des beginnenden 18. Jahrhunderts, Gießen 1912. – Schrader, Hans-Jürgen: Literaturproduktion und Büchermarkt des radikalen Pietismus. Johann Henrich Reitz' „Historie Der Wiedergebohrnen“, Göttingen 1989. – Schrenk, Gottlob: Gottesreich und Bund im älteren Protestantismus, vornehmlich bei Johannes Coccejus, Gütersloh 1923, Ndr. Darmstadt 1967. – Sträter, Udo: Sonthom, Bayly, Dyke und Hall. Studien zur Rezeption der englischen Erbauungsliteratur in Deutschland im 17. Jahrhundert, Tübingen 1987. – Ders.: Meditation und Kirchenreform in der lutherischen Kirche des 17. Jahrhunderts, Tübingen 1995. – Witt, Ulrike: Bekehrung, Bildung und Biographie. Frauen im Umkreis des Halleschen Pietismus, Tübingen 1996. – Zsindely, Endre: Krankheit und Heilung im älteren Pietismus, Zürich 1962.

g) Forschungsberichte (Forschungsberichte zum regionalen Pietismus unter II.)

Brecht, Martin: Der Pietismus als Epoche der Neuzeit, VF 21 (1976), 46–81. – Greschat, Martin: Zur neueren Pietismusforschung, JVWKG 65 (1972), 220–268. – Lehmann, Hartmut: Der Pietismus im Alten Reich, HZ 214 (1972), 58–95. – Schattenmann, Paul: Luthertum und Pietismus im Urteil von Karl Holl, ELKZ 2 (1948), 223–225. – Schmidt, Martin: Epochen der Pietismusforschung, in: ders., Der Pietismus als theologische Erscheinung (s. unter e), 34–83. – Schneider, Hans: Der radikale Pietismus in der neueren Forschung, PuN 8 (1982), 15–42; PuN 9 (1983), 117–151. – Schrader, Hans-Jürgen: Probleme der bibliographischen und editorischen Erschließung pietistischer Literatur, in: W. Martens (Hg.), Bibliographische Probleme im Zeichen eines erweiterten Literaturbegriffs, Weinheim 1988, 83–111. –

WALLMANN, Johannes: Pietismus und Orthodoxie. Überlegungen und Fragen zur Pietismusforschung, in: FS H. Rückert, Berlin 1966, 418–442 (wiederabgedr. in: M. Greschat, WdF 440, 53–81). – DERS.: Europäische und außereuropäische Ausstrahlung des Pietismus, in E. Donner (Hg.): Europa in der Frühen Neuzeit, FS Günter Mühlpfordt, Bd. 2 Frühmoderne, Weimar/Köln/Wien 1997, 1–20. – DERS.: L'état actuel de la recherche sur le piétisme, in: Anne Lagny (Hg.), Les piétismes à l'âge classique (s. unter e), 2001, 31–55.

h) Jahrbücher, Periodica

Documentatieblad Nadere Reformatie, Utrecht 1977ff. – Pietismus und Neuzeit. Ein Jahrbuch zur Geschichte des neueren Protestantismus (= PuN), Göttingen 1974ff (mit jährlicher Pietismusbibliographie). – Unitas Fratrum. Zeitschrift für Geschichte und Gegenwartsfragen der Brüdergemeine, Hamburg 1977ff.

II. Regionaler Pietismus

Berlin-Brandenburg

DEPPERMANN, Klaus: Die politischen Voraussetzungen für die Etablierung des Pietismus in Brandenburg-Preußen, PuN 12 (1986), 38–53. – GAEDE, Käthe: Einflüsse des Pietismus unter den Königen Friedrich I. und Friedrich Wilhelm I., in: G. Wirth (Hg.), Beiträge zur Berliner Kirchengeschichte, Berlin 1987, 63–86. – KRUSE, Martin: Preußen und der frühe Pietismus, JBBKG 53 (1981), 9–20. – OBST, Helmut: Der Berliner Beichtstuhlstreit, Witten 1972. – PETRI, Hans: Der Pietismus in Sorau/Niederlausitz, JBBKG 9/10 (1913), 126–203. – SCHICKETANZ, Peter: Pietismus in Berlin-Brandenburg. Versuch eines Forschungsberichtes, PuN 13 (1987), 115–134. – WEISKE, Karl: Pietistische Stimmen aus der Mark Brandenburg, JBBKG (1929), 178–241. – WENDLAND, Walter: Siebenhundert Jahre Kirchengeschichte Berlins, Berlin 1930, 105–145. – DERS.: Der pietistische Landgeistliche in Brandenburg um 1700, JBBKG 29 (1934), 76–102. – WERNER, Walter: Der frühe Pietismus im Fürstentum Halberstadt, in: R. Ahrbeck/B. Thaler (Hg.), A.H. Francke 1663–1727, Halle/Saale 1977, 86–95. – WOTSCHKE, Theodor: Der märkische Freundeskreis Brecklings, JBBKG 23 (1928), 134–203; 24 (1929), 168–177; 25 (1930), 193–226.

Ostpreußen

BORRMANN, Walther: Das Eindringen des Pietismus in die ostpreußische Landeskirche, Königsberg 1913. – HINRICHS, Carl: Preußentum und Pietismus, Göttingen 1971, 231–300. – HUBATSCH, Walther: Geschichte der evangelischen Kirche Ostpreußens, Bd. 1, Göttingen 1968, 172–217. – RIEDESEL, Erich: Pietismus und Orthodoxie in Ostpreußen auf Grund des Briefwechsels G.F. Rogalls und F.A. Schultz' mit den Halleschen Pietisten, Königsberg 1937. – WOTSCHKE, Theodor: Der Pietismus in Königsberg nach Rogalls Tode in Briefen, Königsberg 1929/30.

Provinz Sachsen

SCHULZ, Martin: Johann Heinrich Sprögel und die pietistische Bewegung Quedlinburgs, Diss. theol. Halle/Saale 1974. – WOTSCHKE, Theodor: Der Pietismus in der Provinz Sachsen, ZVKGS 37/38 (1940), 39–84.

Sachsen

LEUBE, Hans: Die Geschichte der pietistischen Bewegung in Leipzig (Diss. phil. Leipzig 1921), in: Orthodoxie und Pietismus. Gesammelte Studien von H. Leube, Bielefeld 1975, 153–267. – WARTENBERG, Günther: Der Pietismus in Sachsen – ein Literaturbericht, PuN 13 (1987), 103–114. – WOTSCHKE, Theodor: Der Pietismus in der Prov. Sachsen, ZVKGS 37/38 (1940), 39–84.

Thüringen

HERRMANN, Rudolf: Thüringische Kirchengeschichte, Bd. II, Weimar 1947. – WALLMANN, Johannes: Erfurt und der Pietismus im 17. Jahrhundert, in: ders., Theologie und Frömmigkeit, Tübingen 1995, 325–350. – WEISKE, Karl: Pietistische Stimmen aus Erfurt, Jahrbücher der Akademie der gemeinnützigen Wissenschaft zu Erfurt, N.F. Heft 47, Erfurt 1928. – WOTSCHKE, Theodor: Der Pietismus in Thüringen, TSZG 18 (1929), 1–55. – DERS.: Vom Pietismus in Thüringen, BThKG, Bd. 1, Gotha 1930. – DERS.: Vom Pietismus in Ostthüringen, ZVThG, Neue Folge 31 (1935), 285–334.

Mecklenburg

PESCHKE, Erhard: Der Pietismus in Dargun, PuN 1 (1974), 82–99. – SCHMALTZ, Karl: Kirchengeschichte Mecklenburgs, Bd. 3, Berlin 1952.

Pommern

BUSKE, Norbert: Pietismus und Neuzeit – ein Literaturbericht für den Bereich der pommerschen Kirche, vor allem für das Gebiet der heutigen Ev. Landeskirche Greifswald, PuN 13 (1987), 135–152. – HEYDEN, Hellmuth: Kirchengeschichte Pommerns, Bd. 2, Köln 1957, 133–140. – DERS.: Briefe Ph.J. Speners nach Stargard in Pommern, Baltische Studien NF 56 (1970), 57–68. – LOTHER, Helmut: Pietistische Streitigkeiten in Greifswald, Gütersloh 1925. – WOTSCHKE, Theodor: Der Pietismus in Pommern, BKGP 1 (1928), 12–58; 2 (1929), 4–75.

Schlesien

KONRAD, Paul: Zur Geschichte des Pietismus in Schlesien, hauptsächlich im Fürstentum Öls, in: Korrespondenzblatt des Vereins für Geschichte der Evangelischen Kirche Schlesiens 6 (1899), 193–212. – MEYER, Dietrich: Der Pietismus in der Oberlausitz, in: Wegmarken der Oberlausitzer Kirchengeschichte (Studien zur Oberlausitzer Kirchengeschichte 1), Düsseldorf/Görlitz 1994, 11–36. – DERS.: Der Einfluß des hallischen Pietismus auf Schlesien, in: Halle und Osteuropa (Hallesche Forschungen 1), Tübingen 1998, 211–229. – PATZELT, Herbert: Der Pietismus im Teschener Schlesien 1709–1730, Göttingen 1969. – DERS.: Der schlesische Pietismus des 18. Jahrhunderts, JSKG 64 (1985), 54–75. – SACHS, Wolfgang: Schlesier in Halle. Ein Beitrag zum A.H. Francke-Gedächtnisjahr, JSKG 42 (1963), 50–79. – SCHWARZ, Walter: August Hermann Francke und Schlesien, JSKG 36 (1957), 106–113. – WOTSCHKE, Theodor: Urkunden zur Geschichte des Pietismus in Schlesien, JVSKG 20 (1924), 58–131. – ZIMMERMANN, Elisabeth: Schwenckfelder und Pietisten in Greiffenberg und Umgebung. Ein Beitrag zur Geschichte der Frömmigkeit im Riesen- und Isergebirge 1670–1730, Görlitz 1939. – ZIMMERMANN, Hildegard: Caspar Neumann und die Entstehung der Frühaufklärung, Witten 1969.

Westfalen

BAUER, Eberhard: Der Separatismus in der Grafschaft Wittgenstein 1700–1725, JVWKG 75 (1982), 167–184. – BRECHT, Martin: Pietismus und Aufklärung in Lippe. Johann Ludwig Ewald und seine Freunde, Lippische Mitteilungen aus Geschichte und Landeskunde 56 (1987), 75–91. – ESSER, Helmut: Johann Georg Joch. Ein Wegbereiter für den Pietismus in Dortmund, BGDGM 58 (1962), 175–208. – GOEBEL, Max: Geschichte des christlichen Lebens in der rheinisch-westphälischen evangelischen Kirche, 3 Bde., Coblenz 1849–1860 (Ndr. Gießen 1992). – HERTLING, Christa Elisabeth: Der Wittgensteiner Pietismus im frühen 18. Jahrhundert – ein Beispiel sozialer Intervention, Diss. paed. Köln 1980. – PETERS, Christian: Pietismus in Westfalen, in: M. Brecht u.a. (Hg.), Geschichte des Pietismus Bd. 2, Göttingen 1995, 358–371. – SCHMITT, Jakob: Die Gnade bricht durch. Aus der Geschichte der Erweckungsbewegung im Siegerland, in Wittgenstein und den angrenzenden Gebieten, Gießen [3]1958. – STUPPERICH, Robert: Johann Arndts Frühpietismus in Minden-Ravensberg, Mindener Beiträge 20 (1983), 239–246. – DERS.: August Hermann Francke im Streit um die Cansteinschen Güter im Kölnischen Westfalen, JVWKG 78 (1985), 103–115. – WOTSCHKE, Theodor: Zur Geschichte des westfälischen Pietismus, JVWKG 32 (1931), 55–100; 34 (1933), 39–103.

Rheinland (vgl. auch bei Undereyck, Tersteegen)
ACKERMANN, Helmut: Joachim Neander und der Daktylus, MEKGR 29 (1980), 284–288. – GOEBEL, Max: (s. u. Westfalen). – MASSNER, Hanns-Joachim: Joachim Neander als Rektor der Lateinschule in Düsseldorf, MEKGR 29 (1980), 209–239. – MEYER, Dietrich: Pietismusforschung im Rheinland 1965–1985, PuN 13 (1987), 153–180. – MÜLHAUPT, Erwin: Rheinische Kirchengeschichte, Düsseldorf 1970, 203–210, 221–245. – WOTSCHKE, Theodor: Friedrich Brecklings niederrheinischer Freundeskreis, MRKG 21 (1927), 3–21. – DERS.: Briefe vom Niederrhein an Spener und Francke, a.a.O., 129–154. – DERS.: August Hermann Franckes rheinische Freunde in ihren Briefen, MRKG 22 (1928), passim. – DERS.: Speners und Franckes rheinische Freunde in ihren Briefen, MRKG 23 (1929), 321–357.

Hessen
BENAD, Matthias: Toleranz als Gebot christlicher Obrigkeit. Das Büdinger Patent von 1712, Hildesheim 1983. – BOHN, Karl: Beiträge zu der Geschichte des alten Pietismus im Solms-Laubacher Land, in: FS W. Diehl, Darmstadt 1931, 148–178. – HOCHHUTH, Carl Wilhelm Hermann: Heinrich Horche und die philadelphischen Gemeinden in Hessen, Gütersloh 1876. – IRMER, Wilhelm: Die Geschichte des Pietismus in der Grafschaft Waldeck, Greifswald 1912. – KÖHLER, Walther: Die Anfänge des Pietismus in Gießen 1689–1695, in: Die Universität Gießen von 1607–1907, Bd. 2, Gießen 1907, 133–244. – MACK, Rüdiger: Pietismus und Frühaufklärung an der Universität Gießen und in Hessen-Darmstadt, Darmstadt 1984. – DERS.: Forschungsbericht: Pietismus in Hessen, PuN 13 (1987), 181–226. – MENK, Gerhard: Philipp Jakob Spener und Waldeck, HJLG 33 (1983), 171–192. – MOHR, Rudolf: Egidius Günther Hellmunds gescheiterter Versuch, in der Reichsstadt Wetzlar den Pietismus einzuführen, in: FS E. Beyreuther, Köln 1982, 146–203. – OSWALT, Else: Christian Fende. Ein Beitrag zur Geschichte des Pietismus in Frankfurt am Main, Diss. phil. Frankfurt a.M. 1921. – STEITZ, Heinrich: Das antipietistische Programm der Landgrafschaft Hessen-Darmstadt von 1678, in: FS M. Schmidt, Bielefeld 1975, 444–465.

Nordwestdeutschland
BALKE, W.: Het Pietisme in Oostfriesland, ThRef 21 (1978), 307–327. – BESTE, Johannes: Philipp Jakob Speners Einfluß auf die Braunschweigische

Landeskirche, Braunschweig. Magazin II (1905), 85–91. – DERS.: Der Pietismus in der Braunschweigischen Landeskirche, JGNKG 27 (1922), 1–13. – DE BOER, August: Der Pietismus in Ostfriesland am Ende des 17. und in der ersten Hälfte des 18. Jahrhunderts, Aurich 1938. – HOLLWEG, Walter: Die Geschichte des älteren Pietismus in den reformierten Gemeinden Ostfrieslands von ihren Anfängen bis zur großen Erweckungsbewegung, Aurich 1978. – MAI, Gottfried: Die niederdeutsche Reformbewegung. Ursprünge und Verlauf des Pietismus in Bremen bis zur Mitte des 18. Jahrhunderts, HosEc 12 (1979). – MEYER, Friedrich Wilhelm: Früher Pietismus in der Grafschaft Oldenburg, Oldenburgisches Jahrbuch 83 (1983), 37–47. – MEYER, Gerhard: Pietismus und Herrnhutertum in Niedersachsen im 18. Jahrhundert, Hamburg 1953. – RUPRECHT, Rudolf: Der Pietismus des 18. Jahrhunderts in den Hannoverschen Stammländern, Göttingen 1919. – SCHÄFER, Walter: Der verfemte Pietismus des Magisters Bernhard Peter Karl: aus den Akten eines Osnabrücker Lehrstreites um 1700, JGNKG 74 (1976), 187–222. – SCHMIDT, Martin: Der Pietismus in Nordwestdeutschland, in: ders., Der Pietismus als theologische Erscheinung, Göttingen 1984, 199–229. – WALLMANN, Johannes: Herzog August zu Braunschweig und Lüneburg als Gestalt der Kirchengeschichte unter besonderer Berücksichtigung seines Verhältnisses zu Johann Arndt, PuN 6 (1980), 9–32. – WOTSCHKE, Theodor: Pietistisches aus Ostfriesland und Niedersachsen, ZGNKG 36 (1931), 72–178; 39 (1934), 151–159; 40 1935, 156–223.

Schleswig-Holstein/Hamburg/Lübeck

HAUSCHILD, Wolf-Dieter: Kirchengeschichte Lübecks, Lübeck 1981, 311–358. – HEIN, Lorenz: Zwischen Kirche und Freikirche. Der Weg der Herrnhuter in Schleswig-Holstein, SVSHKG.B 37 (1981), 117–134. – JAKUBOWSKI-TIESSEN, Manfred: Der frühe Pietismus in Schleswig-Holstein, Göttingen 1983. – DERS./LEHMANN, Hartmut: Pietismus, in: Schleswig-Holsteinische Kirchengeschichte, Bd. 4, Neumünster 1984. – LEHMANN, Hartmut/LOHMEYER, Dieter (Hg.): Aufklärung und Pietismus im dänischen Gesamtstaat 1770–1820, Neumünster 1983. – RÜCKLEBEN, Hermann: Die Niederwerfung der hamburgischen Ratsgewalt. Kirchliche Bewegungen und bürgerliche Unruhen im ausgehenden 17. Jahrhundert, Hamburg 1970.

Bayern (besonders Franken)

BRAUN, Friedrich: Johann Tennhardt, München 1934. – DERS.: Orthodoxie und Pietismus in Memmingen, München 1935. – KANTZENBACH, Friedrich Wilhelm: Zur Geschichte der Collegia Pietatis in Nürnberg, Mitteilungen des Vereins für Geschichte der Stadt Nürnberg 62 (1975), 285–289. – DERS.: Der Pietismus in Ansbach und im fränkischen Umland, in: FS M. Schmidt, Bielefeld 1975, 286–299. – DERS.: Der Separatismus in Franken und bayerisch Schwaben im Rahmen der pietistischen Bewegung, ZBKG 45 (1976), 33–53. – DERS.: Zinzendorf, Bayreuth und Franken, JFLF 39 (1979), 109–124. – SCHATTENMANN, Paul: Dr. Johann Ludwig Hartmann, Superintendent in Rothenburg (1640–1680), Rothenburg o.T. 1921. – SCHAUDIG, Paul: Der Pietismus und Separatismus im Aischgrund, Schwäbisch Gmünd 1925. – SCHRÖTTEL, Gerhard: Johann Michael Dilherr und die vorpietistische Kirchenreform in Nürnberg, Nürnberg 1962. – SCHWARZ, Reinhard (Hg.): Samuel Urlsperger (1685–1772). Augsburger Pietismus zwischen Außenwirkungen und Binnenwelt, Berlin 1996. – WEIGELT, Horst: Die Beziehungen zwischen Ludwig Friedrich zu Castell-Remlingen und Zinzendorf sowie ihr Briefwechsel. Ein Beitrag zur Geschichte des Herrnhuter Pietismus in Franken, Neustadt/Aisch 1984. – DERS.: Pietismusforschung in Bayern, PuN 13 (1987), 227–238. – DERS.: Geschichte des Pietismus in Bayern, Göttingen 2001. – WIESSNER, Wolfgang: David Nerreter (1649–1726). Ein Lebensbild aus dem Zeitalter des beginnenden Pietismus, ZBKG 23 (1954), 144–164. – WOTSCHKE, Theodor: Neue Urkunden zur Geschichte des Pietismus in Bayern, ZBKG 6 (1931), 38–44, 97–108, 234–251; 7 (1932), 44–55, 102–113, 180–187; 8 (1933), 173–185, 241–248; 9 (1934), 112–123, 173–178, 236–252; 10 (1935), 165–177.

Pfalz

BONKHOFF, Bernhard: Bausteine zu einer Geschichte des Pfälzer Pietismus, BPfKG 44 (1977), 81–86. – DERS.: Der Stand der Pietismusforschung in der Pfalz, PuN 14 (1988), 230–235. – KOCH, Walter: Der Pietismus im Herzogtum Pfalz-Zweibrücken in der ersten Hälfte des 18. Jahrhunderts, BPfKG 34 (1967), 1–159.

Württemberg (vgl. auch bei Bengel, Oetinger)

BRECHT, Martin: Philipp Jakob Spener und die württembergische Kirche, in: FS H. Rückert, Berlin 1966, 443–459. – DERS.: Chiliasmus in Württemberg im 17. Jahrhundert, PuN 14 (1988), 25–49. – DERS.: Der württembergische Pietismus, in: M. Brecht u.a. (Hg.), Geschichte des Pietismus Bd. 2, Göttingen 1995, 225–295. – FRITZ, Friedrich: Altwürttembergische Pietisten, 2 Bde., Stuttgart 1950/55. – GROTH, Friedhelm: Die „Wiederbringung aller Dinge" im württembergischen Pietismus, Göttingen 1984. – HAUG, Richard: Reich Gottes im Schwabenland. Linien im württembergischen Pietismus, Metzingen 1981. – HERMELINK, Heinrich: Geschichte der Evangelischen Kirche in Württemberg von der Reformation bis zur Gegenwart, Stuttgart/Tübingen 1949, 153–260. – HOLTZ, Sabine: Theologie im Alltag. Lehre und Leben in den Predigten der Tübinger Theologen 1550– 1750, Tübingen 1993. – JUNG, Martin: Die württembergische Kirche und die Juden in der Zeit des Pietismus (1675–1780), Berlin 1992. – KOLB, Christoph: Die Anfänge des Pietismus und Separatismus in Württemberg, Stuttgart 1902. – LEHMANN, Hartmut: Pietismus und weltliche Ordnung in Württemberg vom 17. bis zum 20. Jahrhundert, Stuttgart 1969. – RÜRUP, Reinhard: Johann Jacob Moser. Pietismus und Reform, Wiesbaden 1965. – SCHÄFER, Gerhard: Zu erbauen und zu erhalten das rechte Heil der Kirche. Eine Geschichte der Evangelischen Landeskirche in Württemberg, Stuttgart 1984. – SCHÖLLKOPF, Wolfgang: Johann Reinhard Hedinger (1664–1704), Göttingen 1999.

Schweiz

DELLSPERGER, Rudolf: Die Anfänge des Pietismus in Bern, Göttingen 1984. – DERS.: Der Pietismus in der Schweiz, in: M. Brecht u.a. (Hg.), Geschichte des Pietismus Bd. 2, Göttingen 1995, 588–616. – DERS.: Kirchengemeinschaft und Gewissensfreiheit. Studien zur Kirchen- und Theologiegeschichte der reformierten Schweiz, Bonn u.a. 2001. – HADORN, Wilhelm: Geschichte des Pietismus in den schweizerischen reformierten Kirchen, Konstanz 1901. – WERNLE, Paul: Der schweizerische Protestantismus im 18. Jahrhundert, Bd. 1, Tübingen 1923, 111–468.

Einleitung

Der Pietismus ist eine im 17. Jahrhundert entstehende, im 18. Jahrhundert zu voller Blüte kommende *religiöse Erneuerungsbewegung* im kontinentaleuropäischen Protestantismus, neben dem angelsächsischen Puritanismus die bedeutendste religiöse Bewegung des Protestantismus seit der Reformation. Gleicherweise in der lutherischen wie in der reformierten Kirche entstanden, dringt der Pietismus auf Individualisierung und Verinnerlichung des religiösen Lebens, entwickelt neue Formen persönlicher Frömmigkeit und gemeinschaftlichen Lebens, führt zu durchgreifenden Reformen in Theologie und Kirche und hinterläßt tiefe Spuren im gesellschaftlichen und kulturellen Leben der von ihm erfaßten Länder.

Mit seiner Tendenz zur Individualisierung und Verinnerlichung gehört der Pietismus in den Zusammenhang einer das frühneuzeitliche Europa insgesamt erfassenden Bewegung, die den Geist des konfessionellen Zeitalters überwinden will, sich abkehrt vom Aristotelismus der Schulphilosophie, von den konfessionellen Streitigkeiten und von einem zu äußerer Form erstarrenden traditionellen Gewohnheitschristentum. Insofern mit der europäischen Aufklärung parallel laufend, ist der Pietismus als religiöse Bewegung verwandt mit ähnlichen religiösen Bewegungen im nachreformatorischen Katholizismus (Jansenismus, Quietismus), im weiteren Sinn auch mit religiösen Bewegungen im Judentum (Chassidismus). Durch den konsequenten Rückbezug auf die Reformation und durch den Anspruch, die unvollendet gebliebene Reformation zu Ende zu führen bzw. die Reformation der Lehre durch eine zweite Reformation des Lebens zu ergänzen, bleibt der Pietismus jedoch ein zutiefst protestantisches Phänomen. Der im konfessionellen Zeitalter aufgerissene Graben zwischen Luthertum und Calvinismus ist vom Pietismus eingeebnet, wenn auch nicht völlig zugeschüttet worden. Den Graben zwischen den protestantischen Konfessionen und dem römischen Katholizismus hat der Pietismus dagegen vertieft, vor allem durch die mit seiner chiliastischen Zukunftshoffnung verbundenen Erwartung eines Falls des päpstlichen Roms.

Jede Darstellung des Pietismus steht vor der Schwierigkeit, vorab ihren Gegenstand bestimmen zu müssen. Der Pietismusbegriff ist unbestimmt und in seiner Anwendung innerhalb der Forschung umstritten. Dies lehrt ein Blick auf die *Begriffsgeschichte*[1], die sich von der *Forschungsgeschichte* nicht trennen läßt.

Die *Wortbildung „Pietisten“* ist vereinzelt ca. 1674 als Bezeichnung für die Anhänger Speners aufgekommen. Die älteste Bezeugung, die bisher bekannt ist, stammt aus einem Brief Speners von 1680.[2] In der Frühzeit war das Wort fast nur in Süddeutschland gebräuchlich. Während der Leipziger Unruhen um August Hermann Francke wurden seit 1689 die Worte „Pietisten“, „Pietismus“ und das anfangs häufig gebrauchte „Pietisterey“ zu gängigen, bald in ganz Deutschland in Umlauf kommenden Schlagworten. Der Leipziger Rhetorikprofessor Joachim Feller, Anhänger Franckes, dichtete 1689 in einem Leichcarmen: „Es ist jetzt Stadt-bekannt[3] der Nam' der Pietisten. Was ist ein Pietist? Der Gottes Wort studiert, und nach demselben auch ein heiligs Leben führt.“[4] Spener nahm den Begriff nur widerstrebend auf. Francke protestierte noch 1706: „Niemand hat bis diese Stunde eine warhaffte Definition geben können / was denn der Pietismus sey.“[5]

Bis weit ins 19. Jahrhundert ist unter Pietismus nur die von Spener und Francke ausgehende religiöse Bewegung innerhalb der *lutherischen Kirche* verstanden worden, vereinzelt auch verwandte Bewegungen in den *reformierten Kirchen* Deutschlands und der Schweiz. Zinzendorf und die Brüdergemeine wurden nicht zum Pietismus gerechnet. Immanuel Kant unterschied zwischen „Pietism und Moravianism“[6]. Noch Goethe reihte aneinander „Separatisten, Pietisten,

---

1 Vgl. J. Wallmann, Art. „Pietismus“, in: J. Ritter, Historisches Wörterbuch der Philosophie, Bd. 7, Basel 1989, 972–974.

2 Philipp Jakob Spener, Letzte theologischen Bedencken und andere briefliche Antworten, Halle 1711, Bd. 3, 383.

3 Andere Überlieferungsform: „Welt-bekannt“ (vgl. A.H. Francke, Streitschriften, in: E. Peschke [Hg.], Texte zur Geschichte des Pietismus, Bd. 2, Göttingen 1981, 10).

4 H. Leube, Orthodoxie und Pietismus, in: D. Blaufuß (Hg.), Gesammelte Studien, Bielefeld 1975, 191.

5 A.H. Francke, Streitschriften, in: E. Peschke (Hg.), Texte zur Geschichte des Pietismus, Bd. 2, Göttingen 1981, 225f.

6 Kant, Streit der Fakultäten, Werke, hg.v. W. Weischedel, XI, 323.

Herrnhuter".[7] Dieser enge Begriffssinn, unterschieden von Separatismus und Brüdergemeine, hielt sich bis in die zweite Hälfte des 19. Jahrhunderts und regulierte den vergleichsweise schmalen Stoff der älteren Darstellungen des Pietismus (H. Schmid, E. Sachsse). *Heinrich Heppe* und vor allem *Albrecht Ritschl* nahmen in der zweiten Hälfte des 19. Jahrhunderts eine bedeutende Erweiterung des Pietismusbegriffs vor, die für die Kirchengeschichtsschreibung der Folgezeit richtungweisend wurde. Ritschl ersetzte den historischen Pietismusbegriff durch einen systematischen Begriff des Pietismus als rein privates, weltflüchtiges Christentum. In seiner „Geschichte des Pietismus" (1880–86) dehnte er den Pietismusbegriff auf den Raum der reformierten Niederlande aus, hob auch die begrifflichen Grenzen zwischen Pietismus, Separatismus und Herrnhutertum auf.

Ritschls *Umfangsbestimmung* des Pietismus war lange Zeit umstritten. Anfangs kritisierte man die „künstliche Erweiterung des Begriffes und damit zusammenhängende gewaltsame Ausdehnung der Geschichte des Pietismus".[8] Später warf man Ritschl vor, den englischen Pietismus (Puritanismus) übersehen und den Begriff immer noch zu eng gefaßt zu haben.[9] Nach einigen Schwankungen hat sich die Pietismusforschung des 20. Jahrhunderts wesentlich an Ritschls Umfangsbestimmung orientiert, also die Niederlande einbezogen und den Separatismus und die Brüdergemeine in die Geschichte des Pietismus integriert. In der jüngsten Phase der Forschung machen sich jedoch Auflösungserscheinungen bemerkbar. Ein Konsens über die Anwendung des Pietismusbegriffs besteht derzeit nicht. Die im englischsprachigen Raum verbreitetste neuere Darstellung der Geschichte des Pietismus (F.E. Stoeffler) bezieht den „Pietism among the English Puritans" mit ein, läßt also die Geschichte des Pietismus mit dem englischen Pietismus (W. Perkins) beginnen. Andererseits zeigt die niederländische Kirchengeschichtswissenschaft zunehmend Aversion gegenüber der Anwendung des Pietismusbegriffs auf die „Nadere Reformatie". In der deutschen Pietismusforschung wird, ge-

---

7 GOETHE, Dichtung und Wahrheit, I. Teil, 1. Buch, Hamburger Ausgabe 9, 43.

8 B. RIGGENBACH, RE[2] 11,672.

9 E. TROELTSCH, Die Soziallehren der christlichen Kirchen und Gruppen, Tübingen 1919, 778 Anm. 424; 833 Anm. 459. Zur Diskussion um die Umfangsdefinition des Pietismus vgl. J. WALLMANN, Die Anfänge des Pietismus, PuN 4 (1979), (11–53) 14.

genläufig zu Ritschls Intention, wieder stärker zwischen „kirchlichem“ und „radikalem“ Pietismus unterschieden. Auch ist die Erforschung Zinzendorfs und der Brüdergemeine, institutionell von der Herrnhuter Brüdergemeine getragen, bis heute in die Pietismusforschung nicht integriert worden.

Nicht durchgesetzt hat sich von vornherein Ritschls *Wesensbestimmung* des Pietismus als in der asketischen Mystik des mittelalterlichen Mönchtums verwurzelte weltflüchtige, kulturfeindliche Frömmigkeit.[10] Im Unterschied zu Ritschls textorientierter theologischer Bewertung des Pietismus wandte sich Max Weber den praktischen Wirkungen pietistischer Religiosität zu, die er, analog zum Puritanismus, mit dem Begriff der „innerweltlichen Askese“ interpretierte. An die Stelle des Vorwurfs weltflüchtiger Frömmigkeit trat der Blick für die positiven sozialen Wirkungen des Pietismus. Innerhalb der Geschichtswissenschaft sind die von Max Weber ausgehenden Impulse am stärksten von Carl Hinrichs fruchtbar gemacht worden für ein neues Verständnis des hallischen Pietismus als „soziale Reformbewegung“.[11] Daß am hallischen Pietismus gewonnene Beobachtungen nicht verallgemeinert werden dürfen, zeigt Hartmut Lehmann an der ganz andersartigen Entwicklung des württembergischen Pietismus, auf den Max Webers These nicht anwendbar sei.[12]

Auf Kritik stieß Ritschls Wesensbestimmung des Pietismus auch in der theologischen Forschung, in der seit Horst Stephans programmatischer Schrift „Der Pietismus als Träger des Fortschritts in Kirche, Theologie und allgemeiner Geistesbildung“ (1908) das Verständnis des Pietismus als *religiös-kirchliche Reformbewegung* dominant wurde. Speners Kirchenreformprogramm „Pia Desideria oder Hertzliches Verlangen nach gottgefälliger Besserung der wahren evangelischen Kirche“ (1675), von Ritschl dem Spenerschen Konventikelgedanken deutlich nachgeordnet, rückte nun in den Vordergrund. Die Pia Desideria wurden zur *Programmschrift* des Pietismus erklärt, von deren Erscheinen der Beginn des Pietismus zu datieren

10 Vgl. zum folgenden J. WALLMANN, Reformation, Orthodoxie und Pietismus, JGNKG 70 (1972), 179–200.

11 C. HINRICHS, Preußentum und Pietismus, Göttingen 1971.

12 H. LEHMANN, Pietismus und weltliche Ordnung in Württemberg vom 17. bis zum 20. Jahrhundert, Stuttgart 1969.

sei. Gegensätzliche Auffassungen vom Wesen des Pietismus wurden im Streit über die von Spener bei Abfassung der Pia Desideria benutzten Quellen ausgetragen. Einerseits leitete man Speners Reformprogramm und damit den Pietismus aus den Reformideen der lutherischen Orthodoxie her.[13] Andererseits behauptete man die Abhängigkeit von außerlutherischen, entweder reformierten (Jean de Labadie)[14] oder mystisch-spiritualistischen Traditionen (Kaspar von Schwenckfeld[15], Christian Hoburg[16]). Martin Schmidt wandte sich unter dem Einfluß der Pietismuskritik Karl Barths gegen die Auffassung des Pietismus als Reformbewegung und würdigte ihn als „theologische Erscheinung“[17], blieb aber dabei, die als „theologischen Entwurf“ interpretierten Pia Desideria als Gründungsdokument des Pietismus anzusehen.

In der *jüngsten Phase* der Pietismusforschung[18] wendet man sich vom alternativen Begreifen des Pietismus als kirchliche Reformbewegung oder als theologische Erscheinung ab und sucht die Komplexität des historischen Phänomens in seinen vielfältigen theologie-, frömmigkeits- und sozialgeschichtlichen Bezügen zu erfassen. Die Frage der „Einflüsse“, die den Pietismus geformt haben, für Einzelfragen wie die pietistischen Konventikel oder die pietistische Eschatologie immer noch wichtig und umstritten, hat an Gewicht verloren. Auch löst man sich von der Fixierung auf Speners Pia Desideria als Gründungsdokument des Pietismus und bezieht, aus frömmigkeitsgeschichtlicher Sicht, Johann Arndt mit seinen „Vier Bücher vom wahren Christentum“, dem meistgelesenen Erbauungsbuch des Pietismus, in die Geschichte des Pietismus ein. Andererseits erfährt das von Spener 1670 gegründete Frankfurter Collegium pietatis mit gleichzeitigen Innovationen in der reformierten Kirche wieder stärke-

13 H. LEUBE, Die Reformideen in der deutschen lutherischen Kirche zur Zeit der Orthodoxie, 1924; K. ALAND, Spener-Studien, Berlin 1943.

14 K.D. SCHMIDT, Labadie und Spener, ZKG 46 (1928), 566–583.

15 E. HIRSCH, Zum Verständnis Schwenckfelds, Tübingen 1922 (= Lutherstudien II, Güthersloh 1954), 35–67.

16 M. SCHMIDT, Wiedergeburt und neuer Mensch, Witten 1969.

17 M. SCHMIDT, Der Pietismus als theologische Erscheinung, Witten 1984.

18 Vgl. hierzu das seit 1974 erscheinende Jahrbuch „Pietismus und Neuzeit“ mit den darin enthaltenen Beiträgen von F. de Boor, M. Brecht, R. Dellsperger, K. Deppermann, M. Greschat, H. Lehmann, H. Schneider, J. Wallmann u.a.

re Beachtung als der eigentliche Beginn des Pietismus. Wachsende Zustimmung findet die Unterscheidung zwischen *Pietismus im weiteren Sinn* als Frömmigkeitsrichtung, die auf Johann Arndt zurückgeht und sich vorrangig literarisch, also in pietistisch geprägten Texten (Erbauungsbüchern, geistliche Dichtung), niederschlägt, und *Pietismus im engeren Sinn* als einer sozial greifbaren religiösen Erneuerungsbewegung, die sich von Orthodoxie und beginnender Aufklärung absondert und durch Gruppen- und Gemeinschaftsbildung eigenständig formiert.[19] Läßt man diese Unterscheidung zwischen einem weiteren und einem engeren Pietismusbegriff gelten, so gehört Johann Arndt an den Anfang einer Geschichte des Pietismus. In der Frömmigkeitswende um 1600 hat er am deutlichsten und einprägsamsten eine Akzentverschiebung von der Lehre auf das Leben, vom reformatorischen Rechtfertigungsglauben auf eine Wiedergeburts- und Heiligungsfrömmigkeit vorgenommen, auf der dann der Pietismus aufgebaut hat. Das Neue, das zwei Generationen später Philipp Jakob Spener in den Pietismus einbringt und wodurch aus der Arndtschen Frömmigkeitsrichtung eine sozial greifbare pietistische Bewegung wird, ist erstens die Idee der Sammlung der Frommen (Konventikel, ecclesiola in ecclesia), die fast überall im Pietismus zur Gruppenbildung in oder außerhalb der Volkskirche führt, zweitens die – häufig chiliastische – Zukunftshoffnung, d.h. die Abkehr von der Eschatologie des nahen Jüngsten Tages und die Hinwendung zur Erwartung eines – nicht selten in der Form des „tausendjährigen Reichs“ vorgestellten – künftigen Reichs Christi auf Erden, wie sie sich von Spener her fast überall im Pietismus ausgebreitet hat.

Es ist drittens die mit dem Gedanken des allgemeinen Priestertums verknüpfte zentrale Stellung, die der Bibel gegeben wird. Mit der Forderung, daß jeder Christ die Bibel kennen und lesen soll, geht der Spenersche Pietismus über das bis dahin in der Kirche geltende Katechismuschristentum – nach Luther war bis zu Johann Arndt der Katechismus „der Laien Bibel“ – hinaus und ergänzt das reformatorische „sola scriptura“ durch das pietistische „tota scriptura“.

---

19 Vgl. H. LEHMANN, „Absonderung“ und „Gemeinschaft“ im frühen Pietismus, PuN 4 (1979).

Anders als bei der vorangehenden Periode der Orthodoxie bzw. des konfessionellen Zeitalters orientiert sich die Historiographie beim Pietismus herkömmlich an den führenden Gestalten (Spener, Francke, Arnold, Zinzendorf, Bengel, Oetinger usw.). Dies rührt nicht her aus einer hagiographischen Tradition, sondern hat sich bereits Albrecht Ritschl, dem schärfsten Kritiker des Pietismus, als der sachgemäßeste Zugang erwiesen. Die Geschichte des Pietismus ist zu einem wesentlichen Teil die Geschichte einzelner führender und traditionsbildender Gestalten. Die biographische Methodik ist deshalb immer noch der beste Zugang, um den Pietismus als historisches Phänomen zu erfassen, und sie öffnet auch am besten den Blick für die *theologischen* und *frömmigkeitsgeschichtlichen* Aspekte, denen in einer kirchengeschichtlichen Darstellung der Vorrang gebührt, ohne daß andere, etwa *literaturgeschichtliche* und *sozialgeschichtliche* Aspekte außer acht zu lassen wären. Der gegenwärtige Forschungsstand erlaubt es zudem noch nicht, Alternativen – etwa eine Geschichte des Pietismus nach seinen geographischen Verbreitungsgebieten – in Betracht zu ziehen. Gleichwohl will die vorliegende Darstellung nicht nur den gegenwärtigen Forschungsstand wiedergeben. Der Rückgang auf die Quellen hat dazu geführt, an einer ganzen Reihe von Stellen über den bisherigen Forschungsstand hinauszugehen. Im Rahmen eines Handbuches war jedoch nicht der Raum, dies jeweils anzumerken und Auseinandersetzungen mit der Literatur zu führen. Der Anmerkungsapparat ist auf die notwendigsten Nachweise beschränkt.

I. Johann Arndt und die pietistische Frömmigkeit

1. Die Frömmigkeitswende zu Beginn des 17. Jahrhunderts

Die Anfänge des Pietismus als einer Frömmigkeitsrichtung, die gegenüber Reformation und nachreformatorischer Orthodoxie den Akzent von der reinen Lehre auf das fromme Leben, vom Glauben auf die Frömmigkeit (pietas), von der Rechtfertigung auf die Heiligung und „nähere Vereinigung mit Gott" versetzt, liegen in einer „Frömmigkeitskrise" und „Frömmigkeitswende" (W. Zeller), die sich um 1600 im deutschen Protestantismus beobachten läßt.

Nach Bereinigung der innerlutherischen Lehrstreitigkeiten durch die Konkordienformel (1577) war der Weg frei geworden zum Ausbau einer lutherischen Orthodoxie. Die lutherische Universitätstheologie, ein neues Bündnis von Theologie und aristotelischer Philosophie schließend, begann auf dem Boden des reformatorischen Schriftprinzips mittels der neuaristotelischen Methodenlehre und der Metaphysik die aus dem Ansatz der reformatorischen Rechtfertigungslehre neu durchgebildete lutherische Heilslehre in rationale Begriffe und zunehmend auch in ein rational durchgebildetes theologisches System zu bringen. Dieser mit Eifer betriebene Prozeß der Verwissenschaftlichung und Rationalisierung der reformatorischen Erkenntnis hatte zur Kehrseite zunehmende Erfahrungsdefizite des religiösen Lebens und führte zu einem Auseinanderfallen von Theologie und Frömmigkeit, die in einer *„Frömmigkeitskrise"* des nachreformatorischen Protestantismus endete. „Es war die gleiche Generation, in der auf der einen Seite der Begriff der Orthodoxie entstand und in der auf der anderen Seite die Frömmigkeitskrise durchbrach" (W. Zeller). Weit über den Raum der Universitätstheologie hinaus erfaßte diese Krise auch das allgemeine religiöse Leben im Luthertum. Die Situation, in die hinein die reformatorische Verkündigung von der Rechtfertigung allein aus Glauben als eine befreiende Botschaft erklungen war, die Situation des das Heil seiner Seele durch gute Werke, Ablaß und Wallfahrten suchenden spätmittelalterlichen Menschen, bestand nicht mehr, war durch eben diese Botschaft grundlegend verwandelt und aufgehoben worden. Jetzt lernte es schon das Kind, daß Gott ein gnädiger Gott ist, der die Sünde vergibt und nichts fordert als den Glauben. „Im Grunde ist es die Krise der dritten nachreformatorischen Generation. Ihr sind die tiefen religiösen Erlebnisse und theologischen Erkenntnisse der Reformatoren nicht mehr selbst errungene und selbst gedachte Wahrheit gewesen. Ihr ist die Reformation mit ihrer Verkündigung vielmehr eine im Grunde fertige und damit selbstverständlich gewordene Größe. Im allgemeinen zweifelt man keineswegs grundsätzlich an der protestantischen Position. Aber man ist unsicher, ob und wie einem die kirchlich verkündigte Wahrheit zu eigen werden könne. Das ist der frömmigkeitsgeschichtliche Befund, von dem jedes Verstehen des 17. Jahrhunderts abhängt.“[1]

Eine Reihe von Theologen, so genannte *„Erbauungsschriftsteller“*, haben versucht, durch Erbauungsbücher, Gebetbücher, Meditationsbücher und Geistliche Lieder eine neue religiöse Sprache zu finden und das religiöse Erfahrungsdefizit des orthodox werdenden Luthertums auszugleichen. Fast alle haben sie dabei auf die vorreformatorische, altkirchliche und mittelalterliche, Mystik zurückgegriffen. Am umfassendsten und mit der nachhaltigsten Wirkung tat dies *Johann Arndt,* dessen „Vier Bücher vom Wahren Christentum“ (1605–1610) für das ganze 17. Jahrhundert und noch weit darüber hinaus zum meistgelesenen religiösen Buch nächst der Bibel wurden. Seit Philipp Jakob Spener ist Johann Arndt im Pietismus unmittelbar neben Martin Luther gestellt worden. Wie Luther als der Reformator der christlichen Lehre galt, so sah man in Johann Arndt den Reformator des christlichen Lebens. Doch Arndt ist nicht der einzige, der jene Frömmigkeitskrise der dritten nachreformatorischen Generation zu überwinden suchte. Neben ihm stehen andere, freilich in unterschiedlicher Nähe zum Pietismus.

Als „Bahnbrecher der neuen Frömmigkeit“ (W. Zeller) ist *Philipp Nicolai* (1556–1608), Pfarrer in Unna/Westfalen, zuletzt in Hamburg, bezeichnet worden. In seinem „Freudenspiegel des ewigen Lebens“

1 W. ZELLER, Der Protestantismus des 17. Jahrhunderts, Bremen 1962, XVII.

(1599) hat er den in scharfer Abgrenzung zum Calvinismus gefaßten lutherischen Glauben eigentümlich in die Formen barocker Todes- und Jenseitsmystik umgeschmolzen: unser irdisches Leben ein Prozeß der Wiedergeburt zum ewigen Leben, der irdische Tod der sehnlichst verlangte Durchbruch zur himmlischen Herrlichkeit. Doch so sehr die beiden Lieder aus Nicolais „Freudenspiegel" (Wie schön leuchtet der Morgenstern; Wachet auf, ruft uns die Stimme) in der lutherischen Kirche Verbreitung fanden: den „Freudenspiegel des ewigen Lebens" und die ihm eigene lutherische Mystik des Worts hat der Pietismus sich nicht zu eigen gemacht.

Ebenfalls zur lutherischen Orthodoxie, wenn auch stärker in der Tradition des Melanchthonismus verwurzelt, gehört *Martin Moller* (1547–1606), Pfarrer in Görlitz, Verfasser von Gebetbüchen wie den „Meditationes sanctorum patrum" (1582) und Predigtbänden wie der die Sonntagsevangelien meditativ auslegenden „Praxis Evangeliorum" (1601)[2]. Wohl am kräftigsten in seiner Generation hat Moller an die altkirchliche und mittelalterliche Mystik angeknüpft, ihre Texte verdeutscht und damit die augustinisch-bernhardinische Jesusmystik, sowohl in der erotischen Form der Brautmystik wie in der meditativen Form der Passionsmystik, im Protestantismus des 17. Jahrhunderts heimisch gemacht.

Mehr ein evangelischer Abraham a Santa Clara als ein Wegbereiter des Pietismus war *Valerius Herberger* (1562–1627), Pfarrer in Fraustadt in Polen, der mit seinen beiden „Herz-Postillen" (über die Evangelien- und über die Epistelperikopen) und mit seinen „Magnalia Dei", einer Auslegung der alttestamentlichen Geschichtsbücher, weitherzig gefaßte lutherische Orthodoxie in anschaulich-volkstümliche, häufig derb-witzige, immer aber von inniger Jesusliebe durchtränkte Sprache übersetzte: Trostbücher, die sich bis ins 19. Jahrhundert in der lutherischen Kirche großer Beliebtheit erfreuten.

Zu den Bahnbrechern der „neuen Frömmigkeit" des frühen 17. Jahrhunderts gehört auch *Johann Gerhard* (1582–1637), Schüler und Freund Johann Arndts, als Professor der Theologie in Jena der führende Kopf der lutherischen Orthodoxie. Seine aus der altkirchlichen und mittelalterlichen Mystik geschöpften „Meditationes sacrae"

---

2 E. AXMACHER, Praxis Evangeliorum. Theologie und Frömmigkeit bei Martin Moller (1547–1606), Göttingen 1989.

(1606), bis zum Ende des 17. Jahrhunderts in über hundert Ausgaben in vierzehn verschiedenen Sprachen nachgedruckt, sind das verbreitetste religiöse Erbauungsbuch im Zeitalter der lutherischen Orthodoxie.[3] An Gerhard, der in seinen „Loci theologici" die aristotelische Metaphysik für die lutherische Theologie fruchtbar machte, ist am deutlichsten abzulesen, daß die „neue Frömmigkeit" nicht im Gegensatz zu einer „toten Orthodoxie" oder auch als ihr zeitlich folgende Reaktion entstand, sondern gleichzeitig und komplementär zu der sich erst ausbildenden Orthodoxie. Pietistisches Frömmigkeitsstreben verhält sich zur lutherischen Orthodoxie wie die mittelalterliche Mystik zur mittelalterlichen Scholastik. Gerhard hat freilich die systemsprengenden Gefahren der „neuen Frömmigkeit" bemerkt. Seine „Schola pietatis" (1622/23) war ein Versuch, das „Wahre Christentum" Arndts durch ein orthodoxiekonformes Erbauungsbuch zu ersetzen, ein vergeblicher Versuch, wie der nur kurzfristige literarische Erfolg des Gerhardschen Werkes zeigt.

Bedeutendster Vorläufer der pietistischen Frömmigkeit war der Salzwedeler Pfarrer *Stephan Prätorius* (1536–1603).[4] Seine 58 Predigten und Traktate, seit 1570 einzeln gedruckt, wurden gesammelt herausgegeben von Johann Arndt unter dem Titel „Von der Gülden Zeit" (Goslar 1622). Seitdem mehrfach neu aufgelegt, fanden sie vor allem in der orthodoxen Bearbeitung des Danziger Pfarrers Martin Statius unter dem Titel „Geistliche Schatzkammer" (1636) weite Verbreitung. Prätorius, Schüler des David Chyträus in Rostock, wendet sich bewußt von *theologischer Gelehrsamkeit* ab, um den Samen *lebendiger Frömmigkeit* zu säen. In ständigem Rückgriff auf Luther bildet Prätorius einen eigentümlichen Frömmigkeitstyp, der zwischen den Extremen ängstlicher Verzweiflung und falscher Glaubenssicherheit den mittleren Weg eines „Freudenchristentums" geht, das seine Kraft und Lebendigkeit aus der steten Betrachtung der in der Taufe dem Christen übereigneten Heilsschätze zieht. Prätorius wird nicht müde, die Größe und Schönheit der Schätze zu zeigen, die, von Christus erworben, dem Glaubenden durch die Taufe zuteil geworden

3 E. KOCH, Therapeutische Theologie. Die Meditationes sacrae von Johann Gerhard (1606), in: PuN 13 (1988), 25–46.

4 E. DÜKER, Freudenchristentum. Der Erbauungsschriftsteller Stephan Prätorius, Göttingen 2003.

sind und die nicht nur ständig meditiert, sondern auch in „unaussprechlicher Freude“ empfunden und im persönlichen Leben erfahren werden sollen. Die „Kinder Gottes“, die nicht wie die Kinder der Welt irdischen Schätzen nachlaufen müssen, haben überreichlich genug an den himmlischen Schätzen, haben „Anteil an der göttlichen Natur“ und können von sich sagen: „Ich bin Christus“. Es ist eine an der kraftvollen Sprache Luthers geschulte Frömmigkeit, freilich eine perfektionistische Frömmigkeit, die das „simul iustus et peccator“ der lutherischen Rechtfertigungslehre außer acht läßt. In der Betonung des Gegensatzes zwischen den „Kindern Gottes“ und dem großen Haufen der „Kinder der Welt“, im Dringen auf den „wahren Glauben“ und auf die individuelle Erfahrung, sind wesentliche Momente pietistischer Frömmigkeit vorweggenommen. Andererseits steht Prätorius mit seiner Betonung der objektiven Vorgegebenheit des Heils und dessen sakramentaler Vermittlung durch die Taufe noch vor dem Eingangstor des Pietismus. Prätorius hat nur vereinzelt im Pietismus eine Rolle gespielt, eigentümlicherweise in der Frühzeit des Frankfurter Pietismus und bei Spener selbst, der durch ihn zu einem vertieften Lutherstudium angeregt wurde. Im württembergischen Pietismus hat noch um 1800 das „Juchhe-Christentum“ der Pregizerianer seine Kraft aus der „Geistlichen Schatzkammer“ gezogen.

2. Johann Arndts „Wahres Christentum“

ANETSBERGER, Werner: Tröstende Lehre. Die Theologie Johann Arndts in seinen Predigtwerken, München 2001. – BRAW, Christian: Bücher im Staube. Die Theologie Johann Arndts in ihrem Verhältnis zur Mystik, Leiden 1985. – DERS.: Das Gebet bei Johann Arndt, PuN 13 (1987), 9–24. – GEYER, Herrmann: Verborgene Weisheit. Johann Arndts „Vier Bücher vom Wahren Christentum“ als Programm einer spiritualistisch-hermetischen Theologie, Bd. I–III, Berlin/New York 2001. – GRESCHAT, Martin: Die Funktion des Emblems in Johann Arndts „Wahrem Christentum“, ZRGG 20 (1968), 154–174. – HAMM, Berndt: Johann Arndts Wortverständnis, PuN 8 (1982), 43–73. – JARLERT, Anders (Hg.): Johann Arndt – Rezeption und Reaktion im Nordisch-Baltischen Raum, Lund 1999. – KOEPP, Wilhelm: Johann Arndt. Eine Untersuchung über die Mystik im Luthertum, Berlin 1912, Ndr. Aalen 1973. – DERS.: Johann Arndt und sein „Wahres Christentum“, Berlin 1959. – LUND, Eric: Johann Arndt and the Development of a Lutheran Spiritual Tradition,

Diss. phil. Yale Univ. 1979. – DIETMAR PEIL: Zur Illustrationsgeschichte von Johann Arndts „Vom wahren Christentum". Mit einer Bibliographie, Archiv für Geschichte des Buchwesens 18, Frankfurt a.M. 1977, 963–1066. – PLEIJEL, Hilding: Die Bedeutung Johann Arndts für das schwedische Frömmigkeitsleben, in: Der Pietismus in Gestalten und Wirkungen, FS M. Schmidt, Bielefeld 1975, 383–394. – REPO, Matti/VINKE, Rainer (Hg.): UNIO. Gott und Mensch in der nachreformatorischen Theologie, Helsinki 1996. – SCHNEIDER, Hans: Johann Arndt und die makarianischen Homilien, in: W. Strothmann (Hg.), Makarios-Symposion, Wiesbaden 1983, 186–222. – DERS.: Johann Arndt und Martin Chemnitz. Zur Quellenkritik von Arndts „Ikonographia", in: Der zweite Martin der Lutherischen Kirche. FS zum 400. Todestag von Martin Chemnitz, Braunschweig 1986, 201–223. – DERS.: Johann Arndts Studienzeit, in: JGNKG 89 (1991), 133–175. – DERS.: Johann Arndts „verschollene" Frühschriften, PuN 21 (1996), 29–68. – DERS.: Johann Arndts „Vier Bücher vom wahren Christentum". Offene Fragen der Quellen- und Redaktionskritik, in: U. Sträter (Hg.), „Pietas" in der lutherischen Orthodoxie, Witttenberg 1998, 61–77. – SCHWAGER, Hans-Joachim: Johann Arndts Bemühen um die rechte Gestaltung des neuen Lebens der Gläubigen, Münster 1961. – SOMMER, Wolfgang: Gottesfurcht und Fürstenherrschaft. Studien zum Obrigkeitsverständnis Johann Arndts und lutherischer Hofprediger zur Zeit der altprotestantischen Orthodoxie, Göttingen 1988. – STOEFFLER, F. Ernest: Johann Arndt, in: Orthodoxie und Pietismus (Gestalten der Kirchengeschichte 7, hg.v. M. Greschat), Stuttgart 1982, 37–49. – WALLMANN, Johannes: Herzog August zu Braunschweig und Lüneburg als Gestalt der Kirchengeschichte unter besonderer Berücksichtigung seines Verhältnisses zu Johann Arndt, PuN 6 (1980), 9–32 (= Theologie und Frömmigkeit 20–45). – DERS.: Johann Arndt und die protestantische Frömmigkeit. Zur Rezeption der mittelalterlichen Mystik im Luthertum, in: Frömmigkeit in der frühen Neuzeit (Chloe 2), Amsterdam 1984, 50–74 (= Theologie und Frömmigkeit, 20–45). – DERS.: Reflexionen und Bemerkungen zur Frömmigkeitskrise des 17. Jahrhunderts, in: M. Jakubowski-Tiessen (Hg.), Krisen des 17. Jahrhunderts, Göttingen 1999, 25–43. – DERS: Johann Arndt, in: C. Lindberg (Hg.), The Pietist Theologians, Oxford 2004, 21–37. – WEBER, Edmund: Johann Arndts „Vier Bücher vom Wahren Christentum" als Beitrag zur protestantischen Irenik des 17. Jahrhunderts, Hildesheim ³1978.

„The father of Lutheran Pietism is not Spener, but John Arndt."[5] Diese These findet in der neueren Pietismusforschung wachsende Beachtung, muß freilich eingeschränkt werden auf Arndt als den Begründer des Pietismus als Frömmigkeitsrichtung. Die dem Pietismus inne-

5 F.E. STOEFFLER, The Rise of Evangelical Pietism, Leiden ²1971, 202.

wohnende Tendenz auf eine individuell erlebte, den Menschen von innen her umformende Religiosität, auf „lebendigen Glauben" und „wahres, tätiges Christentum", wie sie Philipp Jakob Spener dem Pietismus eingestiftet hat, geht an keinem Punkt wesentlich über die Frömmigkeitsrichtung Arndts hinaus. Der Behauptung, der Pietismus beginne mit Speners Wirken in Frankfurt am Main, hat bereits Spener selbst entgegengehalten, zur Beschreibung der Anfänge müsse man „gar biß auff den anfang / des nun zu ende lauffenden jahrhundert / zurück gehen", als „der theure Johann Arnd das werck Gottes mit ernst geführet / und auff die übung der Gottseligkeit getrieben"[6]. Doch verbleibt Arndt in der altlutherischen Erwartung des nahen Jüngsten Tages und weiß nichts von der den Pietismus zur Reich-Gottes-Arbeit motivierenden „Hoffnung besserer Zeiten". Seine der Mystik entstammende Tendenz zur Individualisierung des Glaubens wird nicht, wie bei Spener, aufgefangen und eingespannt in den Gedanken der „Gemeinschaft" (ecclesiola in eclesia). Auch dringt Arndt nicht, wie der spätere Pietismus durchgängig, auf die zentrale Stellung der Bibel und das jedem Christen aufgegebene Lesen der Bibel. Nur im weiteren Sinn des Pietismus als einer Frömmigkeitsausrichtung kann man bei Arndt die Anfänge konstatieren. Eine Arndtsche Frömmigkeitsbewegung, von der in der neueren Literatur zuweilen geredet wird und derzufolge die Anfänge des Pietismus von Spener auf Arndt zurückdatiert werden müßten, hat es nie gegeben.[7]

Arndts Leben

Johann Arndt (lat. Aquila) wurde am 27. Dezember 1555 in Edderitz bei Köthen im Fürstentum Anhalt als Sohn eines lutherischen Pfarrers geboren. Nach Besuch der Schulen in Aschersleben, Halberstadt und Magdeburg studierte er von 1575–1581 in Helmstedt, Wittenberg, Straßburg und Basel Medizin und Theologie. Die Nachricht seines

6 PH.J. SPENER, Wahrhaftige Erzählung vom Pietismus, Franckfurt a.M. ^{2}1698, 7 u. 12.

7 Man beachte auch, daß Stoeffler auf seine These, Johann Arndt, nicht Spener sei der Vater des Pietismus, in seiner späteren Darstellung Arndts (in: M. GRESCHAT [Hg.], Orthodoxie und Pietismus, [Gestalten der Kirchengeschichte 7], Stuttgart 1982) nicht zurückgekommen ist.

Schülers und Freundes Johann Gerhard, Arndt habe sich während seiner Studienzeit mehr mit Medizin als mit Theologie beschäftigt, wird bestätigt durch einen Brief aus der Baseler Studienzeit, in dem Arndt mit „stud. med.“ unterschreibt.[8] In Basel wurde Arndt durch den Mediziner Theodor Zwinger zur Beschäftigung mit den Schriften des Paracelsus angeregt. Zeitlebens hat Arndt naturwissenschaftliche Interessen verfolgt; noch in seinen letzten Jahren unterhielt er neben seiner Studierstube ein chemisches Laboratorium. Paracelsischer Einfluß läßt sich vielfältig in Arndts Schriften feststellen, am kräftigsten in dem von der Natur handelnden vierten Buch des „Wahren Christentums“. Der Aristotelismus der protestantischen Schulphilosophie blieb ihm fremd, doch schätzte er Plato, Epiktet und vor allem Seneca.

Über Arndts theologische Lehrer – in Wittenberg vielleicht Polykarp Leyser, mit dem er später in Briefwechsel stand – ist nichts bekannt. Die Theologie der lutherischen Orthodoxie scheint er sich durch die Schriften des Martin Chemnitz angeeignet zu haben. Zur Konkordienformel hat er sich uneingeschränkt bekannt. Ob das Interesse an der Mystik schon in der Studienzeit geweckt wurde, kann bei der Dürftigkeit der biographischen Quellen nicht entschieden werden.

In seine anhaltische Heimat zurückgekehrt, wurde Arndt wohl zuerst Schullehrer, 1583 Diakon in Ballenstedt und 1584 Pfarrer in Badeborn. Als der dem Calvinismus zuneigende Johann Georg von Anhalt (1586–1618) von seinen Pfarrern die Abschaffung des Taufexorzismus verlangte, verweigerte Arndt als einziger den Gehorsam und mußte Amt und Heimat verlassen. An die Nikolaikirche in *Quedlinburg* berufen (1590–1599), veröffentlichte Arndt eine gegen die calvinistische Bilderfeindlichkeit gerichtete „Iconographia“ (1596), sein einziger Beitrag zur Polemik des konfessionellen Zeitalters. Unter dem Eindruck des Türkeneinfalls hielt er Bußpredigten „Von den zehn ägyptischen Plagen“ (1596, gedruckt erst 1657). Zugleich veranstaltete er eine Neuausgabe der „Theologia deutsch“ (1597), die erste einer Reihe von Textausgaben, mit denen er die vom frühen Luther hochgeschätzte spätmittelalterliche deutsche Mystik wieder in die lutherische Kirche zurückholen wollte (Nachfolge Christi, 1605;

---

8 H. SCHNEIDER, Johann Arndt und Martin Chemnitz, Braunschweig 1986, 216.

Zwei geistreiche Büchlein Doktor J. Staupitz, 1605; Johann Tauler, Postille, 1621).

Als Pfarrer an der Martinikirche in *Braunschweig* (1599–1609) veröffentlichte Arndt das erste Buch „Vom wahren Christentum“ (Frankfurt a.M. 1605). Einige nach Synergismus und Leugnung der Erbsündenlehre klingende Wendungen, die Arndt aus mystischen Texten entlehnt hatte, erregten den Anstoß der orthodoxen Stadtgeistlichkeit. Arndt zeigte sich nachgiebig und änderte in den rasch folgenden Neuauflagen mehrfach (endgültiger Text in der Ausgabe Jena 1607). Auseinandersetzungen mit seinem Amtsbruder Martin Denecke, einem Schüler des Helmstedter Philosophen Cornelius Martini, und Feindschaften, die sich Arndt mit seiner Parteinahme für das Patriziat in den inneren Stadtkämpfen Braunschweigs (zeitweilige Entmachtung des Patriziats durch Henning Brabant 1602–1604) zuzog, ließen ihn einem Ruf nach *Eisleben* nur zu gern folgen. Während der zweijährigen Amtszeit in der Lutherstadt (1609–1611) erschien das vollständige Werk „Vier Bücher vom Wahren Christentum“ (Magdeburg 1610).[9] Zum Generalsuperintendenten des Fürstentums Braunschweig-Lüneburg berufen, konnte Arndt in *Celle* während seines letzten Lebensjahrzehnts (1611–1621) unter dem obrigkeitlichen Schutz Herzog Christians d.Ä. von Braunschweig-Lüneburg eine ungestörte kirchliche und literarische Wirksamkeit ausüben. Bei der Durchführung einer Generalkirchenvisitation (1615) und der Neubearbeitung der lüneburgischen Kirchenordnung (1619) stärkte Arndt die Rechte des frühabsolutistischen fürstlichen Kirchenregiments gegen das Gewohnheitsrecht des niederen Adels.[10] Von den Schriften Arndts erreichte einen dem „Wahren Christentum“ vergleichbaren literarischen Erfolg das „Paradiesgärtlein voller christlicher Tugenden“ (Magdeburg 1612), ein zu andächtigem, aus dem Herzen kommenden Beten anleitendes Gebetbuch (den späteren Auflagen des „Wahren Christentum“ meist beigedruckt). Daneben erschienen

---

9 Am Ende des 17. Jahrhunderts wurde aus einzelnen Traktaten und Briefen Arndts ein fünftes und sechstes Buch vom *Wahren Christentum* hinzugefügt. Seit der Ausgabe Riga 1679 sind vielen der Neudrucke des Wahren Christentums reicher emblematischer Bildschmuck und den einzelnen Kapiteln Gebete (verfaßt vom livländischen Generalsuperintendenten Johann Fischer) beigegeben worden.

10 W. SOMMER, Gottesfurcht und Fürstenherrschaft, Göttingen 1988.

die großen, häufig aufgelegten Predigtbände „Evangelienpostille“ (1616), „Katechismuspredigten“ (1616) und „Auslegung des ganzen Psalter Davids“ (1617). In den gegen Ende seines Lebens erneut ausbrechenden, diesmal weiter um sich greifenden Angriffen auf seine Orthodoxie verteidigte sich Arndt mit einer Reihe von Traktaten: „Lehr- und Trostbüchlein vom wahren Glauben und heiligen Leben“ (1620), „De Unione credentium“ (1620), „Von der heiligen Dreifaltigkeit“ (1620) und „Repetitio apologetica“ (1620). Arndt starb am 11. Mai 1621 in Celle. Bei den von seinem Schüler Melchior Breler aus dem Nachlaß herausgegebenen Schriften, z.B. dem „Informatorium biblicum“ (1623), ist die Echtheit nicht sicher zu erweisen.

Arndts „Vier Bücher vom Wahren Christentum“

Johann Arndts Bedeutung beruht nicht auf seinem kirchlichen Wirken, sondern ganz auf seinem *literarischen Werk,* das aus seiner pfarramtlichen Tätigkeit, allermeist aus Predigten, herausgewachsen ist. Als Schriftsteller ist Arndt erst im vorgerückten Alter hervorgetreten. Als das erste Buch vom wahren Christentum erschien, war er fünfzig Jahre alt. Die großen Predigtbände gab er im siebenten Jahrzehnt seines Lebens zum Druck. Arndt ist kein schöpferischer Geist von der Art eines Jakob Böhme. Was er schreibt, ist nicht Mitteilung eigenen religiösen Erlebens. Nie spricht Arndt von sich selbst. Er beklagt den Verfall des gegenwärtigen Christentums. Dabei schöpft er aus den Quellen überkommener, älterer Traditionen, um dem trokkenen Boden eines unfruchtbaren Kirchgängerchristentums und einer sich mit Gelehrsamkeit und konfessioneller Polemik begnügenden Theologie erneuernde „Lebenskraft“ zuzuführen. Anders als vor ihm Stephan Prätorius, anders als nach ihm Spener, Francke und Zinzendorf hat Arndt nicht auf Luther zurückgegriffen. Zwar findet sich bei Arndt gelegentlich der Rekurs auf Luthers Rede vom lebendigen Glauben in der Römerbriefvorrede. Auch hat er Passagen aus Luthers „Von der Freiheit eines Christenmenschen“ in freier Bearbeitung seinem „Wahren Christentum“ eingefügt. Doch die Berufung auf Luther bleibt peripher. In der vorreformatorischen *Mystik* findet Arndt vorrangig die für seine Zeit nötige Lebenskraft: in der deutschen Mystik eines Johann Tauler und der „Theologia deutsch“, in der „Imitatio

Christi", dem Standardwerk der spätmittelalterlichen Devotio moderna, bei Johann von Staupitz, schließlich auch in der franziskanischen Mystik der Angela da Foligno. Aufnahme und Verarbeitung mystischen Gedankenguts machen die Eigenart von Arndts Hauptwerk, dem „Wahren Christentum", aus.

Arndts „*Vier Bücher vom wahren Christentum*" sind ihrer Anlage nach ein zweiteiliges Werk. Die ersten drei, anthropologisch orientierten Bücher gehören zusammen. In ihnen geht es um die Wiederherstellung des Ebenbildes Gottes in der menschlichen Seele. Das vierte Buch, von Arndt zuweilen als Zutat bezeichnet, ist kosmologisch orientiert. Hier geht es um Auslegung des „Buches der Natur". Arndt entfaltet mit Hilfe der neuplatonisch-paracelsischen Mikro- und Makrokosmos-Spekulation eine natürliche Theologie, die in Analogie zu der in den drei ersten Büchern gelehrten *Erkenntnis Gottes in der Seele* nun zur *Erkenntnis Gottes aus der Natur* anleitet. Hierzu dient eine Auslegung des Sechstagewerkes der Schöpfung, bei der sich Arndt stark von der paracelsischen Naturspekulation beeinflußt zeigt. Im späteren Pietismus ist da, wo man sich gegenüber der neuzeitlichen Naturwissenschaft offener zeigte (z.B. bei Spener), dieses vierte Buch als unwesentlich beiseite gelassen worden.

Wie Arndt mehrfach versichert, sei in den ersten drei Büchern, wenn das Gebetbuch (Paradiesgärtlein) dazukomme, das ganze Christentum beschrieben. Der Aufbau der drei Bücher entspricht dem Dreischritt der Stufenmystik: Reinigung, Erleuchtung, Vereinigung der Seele mit Gott (purgatio, illuminatio, unio mystica). Doch Arndt weist nicht einen Weg zur Vereinigung mit Gott im Sinne der reinen Mystik. Arndt wendet sich an Leser, „welche Christus schon durch den Glauben erkannt haben". Seine Mystik ist keine Heilsmystik, sondern *Heiligungsmystik.* Sie zeigt nicht einen Weg zum Heil, sondern den Weg zur vollen Aneignung des in Taufe und Rechtfertigung dem Menschen bereits zugeeigneten Heils. Arndt verwendet in reichem Maße Begriffe und Vorstellungen der Mystik (Selbstverleugnung, Absterben des Eigenwillens, Reinigung des Herzens von der Weltliebe, Demut, Gelassenheit, Schmecken der Süßigkeit der Gnade, Vereinigung der Seele mit Gott). Dabei hat er die in sein „Wahres Christentum" eingearbeiteten mystischen Texte *(Theologia deutsch, Nachfolge Christi, Angela da Foligno,* im dritten Buch besonders *Johann Tauler)* nach dem Maßstab der lutherischen Bekenntnisschriften so bearbeitet, daß jeder Anschein menschlichen Synergismus getilgt ist und aus dem mystischen Weg zur Gotteserkenntnis eine den Rechtfertigungsglauben voraussetzende, ihn aber überbietende Heiligungsfrömmigkeit wird. Ebenfalls in orthodox bearbeiteter Fassung hat Arndt große Teile des „Gebetbüchleins“ von *Valentin Weigel* aufgenommen (Buch II, Kap. 34), ohne den – erst 1617 bekannt werdenden – Verfasser zu kennen, von dessen Heterodoxie er sich klar distanzierte. Er hat damit das Gebet als ein andächtiges, von Herzen kommendes Reden der Seele mit Gott ins Zentrum pietistischer Frömmigkeit gerückt.

Arndts Anliegen ist es, Christen zur *wahren Gottseligkeit* (pietas) zu führen. Er wendet sich gegen eine verbreitete Gottlosigkeit (impietas) unter den Christen. Nicht gegen einen theoretischen Atheismus, der zu seiner Zeit faktisch noch nicht existiert, sondern gegen den praktischen Atheismus derer, die Christus nur mit dem Munde, nicht aber mit dem Herzen bekennen und ihn mit der Tat verleugnen. „Christus hat viele Diener, aber wenig Nachfolger“ – dies die Hauptklage Arndts. Seine Leserschaft sucht er im Bürgertum der protestantischen Städte, besonders aber unter Pfarrern und Theologiestudenten, die er von bloßer Gelehrsamkeit und konfessioneller Polemik auf den Kern der Theologie führen wollte: „Viele meinen, die Theologie sei nur eine bloße Wissenschaft und Wortkunst; da sie doch eine lebendige Erfahrung und Übung ist.“ Hatte man bisher auf die Reinheit der Lehre gedrungen und sie in den konfessionellen Auseinandersetzungen verteidigt, so legt Arndt allen Ton auf das Leben. Es ist diese Umorientierung des religiösen Denkens von der reinen Lehre auf das fromme Leben, mit der Arndt im 17. Jahrhundert Epoche gemacht und die pietistische Frömmigkeitsrichtung begründet hat. Im Vergleich mit dem Freudenchristentum des Salzwedeler Predigers Stephan Prätorius tritt die Eigenart des Arndtschen Frömmigkeitstyps hervor: Ausgehend von der Buße und deren ständiger Einschärfung, erhält durch die Betonung von Selbstverleugnung und Demut die von Arndt geprägte Frömmigkeit einen größeren Ernst und eine asketische Strenge. Der Rückgriff auf die Mystik führt zu stärkerer Verinnerlichung und Selbstbeobachtung. Die sakramentale Heilsvermittlung tritt bei Arndt hinter der persönlichen Erfahrung zurück, was der von ihm geprägten pietistischen Frömmigkeit ein größeres Maß von Unabhängigkeit gegenüber den kirchlichen Amtsträgern gibt.

Zur Wirkungsgeschichte Arndts

Einzigartig ist der literarische Erfolg, den Arndts „Wahres Christentum“ errang. Kein anderes Buch des deutschsprachigen Protestantismus hat durch die Jahrhunderte eine auch nur annähernd gleich große Zahl von Auflagen erlebt – bis zum Erscheinen von Speners Pia Desideria gibt es bereits mehr als fünfzig Drucke an mehr als einem Dutzend Druckorten. Dazu kommen schon im 17. Jahrhundert, vorwiegend dann im 18. Jahrhundert, Übersetzungen in fast alle europäischen Sprachen, auch ins Finnische, Isländische, Lettische, Litauische, Ungarische, Slowakische, Wendische, Rätoromanische, gekürzt ins Jiddische. In Straßburg mahnt 1653 Johann Conrad Dannhauer seine Predigthörer, über dem „Wahren Christentum“ nicht das Lesen der Bibel zu vergessen. Fast in allen Händen oder Häusern sei das „Wahre Christentum“ anzutreffen, schreibt 1715 in Gießen Johann Heinrich May. Die ersten deutschen Einwanderer brachten Arndts Wahres Christentum mit nach Nordamerika; als die Exemplare ausgingen, veranstaltete Benjamin Franklin 1751 in Philadelphia eine Neuauflage, nachdem sich auf Anhieb fünfhundert Subskribenten gemeldet hatten. Untersuchungen über bäuerliche Nachlaßverzeichnisse in Schweden haben ergeben, daß Arndts Wahres Christentum das nach Bibel und Gesangbuch verbreitetste Buch war. Man hat Arndt „die einflußreichste Gestalt der lutherischen Christenheit seit den Tagen der Reformation“ genannt.[11]

Den literarischen Siegeszug konnten Arndts orthodoxe Gegner nicht aufhalten. Bis heute ungeklärt ist das Ausmaß der sogenannten *„Arndtschen Streitigkeiten“*, die ihren Höhepunkt fanden in dem „Theologischen Bedenken“ (1622) des Tübinger Theologen Lukas Osiander II. Dieser schärfste Gegner Arndts war jedoch nicht Repräsentant einer „herrschenden Orthodoxie“. Die württembergische Zensur untersagte ihm eine Fortsetzung der Kontroverse. Die lüneburgischen Herzöge gaben einer ganzen Reihe von Theologen den Auftrag zur Verteidigung Arndts (Paul Egard, Heinrich Varenius,

11 H. Pleijel, Die Bedeutung Johann Arndts für das schwedische Frömmigkeitsleben, in: Der Pietismus in Gestalten und Wirkungen. FS M. Schmidt, Bielefeld 1975, 394.

Melchior Breler). Herzog August d.J. hielt zeitlebens seine schützende Hand über Arndt und seine Anhänger.

Nach dem Dreißigjährigen Krieg erneuerte Johann Conrad Dannhauer, Lehrer Speners und Vater der antipietistischen lutherischen Spätorthodoxie, die Kritik an Arndt angesichts der zunehmenden Popularität des „Wahren Christentums“ im kirchenkritischen Spiritualismus. Der Augsburger Theologe Theophil Spizel nahm Arndt nicht auf in sein „Templum honoris reseratum“ (1673), eine Galerie aller bedeutenden Theologen des 17. Jahrhunderts. Daß Spener in eine Neuausgabe des „Wahren Christentums“ von 1674 Anmerkungen einfügte, die Arndts Orthodoxie retteten und sein Anliegen durch Lutherzitate legitimierten, hat entscheidend dazu verholfen, daß Arndt in der lutherischen Kirche weithin anerkannt war. Zu Streitigkeiten über sein „Wahres Christentum“ ist es in der zweiten Hälfte des 17. Jahrhunderts, in der weiterhin über die „Geistliche Schatzkammer“ des Prätorius-Statius gestritten wurde, nicht mehr gekommen. Am Ende konnte sich die lutherische Spätorthodoxie auf Arndt berufen und, im Streit um die Spenersche „Hoffnung besserer Zeiten“, sogar gegen den Pietismus ausspielen.

Die Anhängerschaft Arndts in der ersten Hälfte des 17. Jahrhunderts umfaßt ein breites, von der strengen Orthodoxie bis zum kirchenkritischen Spiritualismus reichendes Spektrum. Grob läßt sich zwischen einem rechten und einem linken Flügel unterscheiden. Zum rechten Flügel zählen diejenigen, die Arndts Akzentverlagerung von der Lehre auf das Leben begrüßen und für eine innerkirchliche Reformbewegung fruchtbar zu machen suchen. Wie Hans Leube gezeigt hat, haben die Reformbestrebungen der lutherischen Kirche des 17. Jahrhunderts von Johann Arndt ihre stärksten Anstöße empfangen.[12] Hierher gehört vor allem *Johann Valentin Andreae* (1586–1654), der geistvollste und ideenreichste Schriftsteller des lutherischen Deutschland im 17. Jahrhundert, zugleich der bedeutendste Kirchenreformer in vorpietistischer Zeit. Andreae, der Arndt die Erweckung „zur wahren Praxis in einem tätigen Christentum“ dankte, hat früh einen Auszug aus dem Wahren Christentum unter dem Titel „Christianismus genuinus“ publiziert (1615, ^{2}1643, ^{3}1644). In seinem

12 H. LEUBE, Die Reformideen in der deutschen lutherischen Kirche zur Zeit der Orthodoxie, Leipzig 1924.

„Theophilus“ (1622, gedruckt 1649) trat er gegen die Tübinger Verdächtigungen für die Orthodoxie Arndts ein. In seinen zahlreichen moralisch-kritischen und utopischen Schriften schlägt er jedoch einen gegenüber der Arndtschen Innerlichkeit andersartigen, häufig satirischen Ton an. Andreae kann wohl nicht der auf Verinnerlichung drängenden pietistischen Frömmigkeitsrichtung zugezählt werden, wie ja auch seine Sozietätspläne wenig mit dem pietistischen Konventikelgedanken zu tun haben, die Sozialutopie seiner Johann Arndt gewidmeten „Christianopolis“ (1619) wenig mit dem pietistischen Chiliasmus verwandt ist. Die von Andreae nach dem Dreißigjährigen Krieg in die württembergische Kirche nach Genfer Vorbild eingeführte Kirchenzuchtordnung ist von jenem Gedanken der „allgemeinen Besserung“ bestimmt, von dem sich der Spenersche Pietismus mit seiner Idee der Sammlung der Frommen entscheidend abgesetzt hat. Doch bleibt Andreae mit seiner durch Arndt vermittelten Distanz zur Orthodoxie und Hinwendung „zur wahren Praxis“ ein Wegbereiter des Pietismus, dessen Schriften von Spener und Francke hochgeschätzt wurden. Andere haben aus dem Wahren Christentum weniger Impulse zur Kirchenreform als zur Erneuerung des individuellen religiösen Lebens entnommen. Der Holsteiner Pfarrer *Paul Egard* (gest. 1655) schrieb neben einer „Ehrenrettung Arndts“ eine Reihe von Traktaten gegen das „falsche Christentum der Welt“ und für eine wahre Buße. Egard, ein eifriger Gegner der Calvinisten und Spiritualisten, blieb wie Andreae auf dem Boden der lutherischen Orthodoxie, ist aber an einem auf den Pietismus vorausweisenden Punkt über Arndt hinausgegangen: Er hat das Tausendjährige Reich von Apok.20 für noch zukünftig erklärt in seiner „Posaune der Göttlichen Gnade und Lichts: das ist Offenbarung des göttlichen Geheimnisses in Apocalypsi von den tausend Jahren“ (1623). Egard ist der erste chiliastische Ausleger der Johannesapokalypse innerhalb des Luthertums. Wie später Spener und der Pietismus, hat er großen Wert darauf gelegt, nicht im Widerspruch zur Augsburgischen Konfession zu stehen. Spener gab 1679 und 1683 eine Anzahl seiner Traktate neu heraus.[13]

13 P. Egard, Auserlesene Schriften, I–III, 1679–1683.

Der linke Flügel der Arndtschule

BORNEMANN, Margarete: Der mystische Spiritualist Joachim Betke (1601–1663) und seine Theologie, Diss. theol. Berlin 1959. – BRUCKNER, John: Die radikale Kritik an der Obrigkeit im Vorpietismus: Friedrich Breckling, in: A. Buck u.a. (Hg.), Europäische Hofkultur im 16. und 17. Jahrhundert, Bd. 2, Hamburg 1981, 217–222. – DERS.: Art. „Breckling, Friedrich“, in: Biographisches Lexikon für Schleswig-Holstein und Lübeck, Bd. 7, Neumünster 1985, 33–38. – ERB, Peter C.: Christian Hoburg und die schwenckfeldischen Wurzeln des Pietismus: Einige bisher unveröffentlichte Briefe, JSKG 56 (1977), 92–126. – GRÖSCHEL-WILLBERG, Evamaria: Christian Hoburg und Joachim Betke, Diss. phil. Erlangen 1954. – KRUSE, Martin: Der mystische Spiritualist Christian Hoburg (1607–1675) als lutherischer Pfarrer in Bornum bei Königslutter, JGNKG 69 (1971), 103–125. – NERLING, M. v.: Christian Hoburgs Streit mit den geistlichen Ministerien von Hamburg, Lübeck und Lüneburg, Diss. Kiel 1950. – SCHMIDT, Martin: Christian Hoburgs Begriff der „mystischen Theologie“, in: ders., Wiedergeburt und neuer Mensch, Witten 1969, 51–90. – DERS.: Die spiritualistische Kritik Christian Hoburgs an der lutherischen Abendmahlslehre und ihre orthodoxe Abwehr, in: ders., Wiedergeburt und neuer Mensch, a.a.O, 91–111. – SCHRADER, Hans-Jürgen: Art. „Hoburg, Christian“, in: Schleswig-Holsteinisches Biographisches Lexikon, Bd. 5, Neumünster 1979, 133–137. – WOTSCHKE, Theodor: Friedrich Brecklings niederrheinischer Freundeskreis, MRKG 21 (1927), 3–21. – DERS.: Der märkische Freundeskreis Brecklings, JBBKG 23 (1928), 134–203; 24 (1929), 168–177; 25 (1930), 193–226. – DERS.: Weseler Briefe an Friedrich Breckling, MRKG 27 (1933), 178–185.

Man kann von einem linken Flügel der Arndtschule sprechen, wenn an Arndts Absicht, mystische und spiritualistische Traditionen durch orthodoxe Neuinterpretation zu verkirchlichen, nicht mehr festgehalten wird. Hier neigt man dem kirchenkritischen Spiritualismus zu, zuweilen vollzieht man den Übergang in das Lager des außerkirchlichen Spiritualismus.

Den linken Flügel der Arndtschule führt an der „Theosoph und Medicus“ *Melchior Breler* (1589–1627), Lieblingsschüler des alten Arndt und Verwalter seines Nachlasses, von allen Arndt-Verteidigern der heftigste und schreibfreudigste. Breler stand mit pansophischen Kreisen und rosenkreuzerischen Strömungen in enger Verbindung. Die von ihm veröffentlichten Schriften aus Arndts Nachlaß hat er unbesorgt mit eigenen Zusätzen versehen; seine lateinische Übersetzung des „Wahren Christentums" reicherte er durch Paracelsuszitate an, weswegen die Jenaer theologische Fakultät die Druckerlaubnis verweigerte. Die Konturen des jahrhundertelang im Dunkel liegenden Breler, der für einige Jahre Leibarzt Herzog Augusts d.J. in Hitzacker war, sind erst in jüngster Zeit etwas deutlicher geworden.[14] Die lutherische Orthodoxie sah in Breler einen „Weigelianer". Spener hatte Grund, den Namen dieses „Liebhabers" Arndts[15] im Pietismus vergessen zu machen.

Johann Angelius Werdenhagen (1581–1652), Professor für Ethik in Helmstedt, hielt zum Reformationsjubiläum 1617 acht Reden über das „Wahre Christentum".[16] Gleich Arndt den Kern des Christentums in der Vereinigung der Seele mit Gott erblickend, kämpfte Werdenhagen gegen Vernunftdenken, Aristotelismus und die einseitige Betonung der reinen Lehre; gegenüber einer neuen kirchlichen Hierarchie in der lutherischen Kirche erinnerte er an die Lehre vom allgemeinen Priestertum. Sein radikalpietistischer Angriff gegen die Orthodoxie kostete ihn sein akademisches Amt. Werdenhagen, der nach seiner Entlassung politische Ämter in Leiden, Magdeburg und Lübeck bekleidete, hat sich später den Gedanken Jakob Böhmes geöffnet. Gottfried Arnold hat ihn in seiner Kirchen- und Ketzergeschichte ausführlich zu Wort kommen lassen.

Der bedeutendste Repräsentant des linken Flügels der Arndtschule in der nächsten Generation war *Christian Hoburg* (1607–1675), kurzzeitig in mehreren lutherischen Pfarrämtern Norddeutschlands und der Niederlande tätig, aus denen er nach heftigen Auseinandersetzungen fast ausnahmslos vertrieben wurde. Er starb als Prediger der mennonitischen Gemeinde in Altona. Seine teils erbaulichen, teils kirchenkritischen Schriften (letztere unter den Pseudonymen Elias Prätorius, Bernhard Baumann u.a. herausgegeben), meist in Amsterdam gedruckt, haben im 17. Jahrhundert weite Verbreitung gefunden. Mit seiner „Praxis Arndiana, das ist: Hertzens-Seuftzer über die 4 Bücher wahren Christenthumbs S. Johann Arnds" (Amsterdam 1642) und seinem postumen „Arndus Redivivus, Das ist Arndischer Weg-

14 J. WALLMANN, Herzog August zu Braunschweig und Lüneburg als Gestalt der Kirchengeschichte, PuN 6 (1981), (9–32), 19ff.

15 Vgl. die namenlose Erwähnung in PD 83, 8.

16 J.D. WERDENHAGEN, Verus Christianismus fundamenta religionis nostrae contingens, Magdeburg 1618.

weiser zum Himmelreich“ (1677) hat sich Hoburg als Schüler Arndts bekannt, was ihm zu großem Ansehen im Pietismus verhalf. Die entscheidenden religiösen Anstöße hatte er in seiner Jugend jedoch aus den Schriften Kaspar von Schwenckfelds empfangen. Auf Schwenckfeld geht zurück die für Hoburgs Theologie charakteristische Verdrängung der lutherisch-orthodoxen Rechtfertigungslehre durch eine mystisch-spiritualistische Lehre von der Wiedergeburt. Auf Schwenckfeld zurückzuführen ist auch Hoburgs dauernde Entfremdung von Luther und vom lutherischen Kirchentum. Der unter dem Pseudonym Elias Prätorius herausgegebene „Spiegel der Mißbräuche beim Predigtamt“ (Amsterdam 1644) enthält eine Radikalkritik der lutherischen Theologie und Kirche, die die Abschaffung von landesherrlichem Kirchenregiment, Pfarramt, Kanzelpredigt, Konkordienbuch und Universitätstheologie fordert und an die Stelle der auf die lutherische Rechtfertigungslehre erbauten Amtskirche ein auf eine mystisch-spiritualistische Wiedergeburtslehre gegründetes Laienchristentum setzen will. Scharfe Ausfälle gegen die lutherischen Prediger enthält sein „Lutherischer Pfaffenputzer“ (1648). Spener, aus pietistischen Kreisen häufig um ein Urteil über Hoburg gebeten, hat seinen Frömmigkeitseifer gelobt, als er von seinen Pseudonymen erfuhr, jedoch sein Lob auf die Erbauungsschriften eingeschränkt. Von Hoburgs Kirchenkritik hat er sich in den Pia Desideria deutlich distanziert.[17]

Christian Hoburg, der mit Schwenckfeldern in Schlesien korrespondierte, hat nur literarisch auf den Pietismus eingewirkt. Der eine Generation jüngere Friedrich Breckling, Freund und geistiger Erbe Hoburgs, später mit ihm überworfen, hat mit nahezu allen bekannten Pietisten in Briefwechsel gestanden. Breckling wird heute häufig dem Pietismus zugerechnet.

Friedrich Breckling (1629–1711), geboren als Pfarrerssohn in Handewitt/Holstein, war durch das Elternhaus von der Frömmigkeit Arndts geprägt. Der Großvater Friedrich Dame[18] und der Vater Johann Breckling[19] hatten sich literarisch für Arndt eingesetzt. Sein zehnjähriges Theologiestudium, beginnend in Rostock, dem Zentrum

---

17 Vgl. PD 16,10.

18 F. Dame, Vier Bücher vom Alten und Neuen Menschen, Lübeck 1632.

19 J. Breckling, Paradisus reseratus, Rostock 1641.

der Arndtschen Reformbestrebungen, führte Breckling an fast alle lutherischen Fakultäten, länger weilte er in Königsberg, Helmstedt, Wittenberg, Gießen und zuletzt Straßburg. Seine Gießener Doktordisputation „De unione credentium et communione sanctorum“ mußte er wegen Heterodoxieverdacht zurückziehen. Durch Johann Tacke, Professor der Medizin und der Rhetorik in Gießen, wurde er zur Beschäftigung mit Paracelsus und Jakob Böhme angeregt. In Hamburg kam er in spiritualistische Kreise, wo man dem brandenburgischen Pfarrer *Joachim Betke* (1601–1663) anhing, einem scharfen Kritiker der verweltlichten lutherisch-orthodoxen Theologie und Kirche und Verfechter eines spiritualistischen Laienchristentums, der sich gleichwohl von Luther und der lutherischen Kirche nicht getrennt hatte. Seine Schriften hat Breckling, der in Betke seinen „geistigen Vater“ sah, später in den Niederlanden zum Druck gebracht (u.a. J. Betke, Excidium Germaniae, 1664). In Straßburg hörte Breckling den Arndt-Verehrer Johann Schmidt und las die Schriften Johann Valentin Andreaes. Ob er mit Philipp Jakob Spener, seinem späteren Briefpartner, damals bekannt wurde, ist ungewiß.

Seit 1656 in verschiedenen holsteinischen Predigerstellen, wurde Breckling wegen einer an das Konsistorium zu Flensburg gerichteten Anklageschrift gegen die Untreue und Unredlichkeit der Pastoren, deren Sünden die Ursache aller über das Land verhängten göttlichen Strafen seien, vom kirchlichen Amt suspendiert (März 1660). Breckling entwich nach den Niederlanden. Von 1660 bis 1667 war er Pfarrer der lutherischen Gemeinde in Zwolle. Erneut in Streitigkeiten verwickelt, wurde er auch hier vom Amt suspendiert. Seit 1672 lebte Breckling in Amsterdam, seit 1690 bis zu seinem Tod in Den Haag als Privatgelehrter und aufmerksamer Registrator aller religiösen Bewegungen in den großen Konfessionen.

Nach seiner Flucht in die Niederlande, hauptsächlich während der frühen sechziger Jahre, veröffentlichte Breckling eine große Zahl religiöser Schriften. Die Spannweite reicht von Buß- und Anklageliteratur mit chiliastisch-apokalyptischen Anschauungen bis zu erbaulichen und katechetischen Werken. Seine Flensburger Anklageschrift erschien erweitert unter dem Titel „Speculum seu Lapis Lydius Pastorum“ (Amsterdam 1660). Man hat sie mit Speners Pia Desideria verglichen. Doch überdeckt, wie in Hoburgs kirchenkritischen Schriften, die Anklage die nur spärlichen Besserungsvorschläge.

Brecklings „Das Geheimnis des Reichs von der Monarchie Christi auff Erden“ (Amsterdam 1663) enthält die radikalpietistische chiliastische Zukunftshoffnung von „einem herrlichen Triumphreiche, welches noch allhier auff Erden vor dem Jüngsten Tage alle Reich der Welt wie Spreu zermalmen wird“. In der chiliastischen Zukunftshoffnung stimmte Breckling überein mit zahlreichen in den Niederlanden lebenden Nonkonformisten wie Christian Hoburg, Johann Amos Comenius, Petrus Serrarius u.a. Er stand in enger Verbindung mit den radikalen Böhme-Anhängern Johann Georg Gichtel, Ludwig Friedrich Gifftheil, von dem er apokalyptische Appelle publizierte, und dem Ekstatiker Quirinus Kuhlmann, mit dem er sich bald überwarf. Mit dem Frankfurter Pietistenkreis um Spener und Schütz trat Breckling erst nach Erscheinen der Pia Desideria in Korrespondenz. Eine für Frühjahr 1678 geplante Reise nach Frankfurt wurde durch Kriegsläufte verhindert. Am Ende seines Lebens korrespondierte Breckling auch mit August Hermann Francke und dem Gießener Theologen Johann Heinrich May. Breckling, der „Bibliothecarius dei“, wie er sich selbst nannte, ist eher ein Endpunkt des mystischen Spiritualismus als der Anfänger des radikalen Pietismus. Es hat mehr als symbolische Bedeutung, daß Breckling, der sich am Ende seines Lebens wieder der lutherischen Kirche näherte, seine Exzerptensammlung dem jungen Gottfried Arnold übermachte, der sie – darunter Brecklings „Catalogus testium veritatis“ – in seine „Kirchen- und Ketzerhistorie“ aufnahm.

Zusammen mit den beiden älteren Joachim Betke und Christian Hoburg bildet Friedrich Breckling im Lager des mystischen Spiritualismus eine Trias, bei der die Einflüsse Johann Arndts diejenigen Jakob Böhmes überwiegen. In größerer Distanz zum Pietismus stehen die reinen Böhme-Anhänger Abraham von Franckenberg (1593–1652), Paul Felgenhauer (1593–ca.1677) und Johann Georg Gichtel (1638–1710). Ob Gichtel, der Herausgeber der Werke Jakob Böhmes, dessen Anhänger (Engelsbrüder) in vielen deutschen Städten zeitweilig in Konkurrenz zum Pietismus standen, dem Pietismus zugerechnet werden kann, ist umstritten.

II. Der reformierte Pietismus

1. Die Anfänge des reformierten Pietismus

Für die Anfänge des reformierten Pietismus *als Frömmigkeitsrichtung* läßt sich kein festes Datum angeben. Ein richtunggebender Anstoß, wie in der lutherischen Kirche Johann Arndts „Wahres Christentum", fehlt. Die Suche nach den Anfängen pietistischer Frömmigkeit in der deutschen reformierten Kirche führt zurück auf den Boden der ausländischen reformierten Schwesterkirchen, in erster Linie zur *niederländisch-reformierten Kirche,* mit der die deutschen reformierten Gemeinden, deren Pfarrer im 17. Jahrhundert häufig an niederländischen Universitäten studieren, in Zusammenhang und in enger Verbindung stehen. Damit verlagert sich die Frage nach den Anfängen des reformierten Pietismus auf die Frage nach den Anfängen der *„Nadere Reformatie",* jener die Reformation der Lehre durch die Reformation des Lebens ergänzenden religiösen Erneuerungsbewegung, die die Niederlande seit dem beginnenden 17. Jahrhundert durchzieht und in der Gestalt des Gisbert Voetius (1589–1676) ihren hervorragendsten, Dordrechter Orthodoxie mit puritanisch-präzisistischem Frömmigkeitseifer verbindenden Repräsentanten gefunden hat.[1]

Auf die Frage nach den Anfängen der „Nadere Reformatie" hat die Forschung bis heute keine klare Antwort gegeben. Teils wird die „Nadere Reformatie" aus dem englischen Puritanismus hergeleitet, wobei die Anfänge bei dem seit 1610 in den Niederlanden wirkenden *Wilhelm Amesius* (1576–1633), einem Schüler von William Perkins in Cambridge, gesucht werden[2], oder bei *Willem Teellinck* (1579–1629), Prediger in Middelburg, der in England unter puritanischem Einfluß zum Theologiestudium gekommen war und in Anlehnung an englische Vorbilder für strenge Sonntagsheiligung, religiöse Gestaltung

1 Vgl. C. Graafland u.a. (Hg.), De Nadere Reformatie, Den Haag 1986; Documentatieblad Nadere Reformatie, Zoetermeer 1977ff.

2 K. Reuter, Wilhelm Amesius der führende Theologe des erwachenden reformierten Pietismus, Neukirchen 1940.

des Familienlebens und katechetische Erbauungsversammlungen eintrat. Andererseits wird *Jean Taffin* (1530–1602), Hofprediger des Prinzen von Oranien, als Begründer der „Nadere Reformatie" genannt[3] und nach ihm *Godefridus Cornelis Udemans* (1580?–1649), Pfarrer in Zieriksee, beide Verfasser zahlreicher, für die „Übung der Gottseligkeit" (Praxis pietatis) eifernder Erbauungsschriften, die in deutscher Übersetzung auch in der reformierten Schweiz (Zürich) erschienen. Führt man die „Nadere Reformatie" auf Taffin und Udemans zurück, so ist sie ein originäres Gewächs der dem Erbe Calvins verpflichteten niederländisch-reformierten Kirche; den Einflüssen aus dem englischen Puritanismus käme nur nachträglich bestärkende Bedeutung zu, ähnlich den Einflüssen puritanischer Erbauungsliteratur auf die von Johann Arndt ausgehende Frömmigkeitsbewegung.

Das Fehlen einer zentralen Gestalt wie Johann Arndt in den Anfängen des reformierten Pietismus ist nicht verwunderlich und erklärt sich aus der stärkeren Disposition des Calvinismus auf pietistische Frömmigkeit. Für die Parole einer Akzentverschiebung von der Lehre auf das Leben fehlte in der reformierten Theologie mit ihrer Betonung des tertius usus legis die Notwendigkeit. Wie Wilhelm Goeters bemerkt, ist „anders als das Luthertum der Calvinismus dem Pietismus wesensverwandt, und dieser bezeichnet in der deutschen reformierten Kirche nur eine Welle, die von den Niederlanden und England herüberflutet".[4]

Die Anfänge des reformierten Pietismus als innerkirchliche Erneuerungsbewegung fallen in Deutschland zeitlich mit den Anfängen des Spenerschen Pietismus zusammen. Doch anders als im Luthertum stehen kirchlicher und separatistischer Pietismus von Anfang an als getrennte Größen unabhängig nebeneinander. Zwischen Theodor Undereyck, dem Begründer des kirchlichen Pietismus in der deutschen reformierten Kirche, und Jean de Labadie, dem Urheber der ersten pietistischen Separation, hat es keine Beziehungen und Abhängigkeiten, niemals ein gemeinsames Wirken gegeben. Kirchlicher und separatistischer Pietismus sind im reformierten Deutschland gleich ursprünglich.

---

3 S. VAN DE LINDE, Der reformierte „Pietismus" in den Niederlanden, in: Pietismus und Réveil (Kerkhistorische Bijdragen VII), Leiden 1978, (102–117), 105ff.

4 W. GOETERS, Art. Under-Eyck, Theodor, RE^3 20, 233,14f.

2. Theodor Undereyck, Begründer des Pietismus in der reformierten Kirche

FAULENBACH, Heiner: Die Anfänge des Pietismus bei den Reformierten in Deutschland, PuN 4 (1979), 205–220. – FORSTHOFF, Heinrich: Theodor Under Eyck in Mülheim an der Ruhr 1660–1668, MRKG 10 (1916), 33–76. – DERS.: Der Under Eyck'sche Pietismus und die Wendung zum Separatismus in Mülheim an der Ruhr 1671–1716, MRKG 10 (1916), 289–310. – DERS.: Theodor Under Eyck, der Begründer des Pietismus in der reformierten Kirche Westdeutschlands, MRKG 11 (1917), 289–310. – GOETERS, Wilhelm: Art. „Under-Eyck, Theodor", in: RE^3 20 (1908), 228–233. – MAI, Gottfried: Die niederdeutsche Reformbewegung. Ursprünge und Verlauf des Pietismus in Bremen bis zur Mitte des 18. Jahrhunderts, HosEc 12, Bremen 1979. – MOLTMANN, Jürgen: Geschichtstheologie und pietistisches Menschenbild bei Johann Coccejus und Theodor Undereyck, EvTh 19 (1959), 343–361.

Theodor Undereyck (1635–1693), aus einer niederländischen Exulantenfamilie stammend und in Duisburg als Sohn eines wohlhabenden Kaufmanns geboren, begann sein Theologiestudium 1654–1657 in Utrecht. In Gisbert Voetius, Anführer der Reformbewegung der „Nadere Reformatie", begegnete ihm eine eindrückliche Verbindung von Dordrechter Prädestinationslehre mit einem um religiös-sittliche Erneuerung des Volkslebens bemühten puritanischen Frömmigkeitseifer (Präzisismus). Neben den akademischen Lehrern waren es die Utrechter Prediger Jodocus van Lodenstein (1620–1677) und vor allem Justus van den Bogaert (gest. 1663), die Undereycks persönlichem religiösen Leben die entscheidende Richtung gaben und ihm Vorbild für sein späteres Wirken als Prediger wurden.

Von Voetius beeindruckt, aber nicht zum Voetianer geworden, lernte Undereyck an der Universität Duisburg unter Johannes Clauberg und Martin Hundius die *Föderaltheologie* des Coccejus kennen. Er ging im Sommer 1658 nach Leiden, wo er von Johannes Coccejus (1603–1669) in der von der formalistischen Systematik der Orthodoxie sich lösenden biblischen Föderaltheologie gründlich unterwiesen wurde. Undereyck hat sowohl Voetius als auch Coccejus seine maßgebenden Lehrer genannt. In der geglückten Verbindung voetianischen und coccejanischen Denkens liegt die Eigentümlichkeit seiner Theologie. Dadurch sind dem deutschen reformierten Pietismus Parteistreitigkeiten erspart geblieben, wie sie in den Niederlanden zwischen Voetianern und Coccejanern entbrannten (z.B. um die Geltung des Sabbatgebotes).

Nach Rückkehr von seiner akademischen Reise, die ihn durch die Schweiz[5], Frankreich bis nach England führte, trat Undereyck 1660 ein Pfarramt in *Mülheim/Ruhr* an. Hier predigte er, den Ernst der Prädestinationslehre einschärfend, energisch gegen falsche Glaubenssicherheit und ein bürgerliches Gewohnheitschristentum, verbesserte den katechetischen Unterricht und übte strenge Kirchenzucht. Im persönlich-seelsorgerlichen Gespräch mühte er sich um praxis pietatis, ein das Leben des einzelnen, der Familie und der Gemeinde erfassendes lebendiges Christentum. Er beförderte die – von ihm „kleine Kirche" genannte – Hauskirche, gab Anleitung zu häuslicher Andacht und erbaulichen Gesprächen. Seit 1664 – möglicherweise schon seit 1661 – hielt Undereyck in Mülheim neben dem Gottesdienst auch *Erbauungsversammlungen* (katechetische Übungen). Nach diesen – zeitlich vor dem Frankfurter Collegium pietatis Speners liegenden –Mülheimer Versammlungen gilt Undereyck seit Gerhard Tersteegen als der *erste Stifter von pietistischen Privatversammlungen.*[6] Als Vorbild dienten ihm die in der niederländischen Kirche längst praktizierten, durch die Synode von Dordrecht vorgeschriebenen und von zahlreichen niederländischen Reformtheologen (vor allem Willem Teellinck) empfohlenen katechetischen Übungen. Als Hofprediger 1668 nach Kassel berufen, wirkte Undereyck für zwei Jahre am Hofe der Landgräfin Hedwig Sophie von Hessen, einer Schwester des Großen Kurfürsten. Ein größerer Wirkungskreis öffnete sich ihm 1670 durch seine Berufung nach *Bremen.* Während seiner langen Amtszeit als Pastor primarius an St. Martini (1670–1693) gelang es ihm, die niederländischen und niederrheinischen Reformbestrebungen ins Bremer Stadtkirchentum zu verpflanzen. Unter dem starken Eindruck seiner in Herz und Gewissen eindringenden scharfen Bußpredigten erfuhren viele, z.B. der Liederdichter Joachim Neander, ihre Bekehrung. Sogar Selbstmorde wurden seinen Predigten zur Last gelegt. Es kam zu Auseinandersetzungen mit dem geistlichen

---

5 Daß Undereyck in Genf Labadie begegnete, hat er selbst bestritten. Sein Aufenthalt in Genf dürfte kurz vor der Ankunft Labadies (Juni 1659) gelegen haben.

6 H. FAULENBACH, Die Anfänge des Pietismus bei den Reformierten in Deutschland, PuN 4 (1979), 209.

Ministerium, besonders im ersten Jahrzehnt. Undereyck, von einem kleinen, lebendigen Teil der Bürgerschaft unterstützt, konnte eine Reihe von Schülern und Gesinnungsfreunden nach Bremen ziehen. Unter den elf Anhängern, die zu seinen Lebzeiten Anstellung fanden, war sein treuester Anhänger *Cornelius de Hase* (1653–1710), seit 1676 Pfarrer an St. Martini. Mit ihm unterbreitete Undereyck 1679 ein Memorial, das größere kirchliche Freiheit gegenüber dem städtischen Kirchenregiment forderte, die Einrichtung eines Presbyteriums zur Durchführung der Kirchenzucht vorschlug und Ungläubige vom Besuch des Abendmahls und von der Taufe ihrer Kinder ferngehalten haben wollte. Auch wenn diese Eingabe erfolglos blieb, gelang Undereyck die Verbesserung des Katechismusunterrichts und die Abschaffung des Beichtpfennigs. An gründlicher katechetischer Unterweisung der Gemeindeglieder lag ihm alles. Bei der Einrichtung von *Erbauungsversammlungen* und katechetischen Übungen wurde er tatkräftig unterstützt von seiner Frau Margaretha geb. Hüls, die in jeweils eigenen Versammlungen sonntags Frauen und Jungfrauen, an den Wochentagen jüngere Töchter, kleine Kinder, schließlich Dienstmägde und Leute niederen Standes zu katechetischen Besprechungen sammelte.

Undereyck, der „große Katechet des Coccejanismus“ (J. Moltmann), hat als Prediger und Seelsorger gewirkt, erst in zweiter Linie als *Schriftsteller*. Das unterscheidet ihn von seinen schreibfreudigen pietistischen Zeitgenossen Labadie und Spener. Sein erstes Buch „Christi Braut unter den Töchtern zu Laodicaea“ (Hanau 1670) begründet aus der Bibel, dem Heidelberger Katechismus und Zeugnissen „gottselig erfahrener“ Menschen die Notwendigkeit eines lebendigen, seligmachenden Glaubens und seiner Bewährung in einem von Luxus, Spiel und Tanz sich fernhaltenden, asketisch-frommen Alltagsleben. Es wird Anleitung zu gottseligen Gesprächen gegeben. Neben den Schriften der Niederländer (Willem Teellinck u.a.) und der Puritaner (William Perkins u.a.) wird auch Arndts „Wahres Christentum“ zitiert.[7]

---

7 Der beigegebenen Exempelsammlung erweckter Seelen entnahm Undereycks Schüler Johann Henrich Reitz den Grundstock für seine „Historie der Wiedergebohrnen“ (Offenbach 1698–1717; Neuedition von H.-J. Schrader, 4 Bde., Tübingen 1981), die erste pietistische Biographiensammlung, die im Pietismus mehrfache Nachahmung fand (G. Arnold, G. Tersteegen, Chr. Gerber u.a.).

Undereycks katechetisches Hauptwerk „Hallelujah, das ist, Gott in dem Sünder verkläret“ (Bremen 1678) ist ein unvollendet gebliebener Entwurf des Heilswegs nach coccejanischem Schema, wie der Heidelberger Katechismus in Frage- und Antwortform verfaßt. In „Der Närrische Atheist“ (Bremen 1689) bekämpft Undereyck den Atheismus, sowohl den offenen Atheismus der Gottesleugner wie auch den versteckten praktischen Atheismus der Unwiedergeborenen. „Ein jeder unwiedergebohrne Mensch ist ein Atheist“.

Cornelius de Hase, der nach Undereycks Tod dessen Werk in Bremen fortführte, urteilte 1703: „Was Spener in der lutherischen Kirche ist, das ist Undereyck in der reformierten Kirche gewesen.“ Ein fest umrissenes pietistisches Konzept wie Spener in seinen Pia Desideria hat Undereyck jedoch nicht vorgelegt. Man hat seine Theologie einen „orthodoxen Pietismus“ genannt (Moltmann). Pietistischen Chiliasmus findet man erst bei der nach Undereyck zweiten bedeutenden Gestalt des älteren reformierten Pietismus in Deutschland, bei Friedrich Adolph Lampe.

Friedrich Adolph Lampe (1683–1729), in Detmold geboren, ein aus alter Bremer Familie stammender Pfarrerssohn, erhielt seine theologische Ausbildung am Bremer akademischen Gymnasium durch Cornelius de Hase und an der Universität Franeker bei Campegius Vitringa (1659–1722). In Franeker lernte Lampe die Föderaltheologie in der über Coccejus hinausgehenden chiliastischen Fassung kennen, die ihr erst Vitringa gegeben hat und die dann im Pietismus weiterwirkte. Zunächst Pfarrer in Weeze bei Kleve (1703), dann in Duisburg (1706), wurde Lampe 1709 an St. Stephani in Bremen berufen. Von 1720 bis 1727 lehrte er als Professor der Dogmatik und Kirchengeschichte in Utrecht. Nach Bremen zurückberufen, war ihm nur noch ein kurzes Wirken als Prediger an St. Ansgar und Professor am Gymnasium vergönnt.

Lampes Bedeutung liegt in seinem *literarischen Schaffen.* Sein Hauptwerk „Geheimnis des Gnadenbundes, dem großen Bundesgott zu ehren und allen heilsbegierigen Seelen zur Erbauung geöffnet“ (Bremen 1712–1719) ist ein von umfassender Gelehrsamkeit zeugendes sechsbändiges theologisches Kompaktwerk, das von der Exegese über die Dogmatik, Kirchengeschichte bis zur praktischen Theologie reicht. Es hat den reformierten deutschen Pietismus bis ins 19. Jahrhundert hinein geprägt und auf die coccejanische Förderaltheologie festgelegt. In enger Anlehnung an die Bibel, die „Sprache Kanaans" kanonisierend, wird der „Gnadenbund" systematisch vom paradiesischen „Werkbund" unterschieden (Bd. 1), dann durch die gesamte Heilsgeschichte in allen drei göttlichen „Haushaltungen" verfolgt, zunächst unter der Verheißung (Bd. 2), dann unter dem Gesetz (Bd. 3 und 4), schließlich unter dem Evangelium (Bd. 5 und 6). In der Struktur coccejanisch und Coccejus als denjenigen rühmend, dem Gott durch die Idee des Bundes den Schlüssel gegeben hat, „um die Geheimnisse in der Schatzkiste des Wortes zu finden", geht Lampe mit Vitringa über Coccejus hinaus, indem er die chiliastische Erwartung des noch ausstehenden Tausendjährigen Reiches von Apk 20 in die Förderaltheologie aufnimmt.

Lampe hat mit der „Bibliotheca Bremensis" (1718 ff) die erste wissenschaftlich-theologische Zeitschrift unter den deutschen Reformierten herausgegeben. Er ist auch mit geistlichen Liedern hervorgetreten. Wie Undereyck als Prediger, Katechet und Seelsorger wirkend, hat er doch auf Konventikelbildung verzichtet. Gegenüber dem Donatismus der Labadisten und anderer Separatisten hat er die Volkskirche, in der auch gottlose Pfarrer heilsam wirken, verteidigt in „Große Vorrechte des unglückseligen Apostels Judas Ischarioth" (Bremen 1711), damit später jedoch Widerspruch hervorgerufen (Gerhard Tersteegen, Judas exkommuniziert, gedruckt 1842).

Bremen wurde durch Theodor Undereyck, Cornelius de Hase und Friedrich Adolph Lampe die Pflanzstätte des frühen reformierten deutschen Pietismus. Im letzten Drittel des 17. Jahrhunderts breitete sich Pietismus auch in anderen reformierten Gebieten aus, voran in Ostfriesland und im Rheinland.

In Ostfriesland [8], wo frühzeitig auch der lutherische Pietismus Fuß faßte, war der reformierte Pietismus sowohl von Undereyck in Bremen als auch direkt von den Niederlanden (Jodocus van Lodenstein, Johannes Coccejus) beeinflußt. *Johannes Alardin* (1639–1707), ein Schüler des Coccejus, von 1666 bis zu seinem Tod Pfarrer in Emden, gilt als namhaftester Vertreter. Neben ihm wirkte in Emden Undereycks Schwiegersohn *Ernst Wilhelm Buchfelder* (gest. 1711), der

8 W. HOLLWEG, Die Geschichte des älteren Pietismus in den reformierten Gemeinden Ostfrieslands von ihren Anfängen bis zur großen Erweckungsbewegung, Aurich 1978.

auch für Labadie eintrat. *Willem Schortinghuis* (1700–1750), Pfarrer in Weener von 1723–1734, hielt in der Nachfolge des Jodocus van Lodenstein pietistische Erweckungspredigten und griff in „Het innige christendom" (1740) das veräußerlichte Kirchgängerchristentum an, womit er sich den Vorwurf des „Hattemismus" zuzog.[9]

Im *Rheinland* blieb *Mülheim* seit dem Wirken Undereycks Vorort des reformierten Pietismus bis in die Zeit Tersteegens. Hier wirkte eine lange Reihe pietistischer Prediger, meist Schüler und Anhänger Undereycks[10], unter ihnen Ernst Wilhelm Buchfelder und der später zu den Labadisten übergehende Reiner Kopper, Pfarrer in Mülheim von 1677 bis 1680. Auch Petrus Dittelbach, Pfarrer in Nendorp von 1666 bis 1683, schloß sich kurzzeitig den Labadisten an. In Düsseldorf hielt *Joachim Neander* (1650–1680), als Theologiestudent durch Undereyck bekehrt, als Hauslehrer in Frankfurt a.M. mit den Saalhofpietisten in enger Berührung, seit 1675/76 Privatversammlungen. Wegen labadistischer Neigungen wurde Neander vom Düsseldorfer Presbyterium das Halten von Versammlungen und das Betreten der Kanzel untersagt. Nur durch eine schriftliche Erklärung konnte er sich vom Verdacht des Separatismus befreien. Die kurz vor seinem Tod erschienenen „Bundeslieder" (1680)[11], eine Sammlung von 57 geistlichen Liedern, bestimmt für die Privatandacht, bald auch in pietistischen Konventikeln gesungen, sind geprägt vom Geist pietistischer Föderaltheologie.

3. Jean de Labadie und der pietistische Separatismus

GOETERS, Wilhelm: Die Vorbereitung des Pietismus in der reformierten Kirche der Niederlande bis zur labadistischen Krisis 1670, Leipzig 1911, Ndr. Amsterdam 1974. – GROOT, Aart de: Jean de Labadie, in: Orthodoxie und Pietis-

9 Vgl. H. BORMKAMM, Art. „Hattem, Pontiaen van" in RGG³ 3, Tübingen 1959, Sp. 86f.

10 Aufgezählt bei H. FAULENBACH, Die Anfänge des Pietismus bei den Reformierten in Deutschland, PuN 4 (1979) 216f.

11 J. NEANDER, Bundeslieder und Dankpsalmen von 1680. Historisch-praktische Ausgabe mit ausgesetztem Generalbaß von Oskar Gottlieb Blarr, Ndr. Köln 1984.

mus (Gestalten der Kirchengeschichte 7, hg.v. M. Greschat), Stuttgart 1982, 191–203. – NAUTA, Doede: Art. „Jean de Labadie", in: Biografisch Lexicon voor de Geschiedenis van het Nederlandse Protestantisme, Bd. 2, Kampen 1983, 293–302 (Bibliographie von F.H. Danner). – SAXBY, Trevor J.: The Quest for the New Jerusalem. Jean de Labadie and the Labadists 1610–1744, Dordrecht 1987 (umfassende Gesamtdarstellung mit Quellenbibliographie). – WALLMANN, Johannes: Labadimus und Pietismus. Die Einflüsse des niederländischen Pietismus auf die Entstehung des Pietismus in Deutschland, in: J. van den Berg u.a. (Hg.), Pietismus und Réveil, Leiden 1978, 141–168.

Während im lutherischen Pietismus ein latenter Separatismus erst nach einigen Jahren ausbrach, eher unauffällig als spektakulär, hat die erste pietistische Separation in der reformierten Kirche von Anfang an großes Aufsehen geweckt. Die Übersiedlung der separatistischen Gemeinde Jean de Labadies von Amsterdam ins westfälische Herford 1670 war ein Ereignis, das weit über den kirchlichen Raum hinaus die Öffentlichkeit erregte und im „Diarium Europaeum", in dem man von den pietistischen Konventikeln sonst keine Notiz nahm, ausführlich besprochen wurde.

Jean de Labadie (1610–1674), in der älteren Forschung zuweilen als der Begründer des Pietismus angesehen,[12] ist der *Urheber des separatistischen Pietismus" in* der reformierten Kirche. Als es 1669 im seeländischen Middelburg zwischen ihm und der reformierten niederländischen Volkskirche in wechselseitiger Exkommunikation zur Trennung kam, konnte er bereits auf ein halbes Jahrhundert kirchlichen Wirkens zurückblicken: zunächst in der *römisch-katholischen Kirche*, in die hinein er geboren war und der beide aus hugenottischen Familien stammenden Eltern sich äußerlich zugewandt hatten, der er seit seinem 15. Lebensjahr zuerst im Jesuitenorden, seit 1639 als Weltpriester diente. Dann in der *reformierten Kirche,* zu der er 1650 übertrat und der er in Montauban, Orange und Genf als reformierter Prediger diente, schließlich auch im seeländischen Middelburg, wohin ihn die niederländische Reformbewegung um Gisbert Voetius zur Durchführung der Kirchenreform berief. Nach nur zweijähriger Wirksamkeit in Middelburg, einer der großen Handelsstädte der niederländischen Republik, erwies es sich, daß Labadies Idee einer Reformation der Kirche nach dem Modell der Urchristenheit und seine

12 So z.B. von M. GOEBEL, W. GOETERS.

der Mystik von Port Royal verwandte meditative Frömmigkeit mit den volkskirchlichen Ideen der niederländischen Reformbewegung nicht zusammenstimmten. Labadie erblickte den Grundschaden der Kirche nicht in den Gemeinden, sondern im Pfarrerstand. In „La Reformation de l'Eglise par le Pastorat" (1667/68) setzte er den Hebel der Kirchenreform bei der *geistlichen Erneuerung des Pfarrerstandes* an, der nicht an Universitäten, sondern in klosterähnlichen Seminaren geistlich erzogen werden sollte. Für die geistliche Erneuerung der Gemeinden schlug er, an die in der niederländischen Kirche verbreiteten katechetischen Übungen anknüpfend, in „L'Exercice prophetique" (1668) die Wiedereinführung der *apostolischen Kirchenversammlungen nach dem Muster von 1.K 14* vor, bei denen auch Laien die Bibel auslegen. Nach der Separation von der Volkskirche rückten diese Versammlungen in den Mittelpunkt der labadistischen Gemeinde: „Wir haben uns nichts Geringeres vorgenommen, als uns zu reformieren nach dem Muster der primitiven Kirche, und wir sehen, wie es erfolgreich vorwärts geht. Wir halten unsere Zusammenkünfte zweimal täglich, vormittags und nachmittags, am Sonntag dreimal. Dabei wird das Wort nicht von hoher Kanzel herab verkündigt, sondern wir sitzen alle auf den gleichen Bänken, Arme und Reiche ohne jeden Unterschied durcheinander ... Es darf nämlich jeder, der will und kann, über die vorgenommenen Texte reden und wird mit einfältigem, demütigem Herzen angehört, wie mein Traktat über die Übung zur Prophezei es schreibt ... Wir regeln alles nach dem Maßstabe dessen, was evangelisch und apostolisch ist, und haben beschlossen, soviel wir nur vermögen, das lebendige Bild der ursprünglichen (primitiven) Kirche wiederherzustellen, sowohl in der ausübenden Betätigung, wie in der Reinheit der Lehre."[13]

Labadie stand fest auf dem Boden der Prädestinationslehre von Dordrecht. Er meinte, sie als einziger ernst zu nehmen, wenn er darauf drang, die sichtbare Kirche an den Prädikaten der unsichtbaren, wahren Kirche der Erwählten zu orientieren. Angesichts des nahen Endes dieser Welt sei es an der Zeit, die Gemeinde der Erwählten zu sammeln und sichtbar zu machen, um die erwählte Braut Christi

---

13 Brief Labadies an Arundel vom 1.1.1669, zit. nach GOETERS, Vorbereitung des Pietismus in der reformierten Kirche der Niederlande bis zur labadistischen Krisis 1670, Leipzig 1911, Ndr. Amsterdam 1974, 238f.

ihrem bald wiederkommenden Herrn entgegenzuführen. Labadie wandte sich in den Niederlanden unter dem Einfluß des Petrus Serrarius einer chiliastischen Zukunftshoffnung zu, der Erwartung einer baldigen endzeitlichen Bekehrung der Juden, des Falles von Babel und der nahen geistlichen Ankunft Christi zur Errichtung seines herrlichen Königtums auf Erden. Ähnlich wie später bei Spener war es der pietistische Chiliasmus, der Labadie theologisch von der reformierten Orthodoxie trennte und ihm den Vorwurf der Heterodoxie eintrug.

Aus *Amsterdam,* wo Labadie nach seiner Separation eine in kommunistischer Gütergemeinschaft lebende Hausgemeinde gründete, wurde er mit seinen Anhängern wegen Erregung öffentlicher Unruhe 1670 vertrieben. *Anna Maria van Schurman* (1607–1678), wegen ihrer Gelehrsamkeit, Sprachenkunde und Kunstfertigkeit in ganz Europa berühmt, hatte sich mit einer Reihe vornehmer und reicher Frauen Labadie angeschlossen. Sie erwirkte bei einer Freundin, der Pfalzgräfin Elisabeth, Äbtissin des Reichsstifts *Herford,* für die Labadisten Asyl. So kam die labadistische Gemeinde im Oktober 1670 aus dem Land der Religionsfreiheit ins Land des cuius regio eius religio. In Herford erlebte die Gemeinde ihr Pfingsten. Nach einem gemeinsamen Liebesmahl brach unter den Versammelten eine Entzückung aus, ein „christliches Jauchzen, Springen, Tanzen und Küssen". Man gab die mönchische Askese auf, schloß Ehen untereinander und zeugte – allein zur Erhaltung und Mehrung des Gottesreichs – vermeintlich sündlos zur Welt kommende Kinder. Mit Hilfe ihrer mitgebrachten Druckerei verbreiteten die Labadisten ihre Schriften nun auch in deutscher Sprache, verstärkten die Propagandatätigkeit, die Labadies engster Mitarbeiter *Pierre Yvon* (1646–1707) durch eine Reise nach Mülheim und andere rheinische Gemeinden begonnen hatte. Die Faszination der labadistischen Hausgemeinde, die die Urgemeinde von Jerusalem plötzlich auf deutschem Boden wieder lebendig zu machen vorgab, war auf viele Christen, vor allem auf jüngere Theologen im näheren und weiteren Umkreis ungeheuer. Selbst der lutherische Bielefelder Rektor Caspar Hermann Sandhagen (1639–1697), später Lehrer des jungen August Hermann Francke, wurde kurzzeitig Labadist. Als der Große Kurfürst 1671 von seinen Hofpredigern und Räten Gutachten erbat, ob man die Labadisten in Herford tolerieren könne, votierte der lutherische Rat Raban von

Canstein, der Vater Carl Hildebrand von Cansteins, als einziger uneingeschränkt positiv. Doch schon Ende 1671 verfügte ein Urteil des Reichskammergerichts die Ausweisung der Labadisten. Sie fanden 1672 Aufnahme im dänischen *Altona* bei Hamburg. Labadie rief noch einmal zur Separation von der Volkskirche auf in „Sanctum ac necessarium Schisma" (1673)[14]. Anna Maria van Schurman ließ ihre „Eukleria seu melioris partis electio" (Altona 1673), eine der ersten pietistischen Autobiographien, ausklingen in einen Hymnus auf Labadie und seine Hausgemeinde.

Pierre Yvon, nach Labadies Tod Leiter der Gemeinde, führte 1675 die Labadisten nach Friesland zurück, wo sie in *Wieuverd* bei Franeker eine Bleibe fanden. Dort hat die labadistische Gemeinde, von der einzelne nach Nordamerika und Surinam auswanderten, bis ins 18. Jahrhundert fortgelebt, anfangs noch viele mit der Kirche zerfallene Christen an sich ziehend, darunter die Frankfurter Malerin Maria Sybilla Merian. Nach dem Tode Yvons hat sie an Zahl und Bedeutung rasch abgenommen.

Labadies Separation stürzte die niederländische „Nadere Reformatie" in eine tiefe Krise, von der auch der reformierte Pietismus in Deutschland erfaßt wurde. Die Synodalprotokolle der reformierten Synoden am Niederrhein bezeugen seit 1670 eine starke Beunruhigung der Gemeinden durch das Entstehen separatistischer Konventikel (seit 1670 durch Heinrich Schlüter angefangen). Einzelne Schüler van Lodensteins und Undereycks sympathisierten mit Labadie, gingen, wie Petrus Dittelbach und Reiner Kopper, zeitweilig oder ganz zu den Labadisten über. Der Einfluß Labadies auf den Pietismus ist in der älteren Pietismusforschung überschätzt worden – Max Goebel sprach statt vom reformierten Pietismus nur vom „Labadismus" und rechnete auch die kirchliche Richtung Undereycks dazu. In der Forschung des 20. Jahrhunderts ist er lange Zeit zu Unrecht unterbewertet worden. Während die „Nadere Reformatie" über den Raum des reformierten Pietismus kaum hinauswirkte, drang die Grundidee des Labadismus, die Umgestaltung der Kirche nach dem Modell der Urchristenheit, bis in den lutherischen Pietismus hinein (vgl. unten S. 85).

14 Auch in deutscher Übersetzung erschienen: Rechtfertiges Urtheil von Rechtmässiger Absonderung von den Gottlosen die Kirchen-Gemeinschaft betreffend, Altona 1673.

4. Gerhard Tersteegen und die pietistische Mystik

ANDEL, Cornelis Pieter van: Gerhard Tersteegen. Leben und Werk, sein Platz in der Kirchengeschichte, Neukirchen 1973. – DERS.: Gerhard Tersteegen, in: Orthodoxie und Pietismus (Gestalten der Kirchengeschichte 7, hg.v. M. Greschat), Stuttgart 1982, 331–345. – CROCE, Giovanna della: Gerhard Tersteegen. Neubelebung der Mystik als Ansatz einer kommenden Spiritualität, Bern/Frankfurt a.M. 1979. – ERB, Peter C.: Gerhard Tersteegen, Christopher Sauer and Pennsylvania Sectarians, Brethren life and thought 20 (1975), 153–157. – FORSTHOFF, Heinrich: Von Tersteegen zum Methodismus, MRKG 10 (1916), 321–339. – DERS.: Wilhelm Hoffmann, der geistliche Vater Tersteegens, MRKG 11 (1917), 97–123. – DERS.: Die Mystik in Tersteegens Liedern, MRKG 12 (1918), 202–246. – DERS.: Tersteegens Mystik, MRKG 12 (1918), 129–191, 193–201. – DERS.: Tersteegen in Lehrstreitigkeiten, MRKG 13 (1919), 177–200. – DERS.: Tersteegen und der Katholizismus, MRKG 13 (1919), 129–149. – DERS.: Die Haupturkunden der protestantischen Mystik als Quellen der Mystik Tersteegens, MRKG 14 (1920), 3–41, 49–85, 113–126. – DERS.: Der religiöse Grundcharakter Tersteegens, MRKG 22 (1928), 1–22. – HABRICH, Christa: Zur Bedeutung medizinischer Bemühungen im Wirken Gerhard Tersteegens, Medizinhistorisches Journal 12, (1977), 263–279. – HOFFMANN, Dieter: Der Weg zur Reife. Eine religionspsychologische Untersuchung der religiösen Entwicklung Gerhard Tersteegens, Lund 1982. – LUDEWIG, Hansgünter: Gebet und Gotteserfahrung bei Gerhard Tersteegen, Göttingen 1986. – MOHR, Rudolf: Gerhard Tersteegens Leben im Licht seines Werkes, MEKGR 20/21 (1971/72), 197–244. – DERS.: Tersteegens Verschreibung mit Blut und die mit ihr zusammen überlieferten Stücke, MEKGR 33 (1984), 275–300. – MOLTMANN, Jürgen: Grundzüge mystischer Theologie bei Gerhard Tersteegen, EvTh 16 (1956), 205–224. – RUHBACH, Gerhard: Gerhard Tersteegen (1697–1769), in: ders./J. Sudbrack (Hg.), Große Mystiker. Leben und Wirken, München 1984, 251–266. – WEIGELT, Horst: Ein unbekannter Brief G. Tersteegens. Ein Beitrag zu Tersteegens Beziehungen nach Pennsylvania, MEKGR 23 (1974), 50–55. – ZELLER, Winfried: Gerhard Tersteegens „Kleine Perlenschnur“. Von der handschriftlichen Urform zur gedruckten Fassung, in: ders., Theologie und Frömmigkeit, Marburg 1971, 195–218. – DERS.: Gesangbuch und geistliches Lied bei Gerhard Tersteegen, in: ders., Theologie und Frömmigkeit, Marburg 1971, 186–194. – DERS.: Der Blumengarten des Herrn. Bemerkungen zu einem Lied G. Tersteegens, MEKGR 20/21 (1971/72), 245–250. – DERS.: Johann Christian Stahlschmidt und Gerhard Tersteegen, PuN 1 (1974), 114–124. – DERS.: Die Bibel als Quelle der Frömmigkeit bei Gerhard Tersteegen, in: ders., Theologie und Frömmigkeit, Bd. 2, Marburg 1978, 161–184. –DERS.: Die kirchengeschichtliche Sicht des Mönchtums im Protestantismus, insbesondere bei G. Tersteegen, in: ders., Theologie und Frömmigkeit, Bd. 2, Marburg 1978, 185–200.

Der Antagonismus zwischen kirchlichem und separatistischem Pietismus wird im 18. Jahrhundert in der reformierten Kirche wie im Luthertum aufgehoben durch zwei große Laiengestalten: den Grafen Zinzendorf und Gerhard Tersteegen (1697–1769). Während Zinzendorf die pietistische Idee der Sammlung der Frommen in seiner konfessionsübergreifenden philadelphischen Brüdergemeine realisiert, geht es Tersteegen allein um die innere Sammlung der Seelen. Tersteegen steht in keiner pietistischen Reformbewegung; er hat keine separatistischen Gemeinden gegründet. Tersteegen hat als Seelsorger – das Wort Seelenführer hat er gemieden – an Menschen gewirkt, durch religiöse Ansprachen, durch seine Lieder und Schriften, nicht zuletzt durch einen großen seelsorgerlichen Briefwechsel.

Gerhard Tersteegen, geboren am 25. November 1697 im niederrheinischen Moers als Sohn eines frommen Kaufmanns, erwarb sich auf der Lateinschule seiner Vaterstadt gründliche Sprachkenntnisse in Latein, Griechisch, Hebräisch und Französisch. Nach dem frühen Tod des Vaters von seiner Mutter zum Kaufmannsberuf bestimmt, ging Tersteegen bei einem Verwandten in Mülheim/Ruhr in die Lehre. Den nur kurze Zeit ausgeübten Kaufmannsberuf gab er 1719 auf, weil er ihn zu sehr an die Dinge dieser Welt fesselte. Um neben der Arbeit Zeit zur inneren Sammlung und Betrachtung zu haben, ergriff er den Beruf eines Leinewebers, wegen seiner schlechten Gesundheit bald den eines Seidenbandwirkers. Schließlich gab Tersteegen 1728 auch diesen Beruf auf, lebte seitdem nur noch von Einkünften aus seiner Schriftstellerei und den Gaben seiner Freunde.

In *Mülheim* kam Tersteegen unter Einfluß von Wilhelm Hoffmann (1685–1746), einem separatistischen Theologiekandidaten, der sich geweigert hatte, den Heidelberger Katechismus und die Kirchenordnung zu unterschreiben, und, statt in den Kirchendienst zu gehen, als Leiter pietistischer Privatversammlungen weiten Zulauf fand. Wilhelm Hoffmann war kein Babelstürmer und Chiliast wie Hochmann von Hochenau, der auf seinen bis ins Rheinland führenden Erwekkungsreisen zum Auszug aus Babel aufrief und das nahe Tausendjährige Reich ankündigte. Er war Anhänger einer quietistischen Mystik, die er den Schriften des von ihm verehrten Pierre Poiret (1646–1719) entnahm. Durch den Einfluß Hoffmanns kam Tersteegen zu einer gegenüber der Amtskirche und dem äußeren Gottesdienst indifferenten, *mystisch-quietistischen Frömmigkeit,* die ihm zeitlebens eigen geblieben ist. Früh zog sich Tersteegen vom Gottesdienst zurück und nahm nicht teil am Abendmahl, zu dem auch öffentliche Sünder Zutritt hatten. Erst in seinen letzten Lebensjahren hat er eine freundlichere Haltung zur Kirche eingenommen und zuweilen den öffentlichen Gottesdienst besucht.

Nachdem er den Kaufmannsberuf aufgegeben hatte, lebte Tersteegen, von der Welt zurückgezogen und sich auch von seiner Familie trennend, fünf Jahre in asketischer Einsamkeit ein Leben nach dem Muster des von seinem väterlichen Freund Hoffmann hochgeschätzten spanischen Einsiedlers Gregor López. Am Ende dieser von geistiger Dürre und Dunkelheit gezeichneten Jahre ging ihm, wie die Lebensbeschreibung sagt, das Licht der göttlichen Gnade wieder auf, als er sich am Gründonnerstag 1724 mit seinem eigenen Blut dem Heiland zum völligen Eigentum überschrieb. „Meinem Jesu! Ich verschreibe mich dir, meinem eigenen Heiland und Bräutigam, Christo Jesu, zu deinem völligen und ewigen Eigentum."[15] Eine „Verschreibung" dieser Art findet sich bereits bei der Madame de Guyon, bei Elisabeth vom Kinde Jesu und bei Gaston Jean-Baptiste de Renty. Sie ist von Tersteegen zu verschiedenen Malen wiederholt worden und hat auch vereinzelt im Pietismus Nachfolge gefunden (z.B. bei Tersteegens Freund J.E. Teschemacher).[16]

Seit seiner „Verschreibung", die er seine „zweite Bekehrung" nannte, gab Tersteegen sein Eremitendasein auf, blieb aber in selbst gewählter Ehelosigkeit. Einen jüngeren Schüler, Heinrich Sommer, nahm er 1725 in sein Haus auf und führte mit ihm ein gemeinsames Leben, streng geregelt nach Zeiten der Arbeit und des Gebets. Seinem Freund Otterbeck, der mit sieben Gesinnungsfreunden in dem auf der Wasserscheide zwischen Ruhr und Wupper gelegenen Haus Otterbeck bei Velbert eine Kommunität gründete, gab Tersteegen 1727 eine Regel für ein gemeinsames Leben in stiller Arbeit, Betrachtung

---

15 Der mit Tersteegens Blut besiegelte Verschreibungsbrief ist erhalten im Archiv der Evangelischen Kirche im Rheinland, Düsseldorf.

16 Vgl. C.P. VAN ANDEL, Gerhard Tersteegen. Leben und Werk, sein Platz in der Kirchengeschichte, Neukirchen 1973, 23.

und Gebet – eine pietistische Mönchsregel, wie es sie ähnlich nur noch einmal im radikalen Pietismus Pennsylvaniens gegeben hat (Kloster Ephrata).

Auf Bitten von Wilhelm Hoffmann hielt Tersteegen seit 1727 regelmäßig *geistliche Reden* und *Erbauungsversammlungen.* Gleichzeitig begann er mit einer von Jahr zu Jahr wachsenden Seelsorgearbeit. Viele Menschen vertrauten sich ihm im persönlichen Gespräch und in Briefen als einem geistlichen Seelenführer an. Tersteegen half auch leiblich durch selbstbereitete Arzneien. Ausgedehnte Reisen führten ihn zu pietistischen Gruppen im Rheinland und im Bergischen Land, zuweilen in entferntere Gebiete wie die Wetterau, seit 1732 fast jährlich in die Niederlande. Überall fand er Freunde, mit denen er durch Briefe verbunden blieb. Nach seinem Tod gab man eine Sammlung niederländischer Briefe heraus (1772)[17], bald darauf „Geistliche und Erbauliche Briefe über das Inwendige Leben und Wesen des Christentums“ (1773–75), eine Sammlung von über sechshundert Briefen in deutscher Sprache. Durch ein Konventikelverbot der Regierung in Düsseldorf wurde er seit 1740 für ein Jahrzehnt in seiner rheinischen Heimat an geistlichen Ansprachen gehindert. Als das Verbot 1750 gelockert wurde, hielt er seine geistlichen Reden, die nun häufig mitgeschrieben wurden, meist in seinem Haus in Mülheim, wo sich am Sonntagnachmittag die Menschen auf Treppen und in Zimmern drängten.

Bald nach seiner „Verschreibung“ begann Tersteegen mit *literarischer Tätigkeit.* Seine erste Veröffentlichung ist das „Hand-Büchlein der wahren Gottseligkeit“ (1727), eine Übersetzung von Labadies „Manuél de Pieté“ (1668). In der Vorrede „Von Nutzen und Wesen der Gottseligkeit“ entfaltet Tersteegen den für seine Frömmigkeit zentralen Begriff der „Gottseligkeit“ als einer allem äußeren, formelhaften und moralischen Kirchenchristentum entgegengesetzten inwendigen, gottergebenen Herzensfrömmigkeit. Zwei Jahre später ließ er sein „Geistliches Blumengärtlein inniger Seelen“ (1729) folgen, eine Sammlung geistlicher Lieder und Sprüche. Darunter ist Tersteegens bekanntestes Lied „Gott ist gegenwärtig“, das schönste Beispiel seiner biblisch orientierten Mystik, inhaltlich von Labadies „Hand-

17 Neuere Gesamtausgabe: C.P. VAN ANDEL, Gerhard Tersteegens Briefe in niederländischer Sprache, Göttingen 1982.

Büchlein" abhängig, unvergleichlich jedoch in seiner schlichten Klarheit und Innigkeit. Seine Spruchdichtung ist durch den „Cherubinischen Wandersmann" des Angelus Silesius angeregt. Einer Sammlung *geistlicher Sprüche* gab Tersteegen den Titel „Der Frommen Lotterie" (1732).

Das „Geistliche Blumengärtlein", von dem niederländischen Theologen G. Kulenkamp 1738 als „herrnhutische Mystik" verurteilt, wurde Tersteegens bekanntestes Buch. Es erschien zu seinen Lebzeiten in sieben Auflagen und ist bis ins 20. Jahrhundert immer wieder neu aufgelegt worden. Tersteegens Lieder, für pietistische Versammlungen und für die Privatandacht bestimmt, sind erst im 19. Jahrhundert in die kirchlichen Gesangbücher eingedrungen. Sie haben Tersteegen nach Martin Luther und Paul Gerhardt zum dritten großen Liederdichter des deutschen Protestantismus gemacht.

Von Tersteegen gibt es wenig geistliche Prosa. Aus Nachschriften gesprochener Rede gab man nach seinem Tod eine Sammlung erwecklicher Reden, die „Geistlichen Brosamen" heraus (2 Bde., 1771–1773). Er selbst hat nur zwei eigene Schriften zum Druck gegeben: „Weg der Wahrheit, die da ist nach der Gottseligkeit" (1750), eine Sammlung kleinerer erbaulicher Traktate. Sodann die „Gedanken über eines Anonymi Buch. Vermischte Werke des Weltweisen zu Sanssouci" (1762), eine freimütige Auseinandersetzung mit dem Deismus Friedrichs des Großen und seiner Geringachtung des Christentums, veranlaßt vermutlich durch den mit Tersteegen befreundeten Berliner Oberkonsistorialrat Hecker, der 1754 im Auftrag des Königs Tersteegens Predigttätigkeit in Mülheim überprüfte.

Mehr als an der Niederschrift eigener Gedanken lag Tersteegen an der Herausgabe von Texten der *Mystik,* die von ihm ins Deutsche übersetzt wurden. Neben Labadie sind es u.a. die Madame de Guyon, Jean de Bernières-Louvigny und Thomas von Kempen, dessen „Nachfolge Christi" Tersteegen auch in einer Spruchauswahl „Der kleine Kempis" herausgab. Tersteegens Hauptwerk, entstanden in zwanzigjähriger sorgfältiger Arbeit, sind die „Auserlesenen Lebens-Beschreibungen Heiliger Seelen" (1733–1753), eine dreibändige Sammlung frommer Biographien. Das vermutlich durch Wilhelm Hoffmann angeregte Werk, erarbeitet aus Pierre Poirets hinterlassener Bibliothek, stellt 25 Lebensbilder durchweg katholischer Männer und Frauen überwiegend aus der Zeit der Gegenreformation dar, die den verschiedensten Orden, auch dem Jesuitenorden, angehörten und sich durch ein einsiedlerisches, weltabgezogenes Leben und mystisch-quietistische Gotteserfahrung auszeichnen. Tersteegens „Auserlesene Lebens-Beschreibungen Heiliger Seelen" stehen in der Nachfolge von Johann Henrich Reitz' „Historie der Wiedergebornen" (1698–1717), der ersten pietistischen Biographiensammlung, übertreffen sie aber an sprachlicher und gestalterischer Kraft und an Tiefe religiösen Gehalts. Tersteegen wollte nicht für katholische Frömmigkeit werben, hielt aber dafür, daß in der katholischen Kirche mehr wahre evangelische Christen seien als in der evangelischen Kirche.

Tersteegens Frömmigkeit ist mystische Frömmigkeit. Sie läßt sich als eine pietistische Variante der quietistisch-romanischen Mystik begreifen, wie sie im 17. Jahrhundert in Italien, Frankreich und Spanien verbreitet war. Die Ferne zur reformatorischen Theologie ist nicht zu übersehen. Der in der christlichen Literatur so bewanderte Tersteegen hat wohl niemals eine Schrift von Luther oder Calvin in der Hand gehabt. Unter der Voraussetzung, Mystik und christlicher Glaube seien ausschließende Gegensätze, wurde Tersteegen seit Albrecht Ritschls Verdikt gegen die Mystik zeitweilig zum Repräsentanten einer nichtchristlich-neuplatonischen Mystik erklärt.[18] Neben der Neubewertung der Mystik als Erfahrungstheologie hat die Einsicht in die tiefe biblische Begründung von Tersteegens Mystik und die christologische Verwurzelung seines Denkens die neuere Forschung zu einem zunehmend positiven Tersteegen-Bild geführt.

18 Vgl. die Arbeiten von Heinrich Forsthoff.

III. Philipp Jakob Spener und die Anfänge des Pietismus

ALAND, Kurt: Spener-Studien, Berlin 1943. – DERS.: Philipp Jakob Spener und die Anfänge des Pietismus, PuN 4 (1979), 155–189. – DERS.: Ecclesia reformanda. Philipp Jakob Spener und die Anfänge des deutschen Pietismus, in: FS E. Iserloh, Paderborn 1980, 831–846. – DERS.: Spener – Schütz – Labadie?, ZThK 87 (1981), 206–234. – BELLARDI, Werner: Die Vorstufen der Collegia pietatis bei Philipp Jacob Spener, Gießen 1994. – BLAUFUSS, Dietrich: Reichsstadt und Pietismus, Neustadt/Aisch 1977. – DERS.: Spener-Arbeiten, Bern/Frankfurt a.M./Las Vegas [2]1980. – DERS. (Hg.): Pietismus-Forschungen, Frankfurt a.M. 1986. – BRECHT, Martin: Philipp Jakob Spener und das Wahre Christentum, PuN 4 (1979), 119–154. – BREYMAYER, Reinhard: Zum Schicksal der Bibliothek Philipp Jakob Speners, PuN 3 (1977), 71–80. – BUNNERS, Christian: Philipp Jakob Spener und Johann Crüger, Theologische Versuche 14 (1985), 105–130. – CLARK, Jonathan Philip: „In der Hoffnung besserer Zeiten“: Philipp Jakob Spener's Reception of Quirinus Kuhlmann, PuN 12 (1986), 54–69. – DECHENT, Hermann: Kirchengeschichte von Frankfurt am Main seit der Reformation, Bd. II, Leipzig/Frankfurt a.M. 1921. – GECK, Martin: Philipp Jakob Spener und die Kirchenmusik, MuK 31 (1961), 97–106, 172–184. – GRABAU, Richard: Das evangelisch-lutherische Predigerministerium der Stadt Frankfurt am Main, Frankfurt a.M./Leipzig 1913. – GREMELS, Georg: Die Ethik Philipp Jakob Speners nach seinen Evangelischen Lebenspflichten, Hamburg 2001. – GRESCHAT, Martin: Christliche Gemeinschaft und Sozialgestaltung bei Philipp Jakob Spener, PuN 4 (1979), 302–325. – GRÜN, Willi: Speners soziale Leistungen und Gedanken, Würzburg 1934. – GRÜNBERG, Paul: Philipp Jakob Spener, 3 Bde., Göttingen 1893–1906, Ndr. Hildesheim 1988 (grundlegend vor allem durch die Spener-Bibliographie in Bd. 3). – DERS.: Art. „Philipp Jakob Spener“, in: RE[3] 18 (1906), 609–622; 24 (1913), 524f. – HARRAEUS, Karl: Beiträge zur Geschichte der Familie Spener, München 1973. – HEYDEN, Hellmuth: Briefe Philipp Jakob Speners nach Stargard i.P., Baltische Studien 102 (1970), 57–78. – HIRSCH, Emanuel: Die Grundlegung der pietistischen Theologie durch Philipp Jakob Spener, in: ders., Geschichte der neuern evangelischen Theologie, Bd. 2, [5]1975, 91–155. – KRUSE, Martin: Speners Kritik am landesherrlichen Kirchenregiment und ihre Vorgeschichte, Witten 1971. – NEUSER, Wilhelm: Philipp Jakob Speners Eintreten für die verfolgten Protestanten in Ungarn, in: P.F. Barton/L. Makkai (Hg.), Rebellion oder Religion?, Budapest 1977, 135–146.

– OBST, Helmut: Jakob Böhme im Urteil Philipp Jakob Speners, ZRGG 23 (1971), 22–39. – DERS.: Das Kirchengeschichtsverständnis Philipp Jakob Speners, Theologische Versuche 3 (1971), 87–98. – REINER, Hermann: Die orthodoxen Wurzeln der Theologie Philipp Jakob Speners, Diss. theol. Erlangen 1969. – RÜTTGARDT, Jan Olaf: Heiliges Leben in der Welt. Grundzüge christlicher Sittlichkeit nach Ph.J. Spener, Bielefeld 1978. – SCHMIDT, Martin: Speners Pia Desideria, in: ders., Wiedergeburt und neuer Mensch, Witten 1969, 129–168. – DERS.: Speners Wiedergeburtslehre, in: ders., Wiedergeburt und neuer Mensch, a.a.O., 169–194. – DERS.: Spener und Luther, in: ders., Der Pietismus als theologische Erscheinung, Göttingen 1984, 156–181. – STEIN, K. James: Philipp Jakob Spener, Pietist Patriarch, Chicago/Illinois 1986. – STRÄTER, Udo: Soziales Engagement bei Spener, PuN 12 (1986), 70–83. – DERS.: Von Bedenken und Briefen. Zur Edition der Briefe Philipp Jacob Speners, ZRGG 40 (1988), 235–250. – WALLMANN, Johannes: Philipp Jakob Spener und die Anfänge des Pietismus, Tübingen [2]1986. – DERS.: Spener und Dilfeld. Der Hintergrund des ersten pietistischen Streites, in: FS W. Elliger, Witten 1968, 214–235 (= Theologie und Frömmigkeit, 197–219). – DERS.: Postillenvorrede und Pia Desideria Philipp Jakob Speners, in: FS M. Schmidt, Bielefeld 1975, 466–484. – DERS.: Wiedergeburt und Erneuerung bei Philipp Jakob Spener, PuN 3 (1977), 7–31. – DERS.: Spener-Studien. Antwort auf Kurt Aland, ZThK 77 (1980), 69–105 (= Theologie und Frömmigkeit, 351–389). – DERS.: Pietismus und Chiliasmus. Zur Kontroverse um Philipp Jakob Speners ‚Hoffnung besserer Zeiten', ZThK 78 (1981), 235–266 (= Theologie und Frömmigkeit, 390–421). – DERS.: Philipp Jakob Spener – Begründer des Pietismus?, in: D. Meyer (Hg.), Pietismus, Herrnhutertum, Erweckungsbewegung: Festschrift für Erich Beyreuther, Köln 1982, 22–38. – DERS.: Pietismus und Sozinianismus, in L. Szczucki u.a. (Hg.): Socinianism and its Role in the Culture of XVIth to XVIIIth Centuries, Warschau/Lodz 1983, 147–156 (= Theologie und Frömmigkeit, 282–294). – DERS.: Überlegungen und Vorschläge zu einer Edition des Spenerschen Briefwechsels, zunächst aus der Frankfurter Zeit (1666–1686), PuN 11 (1985), 345–353. – DERS.: Geistliche Erneuerung der Kirche nach Philipp Jakob Spener, PuN 12 (1986), 12–37 (= Theologie und Frömmigkeit 220–248). – DERS.: Philipp Jakob Spener in Berlin 1691–1705, ZThK 84 (1987), 58–85 (= Theologie und Frömmigkeit, 295–324). – WEISS, Hartmut: Philipp Jakob Speners Verhältnis zum römischen Katholizismus, Diss. theol. Kiel 1986.

Die Anfänge des Pietismus als einer religiösen Erneuerungsbewegung in der *lutherischen Kirche* datieren von der Einrichtung des Frankfurter Collegium pietatis im Sommer 1670 und von der Veröffentlichung der pietistischen Programmschrift, Philipp Jakob Speners

„Pia Desideria", im Jahre 1675. Wegen seines tiefgreifenden Einflusses auf nahezu alle Richtungen des Pietismus und wegen seiner beharrlichen Kraft zum Durchsetzen des Pietismus gegenüber dem Widerstand der Orthodoxie trägt Spener den Namen „Vater des Pietismus" zu Recht. In seinem eigenen Werdegang sind geradezu paradigmatisch diejenigen Traditionen und Einflüsse aufgenommen und verarbeitet, aus denen sich der Pietismus gebildet hat. Noch immer gilt der Satz „Die Geschichte der Entstehung des Pietismus ist zum großen Teil die Geschichte des Lebens von Philipp Jakob Spener"[1]. Allerdings gilt er nur, wenn man die Einschränkung hinzunimmt, daß neben Spener der den radikalen Pietismus begründende Jurist Johann Jakob Schütz als der zweite Begründer des Pietismus steht.[2]

Speners elsässische Zeit

Philipp Jakob Spener wurde am 13. Januar 1635 (alter Stil) im oberelsässischen Rappoltsweiler (Ribeauvillé) als Sohn eines Juristen und Hofbeamten der Herren, späteren Grafen von Rappoltstein geboren. Seit früher Jugend prägten seine Frömmigkeit religiöse Bücher: *Johann Arndts „Wahres Christentum"* und englische Erbauungsbücher[3] wie Lewis Bayly's „Praxis pietatis" und „Sonthoms Güldenes Kleinod". Von der übersteigerten Jenseitsfrömmigkeit der englischen Bücher, die beim Tod der Patin, der Gräfin Agatha von Rappoltstein, eine heftige Todessehnsucht des Dreizehnjährigen erregten, hat sich Spener später distanziert. Doch hat er nicht aufgehört, die seit dem Dreißigjährigen Krieg in der lutherischen Kirche verbreiteten eng-

1 C. Mirbt, Art. „Pietismus", RE[3] 15, 775.

2 J. Wallmann, Philipp Jakob Spener und die Anfänge des Pietismus, Tübingen [2]1986, 353f. Vgl. unten V, 1.

3 Außer L. Bayly's „Praxis Pietatis" und „Sonthoms Güldenes Kleinod" am verbreitetsten: D. Dyke, Nosce Te Ipsum: Das große Geheimnis des Selbstbetrugs; R. Baxter, Die notwendige Lehre von der Verleugnung unser selbst. – Zum Einfluß der englischen Erbauungsliteratur auf den deutschen Protestantismus des 17. Jahrhunderts vgl. U. Sträter, Sonthom, Bayly, Dyke und Hall. Studien zur Rezeption der englischen Erbauungslitertaur in Deutschland im 17. Jahrhundert, Tübingen 1987; E. McKenzie, A Catalog of British devotional and religious books in German Translation from the Reformation to 1750, Berlin/New York 1997.

lischen Erbauungsbücher mit ihren Anweisungen zu Meditation, Selbstprüfung und Sonntagsheiligung angelegentlich zu empfehlen. Lebenslang hielt er Arndts „Wahres Christentum" mit seiner Anleitung zum Wachstum in der Frömmigkeit und zur näheren Vereinigung mit Gott für das beste Buch nächst der Bibel. Noch in seinen letzten Berliner Jahren hat Spener in Predigten die ersten drei Bücher des Wahren Christentums behandelt.[4] Das vierte, von paracelsischer Spekulation durchtränkte „Buch der Natur" blieb Speners nüchternem Sinn zeitlebens verschlossen.

Spener hat nie eine öffentliche Schule besucht. Unter Anleitung des rappoltsteinschen Hofpredigers *Joachim Stoll*, eines den neueren, antiaristotelischen Strömungen in Philosophie und Naturwissenschaft aufgeschlossenen Gelehrten, erwarb sich der früh durch seine außerordentliche Intelligenz und Gedächtniskraft auffallende junge Spener selbständig das Wissen der philosophischen Disziplinen aus Kompendien und neueren Autoren wie Justus Lipsius und Hugo Grotius. Die über den Geist des konfessionellen Zeitalters und der lutherischen Orthodoxie hinausweisenden Züge im Denken Speners, sein „Ekel an Aristoteles", seine Zurückhaltung gegenüber Hexen- und Kometenglauben, seine Aufgeschlossenheit gegenüber der modernen Naturwissenschaft und seine Relativierung der konfessionellen Kontroversen zugunsten der notwendigen Auseinandersetzung mit dem Atheismus, lassen sich auf Einflüsse der Jugendzeit in Rappoltsweiler zurückführen.

Als Spener 1651 die *Universität Straßburg* bezog, war die Grundrichtung seines Denkens bereits festgelegt, seine Frömmigkeit war bereits pietistisch. Von weltlichen Vergnügungen hielt er sich fern. Zusammen mit Freunden widmete er den Sonntag dem studium pietatis mit Lesen erbaulicher Bücher, Singen geistlicher Lieder und Abfassen von Meditationen[5]. Der Achtzehnjährige erwarb 1653 den philosophischen Magistergrad mit einer Dissertation, in der er sich kritisch mit Thomas Hobbes „De Cive" auseinandersetzte. Dann begann er das Studium der Geschichte bei Johann Heinrich Boecler. Um

---

4 PH.J. SPENER, Predigten über des seligen Johann Arndts Geistreiche Bücher vom wahren Christenthum, Frankfurt a.M. 1711.

5 Postum herausgegeben von J.G. PRITIUS: Soliloquia et Meditationes sacrae, Frankfurt a.M. 1716.

seinen Lebensunterhalt zu sichern, übernahm er eine Informatorenstelle bei zwei jungen Pfalzgrafen bei Rhein. Dadurch wurden seine historischen Interessen auf *Genealogie* und *Heraldik* gerichtet, zwei historische Spezialdisziplinen, für die er noch in reifen Jahren neben seiner kirchlichen Amtstätigkeit Zeit erübrigte und in denen er es zu anerkannter, in zahlreichen Publikationen sich beweisender Meisterschaft brachte[6].

Von 1654 bis 1659 studierte Spener in Straßburg Theologie. Die *Straßburger theologische Fakultät,* bestehend aus dem Triumvirat Johann Schmidt, Johann Conrad Dannhauer und Sebastian Schmidt, stand fest auf dem Boden der Konkordienformel und im Synkretistischen Streit auf der Seite der kursächsischen Orthodoxie gegen Georg Calixt in Helmstedt. *Johann Schmidt* (1594–1658), der von akademischen Pflichten weithin entbundene Straßburger Kirchenpräsident, konnte auf Spener nur durch Predigten und persönlichen Umgang Einfluß nehmen. Freund Johann Valentin Andreaes, Verehrer Johann Arndts und Förderer der englischen Erbauungsliteratur hat Johann Schmidt, den Spener als einzigen von allen Straßburger Theologen seinen „in Christo geliebten Vater“ nennt, ihm die kräftigsten pietistischen Impulse vermittelt. *Sebastian Schmidt* (1617–1696), Verfasser einer großen Reihe biblischer Kommentare, lehrte eine sorgsam auf den biblischen Kontext achtende, von dogmatischen Präjudizien sich freihaltende exegetische Methode, die Spener zeitlebens befolgt und die er später seinen pietistischen Freunden und Schülern, z. B. dem Leipziger Collegium philobiblicum August Hermann Franckes, weitervermittelt hat. Wenn Spener den Verfall der biblischen Exegese an den theologischen Fakultäten des Luthertums beklagte, hat er regelmäßig Straßburg wegen Sebastian Schmidt ausgenommen.

Der für die systematisch-theologische Bildung maßgebende Lehrer wurde *Johann Conrad Dannhauer* (1603–1666), ein universaler, sämtliche philosophischen und theologischen Disziplinen beherrschender Kopf und zugleich volkstümlicher Prediger im Stile eines Geiler von Kaysersberg. Gegenüber den philosophischen Grundlagen seines Lehrers, eines „großen Aristotelicus“, blieb Spener von Anfang an kritisch. Dannhauers verbreitetstes philosophisches Lehrbuch, die Rhetorik, hat Spener mit Bedacht nicht gelesen. Aber Dann-

6 Hauptwerk: Opus heraldicum, I–II, Frankfurt a.M. 1680–1690.

hauers theologisches System, komprimiert dargelegt in seiner „Hodosophia christiana" (Straßburg 1649, ²1666) und gegenüber den konfessionellen Gegnern, dem römischen Katholizismus, dem Calvinismus und den Antitrinitariern in zahlreichen polemischen Werken verteidigt, hat sich der junge Spener vorbehaltlos angeeignet. Spener hat Dannhauers „Hodosophia christiana" so tief seinem Gedächtnis eingeprägt, daß er zeitlebens alle dogmatischen Fragen in Anknüpfung und Widerspruch von ihr aus zu beantworten suchte. In seinen während der Straßburger Zeit verfertigten Lehrtafeln, die den Inhalt der Hodosophia in behältlicher Form darboten, hat Spener später dem Pietismus das um die Lehre von der Heilsordnung (ordo salutis) zentrierte dogmatische System Dannhauers weitervermittelt.[7] Vor seinem Tod hat Spener erklärt, nirgendwo von der lutherischen Lehre, wie er sie in Straßburg bei Dannhauer gelernt habe, abgewichen zu sein, mit der einzigen Ausnahme der Eschatologie.

Nach Abschluß des Straßburger Theologiestudiums ging Spener 1659/60 an die reformierte Universität *Basel* zum Studium der Hebraistik bei *Johann Buxtorf* d.J. (1599–1664). Zuvor hatte er bei einem elsässischen Juden Privatunterricht im Talmud genommen. Speners frühe Abkehr von der aristotelischen Schulphilosophie hat als Kehrseite eine Zuwendung zu den biblisch-orientalischen Sprachen, die pietistischer Theologie seitdem eigentümlich geblieben ist.

Eine Studienreise führte den jungen Spener im Winter 1660/61 nach *Genf:* Dort hörte er *Jean de Labadie* mehrmals predigen, lernte ihn bei einem Besuch persönlich kennen, las auch, durch die Vermittlung seines französischen Sprachlehrers, einem engen Vertrauten Labadies, eifrig dessen Schriften. Labadies Traktat „La Pratique de l'oraison et Meditation Chrétienne" (Genf 1660) übersetzte Spener damals ins Deutsche und veröffentlichte ihn später unter dem Titel „Kurzer Unterricht von andächtiger Betrachtung" (Frankfurt a.M. 1667). Daß ihn Labadies quietistisch-mystische Frömmigkeit tief beeindruckte, hat Spener nie bestritten. Dagegen ist die im 18. Jahrhundert auftauchende, bis ins 20. Jahrhundert diskutierte Herleitung der Spenerschen Erbauungsversammlungen von Genfer Konventikeln Labadies zu Recht schon von Spener selbst als gegenstandslos

7 PH.J. SPENER, D.Joh. Conradi Dannhaweri ... Hodosophia christiana in tabulas redacta, Frankfurt a.M. 1690.

bezeichnet worden. Labadie hat in Genf keine Konventikel eingerichtet.

Gelegentlich einer Reise nach *Württemberg* 1662, die ihn an den Stuttgarter Hof und an die Universität Tübingen führte, lernte Spener ein Buch kennen, das schon beim ersten Lesen einen tiefen Eindruck auf ihn machte. Der Rostocker Magister *Theophil Großgebauer* beklagte in seiner „Wächterstimme aus dem verwüsteten Zion" (1661) den tiefen Verfall des gegenwärtigen Christentums. Eine Hauptursache für den religiösen und sittlichen Niedergang fand Großgebauer in der einseitigen Ausrichtung des Pfarramts auf das Predigtamt. „Wie kann aber das Wort der Wahrheit in unserer Seele allein durch das Predigen gepflanzt werden?" fragt Großgebauer und verlangt, daß das seelsorgerliche Hirtenamt an die erste Stelle gerückt werde. Nur so könne vermieden werden, daß das viele Predigen nicht in ein totes „Wortsprechen" ausschlage. Ein Pfarrer dürfe nicht müde werden, bis er jedem seiner Gemeindeglieder zu Bekehrung und Wiedergeburt verholfen habe. Großgebauer fordert eine Verkleinerung der Parochien auf ungefähr hundert Seelen und eine drastische Vermehrung der Pfarrstellen. Die Obrigkeit müsse das Bischofsamt wahrnehmen und durch strenge Zuchtordnungen und das Ausrufen von Fast- und Bettagen den Bund Gottes mit seinem Volk erneuern.

Theophil Großgebauers „Wächterstimme" steht eigentümlich zwischen Orthodoxie und Pietismus. Mit den Reformbestrebungen der Orthodoxie wird an der „allgemeinen Besserung" festgehalten. Der Obrigkeit als Inhaberin des Kirchenregiments wird entscheidender Anteil an der Reform zugewiesen. Nirgendwo zielt ein Gedanke in Richtung der Collegia pietatis und der Sammlung der Frommen. Andererseits treibt Großgebauer die pietistische Frömmigkeit weit über Johann Arndt hinaus, wenn er von jedem Christen einen Bußkampf und eine auf Tag und Stunde datierbare Bekehrung fordert. Ohne die Kindertaufe aufzugeben, sieht Großgebauer in ihr nur die Aufnahme in den göttlichen Bund. Die Wiedergeburt geschehe erstmals in der Bekehrung des verständig gewordenen Menschen. Der Boden der lutherischen Orthodoxie und ihrer Lehre von der Taufwiedergeburt ist unter reformiert-puritanischem Einfluß verlassen. Schon bald nach Erscheinen der „Wächterstimme" gab es in Hamburg Auseinandersetzungen zwischen orthodoxen Predigern und Theologiestudenten, die Großgebauer gelesen hatten.

Großgebauers „Wächterstimme" hat bei Spener, wie er mehrfach bezeugt, die Einsicht in die Reformbedürftigkeit der lutherischen Kirche geweckt. Bis zu den Pia Desideria hat er sich in ständiger Beschäftigung und Auseinandersetzung mit den Ideen Großgebauers befunden. Noch im ersten Frankfurter Jahrzehnt regt er Brieffreunde zu einem Gedankenaustausch über Großgebauers „Wächterstimme" an.

In seinen Straßburger „Lectiones cursoriae" von 1663 hat Spener allerdings gegen Großgebauer die orthodoxe Lehre von der *Taufwiedergeburt* bekräftigt. Um das pietistische Drängen auf Wiedergeburt und Bekehrung mit der lutherisch-orthodoxen Tauflehre in Einklang zu bringen, greift Spener zurück auf die Behauptung der *Wiederholbarkeit der Wiedergeburt,* die in der Konkordienformel der reformierten Anschauung vom donum perseverantiae entgegengesetzt wird. Mit Großgebauer darin einig, daß die meisten Christen unwiedergeboren sind und Bekehrung und Wiedergeburt nötig haben, lehrt Spener gegen ihn, daß sie alle einmal durch die Taufe wiedergeboren *gewesen* sind. Sie sind aus der Taufgnade herausgefallen und haben eine erneute Wiedergeburt nötig. Diese Lehre von der Wiederholbarkeit der Wiedergeburt hat es Spener und dem sich ihm anschließenden lutherischen Pietismus erlaubt, auf Bekehrung und Wiedergeburt zu dringen, ohne damit die lutherisch-orthodoxe Lehre von der Taufwiedergeburt in Zweifel zu ziehen. Im radikalen Pietismus hat Speners Festhalten an der Taufwiedergeburt später Kritik erfahren.[8]

Seit 1663 als Freiprediger in Straßburg für eine wissenschaftliche Laufbahn freigestellt, erwarb Spener 1664 den theologischen Doktorgrad mit einer Dissertation über die Johannesoffenbarung „De Muhammedismo in Angelis Euphrataeis S. Johanni Apocal. IX 13 ad 21 praemonstratus". Spener vertritt hier die seit Luther in der lutherischen Orthodoxie traditionelle kirchengeschichtliche Auslegung der Johannesoffenbarung, nach der der Jüngste Tag nahe und alle Weissagungen bereits erfüllt oder in Erfüllung begriffen sind. Das Durcharbeiten von ca. fünfzig bis sechzig Kommentaren zur Johannesoffenbarung, darunter zahlreiche chiliastische Auslegungen aus meist reformierter Tradition, verunsicherte ihn in der lutherisch-orthodo-

8 J.H. Reitz, Historie der Wiedergebohrnen, Teil V, Tübingen 1717 (Neudruck 1982), 337.

xen Eschatologie des nahen Jüngsten Tages, gab aber noch keine Impulse zur pietistischen „Hoffnung besserer Zeiten".

Überraschend erhielt Spener, der 1664 mit der Straßburger Patriziertochter Susanne Ehrhardt in den Stand der Ehe getreten war, im Frühjahr 1666 den Ruf auf die Stelle eines Seniors des lutherischen Predigerministeriums von Frankfurt a.M. Nur zögernd nahm er an. Die Straßburger theologische Fakultät rührte keinen Finger, um ihn zu halten. In seiner Straßburger Abschiedspredigt mußte sich Spener gegen den Verdacht wehren, heimlich den Reformierten zuzuneigen.

Philipp Jakob Spener in Frankfurt am Main

Die zwanzig Jahre, die Spener von 1666 bis 1686 als lutherischer Senior in der *Freien Reichsstadt Frankfurt a.M.* wirkte, damals noch vor Leipzig bedeutendster deutscher Handels- und Messeplatz und Zentrum des deutschen Buchhandels, sind die entscheidenden Jahre seines Lebens, zugleich die Zeit der Wende von der Orthodoxie zum Pietismus. Spener hat sich im ersten Jahrzehnt seiner Frankfurter Zeit noch darauf konzentriert, den *Reformbestrebungen der lutherischen Orthodoxie* zum Durchbruch zu verhelfen. Er hat beim Frankfurter Magistrat auf Maßnahmen zu strengerer *Sonntagsheiligung* gedrängt, besonders auf Handelsruhe während der Messzeiten. Er hat zur *Kirchenzucht* gegenüber Gotteslästerern aufgefordert. Einen sich vom Abendmahl fernhaltenden Frankfurter Bürger hat er jahrelang in sieben noch erhaltenen Briefen an seine kirchlichen Pflichten gemahnt.[9] Die in der Landgemeinde Bonames vorgefundene *Konfirmation* hat Spener in den Stadt- und Landgemeinden Frankfurts einführen wollen. Er hat den *Katechismusunterricht* erneuert. In Notzeiten hat er den Magistrat veranlaßt, vierteljährliche Buß-, Fast- und Bettage auszurufen.

Zunehmend zweifelte Spener jedoch an Sinn und Erfolg dieser Reformbestrebungen. Nicht wegen des Desinteresses des Frankfurter Magistrats. Abgesehen von der Konfirmation, die nur in den Landgemeinden erlaubt wurde, fand Speners Eintreten für Sonntagsheili-

9 PH.J. SPENER, Briefe aus der Frankfurter Zeit 1666–1686, Bd. 1, Tübingen 1992, Nr. 6.11. 12.14.15.17.34.

gung, Bußtage und Erneuerung des kirchlichen Unterrichts durchaus obrigkeitliche Billigung und Unterstützung. Aber Spener wurde zusehends klar, daß auf dem Wege obrigkeitlicher Ordnungen nur äußere Kirchlichkeit zu erreichen war, nicht das „wahre Christentum" im Sinne Johann Arndts. In einer Predigt am 18. Juli 1669 (6. Sonntag nach Trinitatis) über Mt 5,20 prangerte Spener das durchschnittliche Frankfurter Kirchgängerchristentum als ein nur äußerliches, unwahres Christentum an, als toten Glauben und falsche, pharisäische Gerechtigkeit, mit der niemand selig werden könne.[10] Die Predigt fand geteilte Aufnahme und bewirkte mehr Unruhe als Bekehrung. Schon am nächsten Sonntag mußte sich Spener gegen den Vorwurf wehren, „papistisch" gepredigt zu haben. Er verwies auf Luthers Rede vom „wahren, lebendigen Glauben" in der in allen Bibeln stehenden Vorrede zum Römerbrief. Schon von Johann Arndt gelegentlich zitiert ist Luthers Römerbriefvorrede seitdem zum Locus classicus pietistischen Glaubensverständnisses im Werk des Reformators geworden.[11]

Seit jener Predigt über die falsche pharisäische Gerechtigkeit hat Spener die Hoffnung auf allgemeine Besserung aufgegeben. Nicht, daß er sich der Verantwortung für die Volkskirche in seinem Amt jemals entzogen hätte. Aber Spener erkannte, daß der Weg, den die lutherische Orthodoxie beim kirchlichen Wiederaufbau in der Nachkriegszeit gegangen war, der Weg der Rekonstruktion volkskirchlicher Religiosität und Sittlichkeit durch obrigkeitliche Ordnungen, in einer Sackgasse enden mußte, nur zur Sozialdisziplinierung und einem Scheinchristentum führen konnte. Zudem erkannte er den tiefen Verfall, in dem sich der Predigerstand einschließlich der theologischen Fakultäten befand. Eine Reform der Kirche mußte den Hebel beim geistlichen Stand ansetzen, mußte auch eine Reform der theologischen Ausbildung einschließen. Mit befreundeten Pfarrern, mit Gottlieb Spizel (1639–1691) in Augsburg, Elias Veiel (1635–1706) in Ulm und Johann Ludwig Hartmann (1640–1680) in Rothenburg o.T., trat Spener in einen langjährigen brieflichen Gedankenaustausch über

---

10 Gedruckt in: PH.J. SPENER, Von der Pharisäer ungültigen und frommer Kinder Gottes wahrer Gerechtigkeit, Frankfurt a.M. 1672.

11 Vgl. M. SCHMIDT, Luthers Vorrede zum Römerbrief im Pietismus, in: ders., Wiedergeburt und neuer Mensch, Witten 1969.

die Reform der Pfarrerausbildung.[12] Der Mangel an wahrem, lebendigem Glauben, gerade beim Predigerstand, wurde ihm immer deutlicher als der eigentliche Krebsschaden der Kirche bewußt.

Das Collegium pietatis

Der zunehmenden Resignation an der allgemeinen Besserung traten positive Erfahrungen mit einzelnen und kleinen Gruppen unter seinen Frankfurter Gemeindegliedern gegenüber, die sich seit jener umstrittenen Predigt über die falsche Gerechtigkeit zu ihm hielten. Im August 1670 richtete Spener im Studierzimmer seines Senioratshauses einen Gesprächskreis ein, das bald so genannte *Collegium pietatis.*[13] Es wurde bald weit über die Mauern Frankfurts bekannt. Das Frankfurter Collegium pietatis, das erste pietistische Konventikel, wurde die Keimzelle des lutherischen Pietismus, sowohl des kirchlichen Pietismus Spenerscher Prägung wie des radikalen separatistischen Pietismus, dessen Anfänge im Luthertum ebenfalls mit dem Frankfurter Collegium pietatis eng verwoben sind.

Die Anstöße zur Gründung des Collegium pietatis kamen nicht von Spener selbst. Zwar hatte er zehn Monate zuvor (3. Oktober 1669) in einer Predigt über die Sonntagsheiligung gewünscht, gute Freunde möchten sonntags zuweilen zusammenkommen und statt Gläser, Karten oder Würfel ein frommes Buch zur Hand nehmen oder sich über die gehörte Predigt besprechen. Dieser Anregung folgten alsbald „etliche haußhaltungen mit Christlichen übungen unter den ihren“[14], so daß Speners Wunsch bei Gründung des Collegium pietatis bereits erfüllt war. Spener selbst hat das Collegium pietatis auch niemals in Verbindung mit jener Predigt von der Sonntagsheiligung gebracht, sondern regelmäßig erklärt, die Initiative sei von anderen ausgegangen. Eine Gruppe von vier oder fünf Männern habe ihm ihren „Ekel“ und ihren „Verdruß“ an weltlichen Geselligkeiten offenbart. Sie woll-

---

12 Speners Briefe jetzt zugänglich in: PH.J. SPENER, Briefe, Bd. 1, vgl. Anm. 9.

13 Zum folgenden vgl. J. WALLMANN, Philipp Jakob Spener und die Anfänge des Pietismus, Tübingen ²1986, 264–268.

14 Vgl. J. WALLMANN, Pietismus und Chiliasmus Zur Kontroverse um Philipp Jakob Speners ‚Hoffnung besserer Zeiten‘, ZThK 78 (1981), 241.

ten eine Gelegenheit zu geistlichen Gesprächen haben, zu wechselseitiger Erbauung und zum Stiften fester Freundschaft untereinander. Spener begrüßte den Plan einer „societas piarum animarum", wie man die ursprüngliche Idee des Collegium pietatis in Analogie zu barocken Sozietätsgründungen nennen kann. Um den Verdacht der Sektiererei abzuwenden, machte er seine Teilnahme zur Bedingung und lud, nachdem er sich mit einigen Amtsbrüdern abgesprochen hatte, in sein Pfarrhaus ein. Dort traf man sich zweimal wöchentlich, Sonntag- und Mittwochnachmittag (seit 1676 Montag- und Mittwochnachmittag).

Initiatoren des Collegium pietatis waren der Theologiestudent Tieffenbach[15] und der Jurist Schütz. *Johannes Anton Tieffenbach* war in Frankfurt zuvor in den Verdacht der Heterodoxie gekommen, weil er in Predigten die „Geistliche Schatzkammer" des Martin Statius[16] gepriesen hatte. Spener hatte ihn auf seine Rechtgläubigkeit prüfen müssen, war dabei von seinem Frömmigkeitseifer tief beeindruckt. Bereits im März 1671 verstarb dieser „amicus pientissimus" Speners nach monatelanger Krankheit. Sein früher Tod hat verhindert, daß die zu dieser Zeit mancherorts im Luthertum hochgeschätzte „Geistliche Schatzkammer" nachhaltiger auf das Frankfurter Collegium pietatis gewirkt hat. Hier hätte eine von der Bußfrömmigkeit Johann Arndts deutlich unterschiedene, stärker an Luther orientierte Frömmigkeit, die im Pietismus sonst nur an den Rändern begegnet, Einfluß auf den werdenden Pietismus gewinnen können.

Der andere Initiator, *Johann Jakob Schütz,* war durch die Lektüre des Mystikers Johann Tauler aus einem toten, angelernten Katechismusglauben zu einem lebendigen, tätigen Glauben erweckt worden. Schütz hat neben Spener von Anfang an die Hauptrolle im Frankfurter Collegium pietatis gespielt. In nahezu allen zeitgenössischen Berichten von Besuchern des Frankfurter Collegiums – zu ihnen zählen Johanna Eleonora von Merlau, Johann Wilhelm Petersen, Pierre Poiret, Christian Fende – taucht regelmäßig sein Name neben dem Speners auf, zuweilen wird ihm sogar der Vorsitz zugeschrieben.

---

15 Nicht der Gymnasiallehrer Dieffenbach, wie seit Tholuck häufig in der Literatur angegeben. Vgl. J. WALLMANN, Philipp Jakob Spener und die Anfänge des Pietismus, Tübingen ^{2}1986, 272f.

16 Vgl. oben S. 31f.

Der Kreis, der sich im August 1670 traf, bestand anfangs aus Patriziern und Akademikern. Da Spener ihn offen hielt, unter Preisgabe des ursprünglichen Zwecks einer „heiligen Freundschaft“ unter den Mitgliedern, wuchs er sehr schnell. Es kamen bald auch Handwerker und Bedienstete dazu. Später nahm man auch Frauen auf, gab ihnen aber kein Rederecht, sondern ließ sie in einem besonderen Raum zuhören. Nach fünf Jahren betrug die Zahl der Teilnehmer fünfzig, Anfang der achtziger Jahre waren es weit über hundert. Man las abschnittweise ein religiöses Buch, anfangs die „Praxis pietatis“ von Lewis Bayly und den „Vorschmack göttlicher Güte“ von Joachim Lütkemann, darauf die „Epitome Credendorum“ des Nicolaus Hunnius, ein deutschsprachiger Abriß der orthodoxen Dogmatik. Hatte man über das Gelesene eine Weile geredet, so konnten andere Themen angeschnitten werden. Statuten, wie in anderen Gesellschaften, gab man sich nicht. Doch sollten keine Kontroversien getrieben werden, nicht über abwesende Personen geredet und Mißstände in der Stadt nur allgemein benannt werden. Gesang und Gebet eröffneten und beschlossen die Versammlungen.

Es gibt keine Anzeichen, daß die Initiatoren sich an Vorbildern orientierten oder von ähnlichen Versammlungen andernorts Kenntnis hatten. Spener wußte vielleicht von den kurz zuvor in Lübeck von Jacob Taube und Thomas Tanto, zwei separatistischen Theologen, veranstalteten Privatversammlungen, gegen die sich der Lübecker Superintendent Meno Hanneken gerichtet hatte in seiner „Christliche Prob der neuen Schwermerei, da etliche Manns- und Weibs-Personen eigene kleine Zusammenkunfft halten“ (Lübeck 1669). Als einzigen Vorgänger des Frankfurter Collegium pietatis hat Spener eine von einem Amsterdamer lutherischen Pfarrer Fischer (wohl Adolph Vischer) um 1650 gehaltene Privatübung angesehen, von der er in seiner Straßburger Studienzeit gehört hatte.

Dagegen muß man in Frankfurt *nach* Gründung des Collegium pietatis aufmerksam geworden sein auf ähnliche Konventikel vor allem im Raum der reformierten Kirche. Ob Joachim Neander, der 1673/74 für einige Zeit als Hauslehrer in Frankfurt weilte und sich mit Johann Jakob Schütz befreundete, Verbindung zu den Konventikeln am Niederrhein herstellte, wissen wir nicht. Nachweislich haben die Frankfurter Pietisten erst 1677 mit den Anhängern Undereycks in Bremen Kontakt aufgenommen.[17] Auch eine Verbindung zu den

Rijnsburger Kollegianten ist bislang nicht nachgewiesen. Sie ist nicht unwahrscheinlich, da Schriften von Adam Boreel, Daniel de Breen und Petrus Serrarius, den führenden Amsterdamer Kollegianten, von Schütz gelesen wurden. Mit der separatistischen Gemeinde *Jean de Labadies,* die von den Niederlanden nach Herford und von dort nach Altona gewandert war, ergab sich bald ein intensiver Austausch. Seit 1674 trat Johann Jakob Schütz in Korrespondenz mit Anna Maria van Schurman und Pierre Yvon.[18] Labadistisches Schrifttum wurde von Altona nach Frankfurt gesandt, darunter Labadies „L' exercice prophétique selon St. Pol au Chapitre 14 de sa I^e^ Letre aux Corinthiens" (Amsterdam 1668). Unter labadistischem Einfluß und betrieben wohl von Johann Jakob Schütz vollzog sich jene „entscheidende Ausgestaltung"[19] des Collegium pietatis im Winter 1674/75, die aus einer religiösen Lesegesellschaft eine Übung der Bibelauslegung macht, mit der an die urchristlichen Versammlungen von 1. Kor 14 angeknüpft werden soll. Nicht die Einrichtung des Collegium pietatis im Jahre 1670, wohl aber jene sich im Winter 1674/75 bildende neue Gestalt des Collegium pietatis, die Spener in den Pia Desideria als Wiederaufnahme der urchristlichen „Kirchenversammlungen" nach dem Muster von 1. Kor 14 empfiehlt, ist Labadies Einfluß zu verdanken.

Die Pia Desideria

Spener konnte auf Erfahrung mit pietistischer Gruppenbildung bereits zurückblicken, als er 1675 mit seinen *Pia Desideria* hervortrat. Ursprünglich eine 28 Folioseiten zählende Vorrede zu einer Neuausgabe der Evangelienpostille Johann Arndts, erschienen zur Frühjahrsmesse 1675, gab Spener zur Herbstmesse des gleichen Jahres sein

17 Briefe von Johann Jakob Schütz an Cornelius de Hase/Bremen vom 13.2.1677 und 10.3.1677 (Senckenbergisches Archiv M 329).

18 Briefe von Johann Jakob Schütz an Pierre Yvon und Anna Maria van Schurman aus den Jahren 1674–1677 in: Senckenbergisches Archiv/Frankfurt a.M.; Briefe von A.M. Schurman an J.J. Schütz in: Universitätsbibliothek Basel (vgl. J. Wallmann, Philipp Jakob Spener und die Anfänge des Pietismus, Tübingen ^{2}1986, 307ff).

19 W. Bellardi, Die Vorstufen der Collegia pietatis, Gießen 1994, 5.

Kirchenreformprogramm separat in Buchform heraus unter dem Titel „Pia Desideria oder Hertzliches Verlangen nach gottgefälliger Besserung der wahren Evangelischen Kirchen".

Die Pia Desideria zeigen eine klare Dreiteilung. Der *Diagnose* des verderbten Zustandes der Kirche folgt die *Prognose* einer künftigen Besserung, der sich im ausführlichen Schlußteil die *Mittel zur Besserung* anschließen, das aus sechs Einzelforderungen bestehende Reformprogramm.

Im ersten Teil arbeitet Spener bei der Analyse des verderbten Zustandes der Kirche mit der Unterscheidung von *Lehre* und *Leben.* Von einem universalen Kirchenbegriff und dem betrübten Zustand der gesamten Christenheit ausgehend, lenkt Spener den Blick auf die lutherische Kirche, in der wegen der Reinheit der Lehre die wahre Kirche allein noch sichtbar sei. Jedoch sei alles *Leben* in ihr verderbt. Mit der Unterscheidung von reiner Lehre und verderbtem Leben grenzt sich Spener schon im Ansatz ab von der zeitgenössischen spiritualistischen Kirchenkritik (z.B. Christian Hoburg), die verderbtes Leben ursächlich aus falscher Lehre herleitete. Unmißverständlich stellt sich Spener auf den Boden der lutherischen Kirche und der forensischen Rechtfertigungslehre des Konkordienbuchs.

Seiner Untersuchung des verderbten *Lebens* der Kirche legt Spener die in der lutherisch-orthodoxen Ekklesiologie übliche *Dreiständeordnung* zugrunde. Danach gibt es in der Kirche drei Stände: 1. die Obrigkeit, der das äußere Kirchenregiment zukommt, 2. den Predigerstand, der die geistige Leitung der Kirche innehat, 3. den dritten oder weltlichen Stand, die Gemeinden. Von den beiden oberen Ständen, der Obrigkeit und dem Predigerstand, gehe das meiste Verderben aus. Der *Obrigkeitstand*[20] mißachte das ihm nach Jes 49,23 zukommende Amt, „Pfleger und Säugammen der Kirche" zu sein. Er unterwerfe die Kirche den Zwecken der Staatsraison und mißbrauche sein landesherrliches Kirchenregiment zu einer „unverantwortlichen Caesaropapie".

Der *Predigerstand*[21] sei verderbt, weil ihm wahres Christentum und lebendiger Glaube fehle. Das Predigtamt lasse sich nicht wie andere weltliche Berufe durch menschlichen Fleiß erlernen und unter

---

20 PD 14,10–15,19.
21 PD 15,20–28,3.

Karrieregesichtspunkten betreiben. Bloße Aneignung der reinen Lehre und ihre Weitergabe und Verteidigung seien nicht genug. Erleuchtung des Heiligen Geistes und ein vorsätzlich frommes Leben seien nötig. Spener grenzt sich ab von einem pietistischen Donatismus, der die Wirksamkeit des geistlichen Amtes von der Heiligkeit der Amtsträger abhängig macht: Das Wort Gottes könne auch durch unwiedergeborene Prediger wirken. Aber ohne Zweifel würde man „bald eine ganz andere Kirche haben“[22], wenn die Prediger zum wahren, lebendigen Glauben erweckte Christen und nach 1. Kor 11,1 Vorbilder ihrer Gemeinde wären. Hierzu sei eine andere theologische Ausbildung nötig. Spener kritisiert das Übermaß der theologischen Kontroversen. Er beklagt, Luthers Schriften zum Vergleich heranziehend, das Mißverhältnis zwischen dem größeren „Apparat von menschlicher prächtiger erudition“[23] und der inneren Kraftlosigkeit bei der gegenwärtigen Theologie. Der rechten „biblischen Theologie“ sei man verlustig gegangen. Die von Luther zur Vordertür hinausgetriebene „scholastische Theologie“ sei durch die Hintertür zurückgekehrt.[24]

Beim dritten Stand[25], den *Gemeinden,* beklagt Spener ebenfalls den Mangel an wahrem, lebendigem Glauben. Auch wenn man sich eines äußerlich ordentlichen Lebens befleißige, seien Trunkenheit[26], Rechtsprozesse[27], wirtschaftliches Gewinnstreben[28], das zum „Unterdrücken und Aussaugen“[29] der Armen führe, unter den Christen verbreitet und würden nicht für Sünde gehalten. Die „Regeln unseres Christentums“[30], wie sie sich aus der Nächstenliebe herleiten, seien verdunkelt und vergessen. Von der „Übung der recht ernstlichen Bruderliebe“[31] sei man weit entfernt. Man halte einen bloß eingebildeten Glauben für den wahren lebendigen Glauben und wisse nichts von der lebendig machenden, neu schaffenden Kraft des Glaubens, wie sie Luther in seiner Römerbriefvorrede beschreibt[32], und vertraue auf den Gebrauch der kirchlichen Gnadenmittel Predigt und Sakrament wie

---

22 PD 18,12f.

23 Vgl. PD 22,33.

24 PD 25,21ff.

25 PD 28,4–36,37.

26 PD 28,27–30,3.

27 PD 30,4–30,14.

28 PD 30,15–32,10.

29 PD 30,27.

30 PD 30,29.

31 PD 32,10f.

32 Ausführlich zitiert PD 34,1–21.

auf ein opus operatum. Fazit: Auch wenn die Lehre der lutherischen Kirche intakt sei, sei das Leben der Kirche in allen ihren Gliedern wenn nicht tot, so doch zerrüttet und krank.

Die Zerrüttung des kirchlichen Lebens in allen Ständen verursache Ärgernis und hindere die Bekehrung von Juden[33] und Papisten[34], ärgere „fromme Gemüter", gebe Anlaß zur Klage, die lutherische Kirche stecke wie die papistische Kirche noch in „Babel"[35]. Spener distanziert sich von der kirchlichen Indifferenz des mystischen Spiritualismus, der die lutherische Kirche zu „Babel" rechnet. Er bekräftigt die reformatorische Identifizierung des Babel der Johannesoffenbarung mit dem päpstlichen Rom. Doch sei der Ausgang aus der Babylonischen Gefangenschaft mit der Reformation nicht abgeschlossen. Noch immer hafte der lutherischen Kirche manches von Babel an.

Dem Reformprogramm vorangestellt hat Spener im *mittleren Teil* der Pia Desideria seine Darlegung einer *Hoffnung besserer Zeiten* für die Kirche, der theologisch wichtigste, weil über die lutherische Orthodoxie am deutlichsten hinausführende Teil.[36] Spener stützt seine Zukunftshoffnung auf die biblischen Verheißungen von der Bekehrung der Juden (Röm 11,25f, Hos 3,4f)[37] und vom Fall des päpstlichen Rom (Apk 18.19)[38]. Die endgültige Erfüllung dieser Verheißungen stehe noch aus. Gingen sie einmal in Erfüllung, so sei unzweifelhaft, daß „die gesamte wahre kirche werde in einen viel seligern und herrlichern stande gesetzt werden / als sie ist"[39]. Der Verdacht der Utopie wird durch den Hinweis auf die „erste Christliche Kirche" der vorkonstantinischen Zeit, die in „solchem seligen stande gestanden, daß man die Christen ins gemein an ihrem gottseligen Leben gekannt"[40], entkräftet[41]. In der Gewißheit der von Gott verheißenen besseren Zukunft der Kirche sei nun auch menschlicherseits alles zu tun, was der Besserung der Kirche förderlich ist.

Das den dritten Teil bildende *Reformprogramm* enthält sechs Punkte. An erster Stelle (1.) steht der Vorschlag, „das *Wort Gottes*

33 PD 36,38–38,22.

34 PD 38,22–38,32.

35 PD 38,33ff. Babel meint im pietistischen Sprachgebrauch das Babel der Johannesoffenbarung, die große Hure Babylon, von der die Christen sich fernzuhalten haben.

36 PD 43,31–52,13.

37 PD 43,33–44,16.

38 PD 44,17–44,23.

39 PD 44,25f.

40 PD 49,9ff.

41 PD 47,30–52,13.

reichlicher unter uns zu bringen"[42]. Den Gemeinden müßten über die gottesdienstlichen Textlesungen hinaus alle Teile der Bibel bekannt werden. Privates Bibellesen sei zu fördern. Für die Illiteraten seien öffentliche Bibellesestunden einzurichten. Weiter sollte „die alte Apostolische art der Kirchenversammlungen" wieder in Gang gebracht werden, „wie Paulus 1. Cor 14 dieselbe beschreibet"[43]. Neben dem Gottesdienst sollten deshalb unter Leitung eines Predigers „Übungen" eingerichtet werden, in denen jeder mit Erkenntnis Begabte die Heilige Schrift auslegen und jedermann seine Fragen und Zweifel äußern könne. Dies der im Pietismus epochemachende Vorschlag der *Konventikel*.

Spener fordert (2.) die Praktizierung des *allgemeinen Priestertums* (in Speners Worten des „geistlichen Priestertums").[44] Trotz Luthers eindringlicher Anmahnung sei es in der evangelischen Kirche in Vergessenheit geraten. Ein Rückfall ins Papsttum sei es, wenn der allen Christen zukommende Name der „Geistlichen" auf die Prediger angewendet und auch in der evangelischen Kirche zwischen „Geistlichen" und „Laien" unterschieden werde.[45] Alle Christen seien Priester. Weiter (3.) sei den Leuten einzuschärfen, daß das Christentum weniger im Wissen, als vielmehr in der *Praxis* bestehe.[46] Christentum sei Nächstenliebe, zuerst brüderliche Liebe der Christen untereinander, dann auch allgemeine Liebe gegen alle Menschen.[47] Sodann (4.) sollten die theologischen *Streitigkeiten* – Spener denkt hier nicht nur an die konfessionellen Auseinandersetzungen, sondern auch an die innerlutherischen Lehrstreitigkeiten – auf das notwendige Maß eingeschränkt werden.[48] Irrgläubige seien eher durch vorbildliches Leben als durch Lehrdisputationen zu gewinnen. Dies leitet über zu dem (5.) ausführlichsten, mit der Autorität zahlreicher orthodoxer Theologen abgestützten Vorschlag einer *Reform des Theologiestudiums*.[49] Nicht auf Gelehrsamkeit, sondern auf die Praxis, die praxis pietatis des eigenen religiösen Lebens wie die Praxis des künftigen Amtes, müsse die Ausbildung künftiger Pfarrer ausgerichtet werden. Speners Vorschläge beziehen sich hauptsächlich auf die Förderung des religiösen Le-

---

42 PD 53,31–58,10.
43 PD 55,13ff.
44 PD 58,11–60,29.
45 PD 58,35–59,16.
46 PD 60,30–62,13.
47 PD 61,15f.
48 PD 62,14–67,4.
49 PD 67,5–78,33.

bens der Theologiestudenten. Als Begleitlektüre während des Studiums werden mystische Schriftsteller (Johann Tauler, Theologia Deutsch, die Nachfolge Christi des Thomas von Kempen) empfohlen.[50] Weil Theologie ein „habitus practicus" sei, müsse „alles zu der praxi deß Glaubens und Lebens gerichtet werden".[51] Das gelte auch für Professoren, die mit ihrem Leben den Studierenden ein Vorbild sein müßten. In Entsprechung zu den Collegia pietatis in den Kirchengemeinden wünscht Spener die Einrichtung *akademischer Collegia pietatis* mit Theologiestudenten an Universitäten.[52] Hier sollten die Professoren den Studenten die Bibel auslegen nicht zur Mehrung des Wissens, sondern vorrangig zum Wachsen in der Frömmigkeit. Knappe Vorschläge zur Studienreform (Einrichtung von praktisch-theologischen Übungen zur Homiletik, Katechetik und Seelsorge) leiten über zur abschließenden Forderung: Es sollten (6.) die *Predigten* von allem barocken Schwulst, von rhetorischer Zierde und vom Prangen mit Gelehrsamkeit befreit und wieder in *Einfalt* auf ihren eigentlichen Zweck, den Glauben und dessen Früchte, ausgerichtet werden. Hierzu seien die Predigten Johann Arndts das beste Vorbild.[53]

Für die beiden ersten Reformvorschläge (Wort Gottes reichlicher treiben, allgemeines Priestertum) berief sich Spener auf Luther, für die übrigen vorrangig auf Johann Arndt. Spener hatte im ersten Frankfurter Jahrzehnt ein gründliches Lutherstudium getrieben und sämtliche Bände der Altenburger Lutherausgabe durchgearbeitet, um einen – niemals zum Druck gekommenen – Kommentar zur Bibel aus den Schriften Luthers zu erstellen.[54] Bei diesem Lutherstudium war ihm der tiefe Gegensatz zwischen der gegenwärtigen Gestalt von Theologie und Kirche und dem ursprünglichen Wollen der Reformation bewußt geworden. Dagegen fand er das pietistische Anliegen Johann Arndts durch Luther bestätigt (Römerbriefvorrede). Luther und Arndt hat Spener seit den Pia Desideria seine hauptsächlichen Lehrer genannt. Die Berufung auf Luther ist dem Pietismus eigentümlich geblieben. Sie schließt gelegentliche Kritik, vor allem am älteren Luther, nicht aus. In der Frage der Judenbekehrung hat sich Spener an-

50 PD 74,3–76,16.
51 PD 69,8.
52 PD 77,13–78,26.
53 PD 78,34–81,20.
54 J. Wallmann, Philipp Jakob Spener und die Anfänge des Pietismus, Tübingen ^{2}1986, 249–264.

fangs gegen Luther[55], seit 1677 für den frühen Luther und gegen den alten Luther erklärt.[56]

Die Berufung auf Luther, Johann Arndt und die Theologen der lutherischen Orthodoxie kann nicht verdecken, daß Speners Pia Desideria an zwei Punkten die lutherische Tradition verlassen: beim Vorschlag der Collegia pietatis und bei der „Hoffnung besserer Zeiten".

Der Vorschlag, die *apostolischen Kirchenversammlungen* nach dem Muster von 1. Kor 14 wieder einzurichten, war aus der lutherischen Tradition nicht herleitbar.[57] Spener hat sich zwar – noch nicht in den Pia Desideria, aber bald darauf – auf Luthers Vorschlag der Sammlung der ernsten Christen in der Vorrede zur Deutschen Messe von 1526 berufen.[58] Für seine Idee der Sammlung der Frommen konnte sich Spener von Luther bestätigt wissen. Aber zwischen den von Spener vorgeschlagenen Erbauungsversammlungen und Luthers viel weitergehender, den Sakramentsgebrauch einschließender „dritter Weise des Gottesdienstes" besteht keine Verwandtschaft, weder in der konkreten Form, noch in der Funktion, noch im biblischen Beleg. Der Gedanke, neben dem öffentlichen Gottesdienst besondere Versammlungen nach dem Muster von 1. Kor 14 einzuführen, entstammt der reformierten Kirche. Solche Versammlungen als Mittel der Kirchenreform zu gebrauchen, hatte erstmals Jean de Labadie gefordert in „L'Exercice prophétique" (Amsterdam 1668), einer Schrift, die die „erste biblische und theologische Begründung der Konventikel" enthält[59]. Speners Vorschlag der Wiedereinrichtung der apostolischen Kirchenversammlungen von 1. Kor 14 ist – vermittelt durch Johann Jakob Schütz – von Labadie beeinflußt.[60]

Von der lutherischen Tradition erheblich weiter entfernte sich Spener mit seiner *„Hoffnung besserer Zeiten"* [61]. Spener kehrt sich hier

55 PD 44,4ff.

56 Letzte Theol. Bed. 3,243 (1677); Pia Desideria, lat., Frankfurt a.M. 1678, 164–167.

57 Vgl. zum folgenden J. WALLMANN, Philipp Jakob Spener und die Anfänge des Pietismus, Tübingen ²1986, 85–99.

58 J. WALLMANN, Philipp Jakob Spener und die Anfänge des Pietismus, Tübingen ²1986, 259ff.

59 Vgl. W. GOETERS, Vorbereitung des Pietismus, Leipzig 1911, 174f.

60 Vgl. oben S. 59 und unten S. 141.

61 J. WALLMANN, Philipp Jakob Spener und die Anfänge des Pietismus, Tübin-

ab von der der lutherischen Orthodoxie von Luther überkommenen, durch den Dreißigjährigen Krieg neu belebten Erwartung des nahen Jüngsten Tages, ja überhaupt von dem seit Augustin in der abendländischen Kirche herrschenden, von der Reformation bekräftigten Geschichtsbild, wonach die gegenwärtige Weltperiode die letzte sei vor dem Jüngsten Tag. Die messianischen Verheißungen des Alten Testaments und die Prophezeiungen vom Verlauf der Kirchengeschichte in der Johannesoffenbarung, von Luther und der lutherischen Orthodoxie als erfüllt angesehen, sind nach Spener erst zum Teil erfüllt. Vor dem Jüngsten Tag sei noch ein in der Bibel verheißenes herrliches Reich Christi auf Erden zu erwarten. Luther sei gut in der Auslegung des Apostels Paulus, weniger gut in der Auslegung der alttestamentlichen Propheten gewesen. Spener hat damit – in den Pia Desideria vorsichtig, in gleichzeitigen Briefen deutlicher und im Laufe der Jahre mit immer kräftigerer Bestimmtheit – dem bis dahin unterdrückten *Chiliasmus* Einlaßrecht in die lutherische Kirche gewährt. Nähere Ausmalungen des Tausendjährigen Reiches, wie sie im Umkreis seiner pietistischen Freunde bald aufkamen (z.B. bei Johann Wilhelm Petersen), hat Spener unterlassen. Nur die Zukünftigkeit des Tausendjährigen Reiches, und daß am Ende Gog und Magog sich noch einmal erheben würden, war ihm sicher.

Angesichts des breiten Spektrums chiliastischer Autoren, die Spener seit der Zeit seiner Straßburger Studien über die Johannesoffenbarung gelesen hat, sind alle *literarischen* Herleitungen fragwürdig. Bei Gründung des Collegium pietatis noch überzeugt, daß auf Erden keine Besserung für die Kirche zu erwarten sei, finden sich deutliche Spuren der Hoffnung besserer Zeiten erstmals in einem Brief Speners an Johanna Eleonora von Merlau Ende 1674.[62] Unter den von Spener zu dieser Zeit studierten chiliastischen Autoren hat er dem unter dem Pseudonym Peganius herausgegebenen Apokalypsekommentar von Christian Knorr von Rosenroth „Eigentliche Erklärung über die Gesichter der Offenbarung S. Johannis“ (1670) besondere Bedeutung zugemessen. Dies verweist über Knorr von Rosenroth hinaus auf des-

gen [2]1986, 324ff; Pietismus und Chiliasmus. Zur Kontroverse um Philipp Jakob Speners ‚Hoffnung besserer Zeiten‘, ZThK 78 (1981), 246–266 (= Theologie und Frömmigkeit 390–421).

62 Ph.J. Spener, Briefe, Bd. I, Nr. 213 (vgl. Anm. 65).

sen Hauptgewährsmann, den Cambridger Theologen Joseph Mede (1586–1638), den „father of English millenarianism“. Man wird die Wurzeln des pietistischen Chiliasmus vermutlich in England suchen müssen. Da Johann Jakob Schütz bereits Jahre vor Spener chiliastischen Anschauungen anhing, hat Spener sich Hoffnungen zugewandt, die bereits unabhängig von ihm im Collegium pietatis verbreitet wurden. Die Frage nach der Herkunft der Spenerschen „Hoffnung besserer Zeiten“ ist deshalb an Schütz zu richten, von dem Spener mehr gelernt haben will „als vielleicht jemand von mir“.[63]

Die Pia Desideria bilden ein Programm von imponierender Geschlossenheit. Nahezu alle Kerngedanken des Pietismus finden sich in den Pia Desideria, abgesehen allein von der Forderung einer datierbaren Bekehrung und der Heidenmission. Verglichen mit der radikalen Kirchenkritik des mystischen Spiritualismus entwickelt Spener ein *gemäßigtes Reformprogramm.* Die bestehenden kirchlichen Strukturen bleiben unangetastet. Landesherrliches Kirchenregiment, Universitätstheologie und Predigtamt werden, anders als in Christian Hoburgs „Spiegel der Mißbräuche beim Predigtamt“, nicht in Frage gestellt. Pietistische Kirchenreform soll sich *in* den bestehenden Strukturen durchsetzen, allenfalls Ergänzungsstrukturen (Collegia pietatis) bereitstellen. In der Radikalität bleibt Speners Programm auch hinter den auf „allgemeine Besserung“ zielenden Reformprogrammen der lutherischen Orthodoxie zurück. Auf die Inanspruchnahme der Obrigkeit zur Durchsetzung der Reform wird verzichtet. Es fehlen die Hauptpunkte der nur durch obrigkeitliche Ordnungen durchzusetzenden orthodoxen Reformprogramme: Sonntagsheiligung und Kirchenzucht. Der Hebel der Kirchenreform soll nicht am Rand, bei der Besserung der Gottlosen und Bösen, sondern im Zentrum, bei der Sammlung und Förderung der Willigen und Frommen, angesetzt werden. Habe man hier einen Grund gelegt, so könne man nachmals mit Erfolg auch diejenigen erreichen, „bei denen es noch zur Zeit verloren scheint“.[64] Zuerst in Briefen an Amtsbrüder und Freunde findet Spener seit Sommer 1675 die Formel, die er später auch öffentlich verwendet und die für pietistische Kirchen-

63 Ph.J. Spener, Letzte Theol. Bed. 3,72 (= 8.10.1677).

64 PD 8,29f.

reform klassisch wird, die Formel von der Sammlung der Frommen innerhalb der Kirche, der „ecclesiola in ecclesia“.[65]

Der literarische Widerhall auf die Pia Desideria

In den Pia Desideria hatte Spener vorgeschlagen, in Ermangelung eines Konzils, des in früheren Zeiten üblichen Mittels der Kirchenreform, in einen schriftlichen Gedankenaustausch über die Kirchenreform einzutreten, teils in Briefen, teils in öffentlichen Schriften.[66] Eine Debatte über die Kirchenreform ist in erstaunlichem Maße zustande gekommen. Nahezu allen seinen Freunden und Korrespondenten hatte Spener sein Reformprogramm mit der Bitte um Stellungnahme zugesandt. Über neunzig Briefe erhielt er in den ersten beiden Jahren.[67] Überwiegend waren sie zustimmend. Vereinzelt richtete sich Kritik gegen den Vorschlag der Collegia pietatis und häufiger gegen die Zukunftshoffnung. Umfassende Bedenken äußerte Balthasar Bebel namens der Straßburger theologischen Fakultät. Öffentliche Gegenschriften erschienen nicht. Dagegen ergoß sich in den Jahren nach 1675 eine Flut von Reformschriften über den deutschen Büchermarkt.

Johann Heinrich Horb (1645–1695), Pfarrer in Trarbach, und *Joachim Stoll* (1615–1678), Hofprediger in Rappoltsweiler, beide Schwäger Speners, sind die Verfasser der beiden Gutachten, die Spener im Herbst 1675 ohne Namensnennung den Pia Desideria beidrukken ließ. Sie unterstützten das Reformprogramm und ergänzten es durch eigene Vorschläge, stimmten jedoch der „Hoffnung besserer Zeiten“ nicht zu. Horb, bald einer der eifrigsten Anhänger Speners, zögerte noch. Stoll erklärte sich dezidiert dagegen. Hoffnung auf Judenbekehrung rücke den Jüngsten Tag in die Ferne; Erwartung eines noch kommenden Falls Roms gäbe ebenfalls eine „Sicherheitsfri-

65 Dazu J. WALLMANN, Philipp Jakob Spener und die Anfänge des Pietismus, Tübingen ²1986, 260f.

66 PD 4,3–18.

67 Nicht über dreihundert Briefe, wie seit Grünberg irrtümlich behauptet (vgl. J. WALLMANN, Spener und Dilfeld. Der Hintergrund des ersten pietistischen Streites, in: Theologie und Frömmigkeit (196–219) 199 Anm. 10.

stung". Stoll bekräftigte die orthodoxe Naherwartung: „Es ist und bleibet die letzte Stunde".[68] Der Widerspruch der Orthodoxie gegen die pietistische Zukunftshoffnung ist schon in den Pia Desideria von 1675 zu hören.

Auch die seit 1675 als Echo auf die Pia Desideria erscheinenden Reformschriften bleiben, so sehr sie im weiteren Sinn des Arndtschen Frömmigkeitsstrebens pietistisch genannt werden können, im Horizont der lutherischen Orthodoxie. Ihre Verfasser, meist Freunde und Korrespondenten Speners, haben sich sämtlich nicht dem Pietismus, häufig sogar der antipietistischen Spätorthodoxie angeschlossen. Von *Christian Kortholt* (1633–1694), Professor in Kiel, erschien unter dem Pseudonym Theophilus Sincerus ein „Wohlgemeinter Vorschlag, wie etwa die Sache anzugreifen stünde, da man dem in der evangelischen Kirche bisher eingerissenen ärgerlichen Leben und Wandel abzuhelfen mit Ernst resolviren müsse" (Frankfurt a.M. 1676). Kortholt begrüßte die Pia Desideria, blieb aber mit seinen eigenen Vorschlägen zur Besserung der Frömmigkeit und der Sitten in den Bahnen Johann Arndts, der Rostocker Reformorthodoxie und der englischen Erbauungsschriften. Vom Verfall des gegenwärtigen Christentums überzeugt und in der frühen Kirche die Vorbilder für die Gegenwart suchend, hat Kortholt, später Lehrer des jungen August Hermann Francke, am Ende seines Lebens sich vom Pietismus als einer „neuen Religion" deutlich abgegrenzt.[69]

Ahasver Fritsch (1629–1701), Kanzler im thüringischen Rudolstadt, Verfasser zahlloser erbaulicher Traktate, unterstützte mit einem „Tractätlein von Christschuldiger Erbauung des Nächsten durch gottselige Gespräche" (Frankfurt a.M. 1676) die Idee der Collegia pietatis. Seinem Plan einer „Fruchtbringenden Jesus-Gesellschaft", für die er bereits die Statuten hatte drucken lassen, verweigerte Spener 1677 ebenso freundlich wie entschieden die Zustimmung. Von den literarischen Sozietäten des Barockzeitalters wußte Spener die Collegia pietatis, die ihren Ort in der Einzelgemeinde haben und auch für Illiteraten offen sein sollten, weit geschieden.

68 Pia Desideria, Frankfurt a.M. 1676, 325. Vgl. J. WALLMANN, Philipp Jakob Spener und die Anfänge des Pietismus, Tübingen [2]1986, 326.

69 E. PESCHKE, Die Reformideen Christian Kortholts, in: ders., Bekehrung und Reform, Bielefeld 1977, (41–64) 62.

Anton Reiser (1628–1686), hohenlohischer Stiftsprediger zu Öhringen, widmete Spener seine „Gravamina non iniusta oder rechtmäßige Beschwerden über den heutzutage sehr zerrütteten Zustand deß evangelischen Kirchenwesens“ (Frankfurt a.M. 1676). Reiser, zuvor als theologischer Polemiker hervorgetreten, kämpfte fortan für strenge Sonntagsheiligung und bessere Kirchenzucht – die in den Pia Desideria übergangenen Hauptforderungen der lutherischen Reformorthodoxie. Nach Hamburg berufen, hat er 1679 den Kampf gegen die im Jahr zuvor eröffnete Oper begonnen. Der Frühverstorbene hat die 1690 ausbrechenden Hamburger Streitigkeiten zwischen Orthodoxie und Pietismus nicht mehr erlebt.

Elias Veiel (1635–1706), Superintendent in Ulm und Kommilitone Speners aus der Straßburger Zeit, publizierte anonym ein „Hundertjährig Bedencken deß redlichen alten Theologi Jacobi Andreae“ (Ulm 1678). Mehr den Reformideen Kortholts folgend als denen Speners, ist Veiel, obwohl lebenslang mit Spener brieflich verbunden, zum entstehenden Pietismus in Distanz geblieben. Er hat später gegen Gottfried Arnold geschrieben und noch kurz vor seinem Tod das harte Vorgehen der Straßburger Orthodoxie gegen die Pietisten gebilligt.[70]

Von *Johann Ludwig Hartmann* (1640–1680), Superintendent in Rothenburg o.T., erschien „Veri Christianismi impedimenta et adjumenta, oder wie die Pia Desideria in würckliche Praxin zu richten“ (Frankfurt a.M. 1680). Der Schüler Abraham Calovs und Andreas Quenstedts hat Speners Ruf nach einer Reform der Kirche begrüßt, ist sich aber nie eines Gegensatzes zur Orthodoxie bewußt geworden.[71]

Veranlaßt durch die Pia Desideria wurden schließlich, zum Teil Spener namentlich gewidmet, eine Reihe älterer Reformautoren neu herausgegeben: Sigismund Evenius, Spiegel des Verderbens (1676), Johann Valentin Andreae, Freye Feder (1678), Balthasar Meisner, Pia Desideria (1679).

---

70 Protokollbuch der Straßburger Theol. Fakultät, AST 414, p. 260 (1.4.1705).

71 P. SCHATTENMANN, Frühpietismus, BWKG 40 (1936), 24.

Erste Ausbreitung der pietistischen Bewegung

Zuweilen werden die Pia Desideria mit Luthers 95 Thesen verglichen, die Anfänge des Pietismus mit der schnellen Ausbreitung der reformatorischen Bewegung. Doch das Echo auf die Pia Desideria blieb literarisch. Ende 1676 mußte Spener konstatieren: „was meine einfältige pia desideria anlangt ... so bleibets bei den meisten ... bei dem approbiren: aber an dem hand anlegen mangelts fast aller orten".[72] Pietismus breitete sich nur vereinzelt aus, anfangs vor allem in oberdeutschen Reichsstädten. Dabei spielten persönliche Verbindungen zu Spener und zum Frankfurter Collegium pietatis eine größere Rolle als das Erscheinen der Pia Desideria.

Vereinzelt sind Collegia pietatis bereits vor Erscheinen der Pia Desideria eingerichtet worden. In *Schweinfurt* hatte sich 1673, angeregt durch das Frankfurter Vorbild, ein sonntägliches Collegium pietatis unter dem Archidiakon Johann Wilhelm Barger gebildet. Nach Erscheinen der Pia Desideria wurden, durchweg durch Freunde Speners, weitere Erbauungsversammlungen eingerichtet u.a. in *Rothenburg o.T.*, in *Wertheim/Main* und in *Augsburg*. Alle diese Einrichtungen waren nicht von Dauer. Man hat von einer frühen „reichsstädtischen Phase des Pietismus" gesprochen.[73] Eine der pietistischen Bewegung in der Freien Reichsstadt Frankfurt a.M. auch nur annähernd gleichwertige Bewegung ist in den oberdeutschen Reichsstädten nicht entstanden. In den Städten – dies gilt später auch für die norddeutschen Hansestädte – hat sich durchweg die lutherische Orthodoxie gegenüber dem entstehenden Pietismus durchgesetzt, zum Teil, wie um 1690 in Hamburg, unter erbitterten Kämpfen. Das Feld, auf dem die Saat der Pia Desideria aufgehen sollte, war nicht die Reichsstadt, sondern der fürstliche Territorialstaat.

In der Frankfurt a.M. benachbarten *Landgrafschaft Hessen-Darmstadt* bildete sich in der Residenzstadt Darmstadt 1676 ein Collegium pietatis um den Hofprediger *Johann Winckler* (1642–1705) und den

72 PH.J. SPENER, Frankfurter Briefe 2, Nr. 118, Z. 404ff.

73 J. WALLMANN, Philipp Jakob Spener und die Anfänge des Pietismus, Tübingen ^{2}1986, Vorwort; D. BLAUFUSS., Reichsstadt und Pietismus, Neustadt/ Aisch 1977.

Kammerrat *Wilhelm Christoph Kriegsmann* (1633–1679).[74] Kriegsmann, Verfasser einer Reihe von erbaulichen und alchemistischen Traktaten, erklärte über Spener hinausgehend religiöse Privatversammlungen für notwendig und von Jesus in Mt 18,19 eingesetzt in seiner „Symphonesis Christianorum oder Tractat von den einzelnen und privaten Zusammenkunfften der Christen" (Frankfurt a.M. 1678). Hiergegen richtete der Oberhofprediger Balthasar Mentzer (1614–1679), der einflußreichste Theologe der hessischen Landgrafschaft, sein „Kurzes Bedenken von den einzelnen Zusammenkünften" (1678). Mentzer erklärte die Privatversammlungen für nichtbiblisch und der allgemeinen Kirchenordnung abträglich; er veranlaßte die Theologische Fakultät Gießen zu einem Gutachten, das Mentzers Meinung übernahm und dazu riet, „daß durch freundliches Zureden D. Speners derartige Anstalten allgemach wiederum niedergelegt" würden.[75] Ein Erlaß der Konsistorien von Darmstadt und Gießen vom 26. Januar 1678, der „erste landesherrliche Erlaß in Sachen des Pietismus"[76], hielt zwar die Pflanzung wahrer Gottseligkeit für nötig, warnte aber vor Privatzusammenkünften und sah in ihnen eine Zerrüttung der Kirchenordnung. Der hessische Landgraf ließ 800 Exemplare der „Symphonesis" Kriegsmanns aufkaufen. Vergeblich verteidigte sie Johann Winckler in seinem „Bedenken über Hrn. Wilhelm Christoph Kriegsmanns also genannte Symphonesin" (Hanau 1679), der ausführlichsten, auf Neues Testament, Kirchenväter und Luther zurückgehenden Apologie der Privatversammlungen, die der ältere Pietismus hervorgebracht hat. Das Darmstädter Konventikel wurde zerschlagen. Winckler mußte das Land verlassen.

Unter der Regentschaft der *Landgräfin Elisabeth Dorothea*[77], einer Tochter Herzog Ernsts des Frommen, fand im nächsten Jahrzehnt

74 W. Köhler, Die Anfänge des Pietismus in Gießen 1689 bis 1695, Gießen 1907; H. Steitz, Das antipietistische Programm der Landgrafschaft Hessen-Darmstadt von 1678, in: FS M. Schmidt, Bielefeld 1975, 444–465; R. Mack, Pietismus und Frühaufklärung an der Universität Gießen und in Hessen-Darmstadt, Darmstadt 1984.

75 H. Steitz, Das antipietistische Programm der Landgrafschaft Hessen-Darmstadt von 1678, in: FS M. Schmidt, Bielefeld 1975, 454.

76 W. Köhler, Die Anfänge des Pietismus in Gießen 1689 bis 1695, Gießen 1907, 143f.

77 Ph.J. Spener widmete ihr 1679 den großen Predigtband „Des tätigen Christentums Notwendigkeit und Möglichkeit".

wohl pietistisches Frömmigkeitsstreben, nicht aber der Pietismus Unterstützung. Hessen-Darmstadt blieb unter der Herrschaft der lutherischen Orthodoxie, bis unter Landgraf Ernst Ludwig und seiner Gemahlin Dorothea Charlotte, einer entschiedenen Pietistin, zwei von Spener empfohlene Theologen in Schlüsselstellungen der hessischen Kirche berufen wurden: *Johann Heinrich May* (1653–1719), seit 1688 Professor in Gießen, und *Johann Christoph Bilefeld* (1664–1727), seit 1692 Oberhofprediger in Darmstadt und seit 1693 Professor primarius in Gießen. Durch diese beiden wurde *Gießen,* die klassische Hochburg der lutherischen Orthodoxie des 17. Jahrhunderts, um 1690 als erste deutsche Universität für den Pietismus gewonnen, der hier für Jahrzehnte (bis 1735) herrschte. Doch blieb der hessendarmstädtische Pietismus auf Kreise am Hof und auf die Universität beschränkt. Der Gießener Fakultät gelang es nicht, die hessische Kirche mit pietistischem Geist zu durchdringen.

Neben Hessen-Darmstadt fand der Pietismus in einer Reihe kleinerer Territorien im Umfeld von Frankfurt a.M. früh Eingang, meist vermittelt durch Speners persönliche Beziehungen zu den *Grafenhöfen.* Zu nennen sind hier vor allem die Grafschaften Solms-Laubach, Stolberg-Gedern und Waldeck. *Graf Johann Friedrich von Solms-Laubach* und *Gräfin Benigna,* geb. von Promnitz, seit 1676 in Laubach residierend, wo Spener wiederholt für Wochen weilte, machten ihren Hof zum ersten pietistischen Grafenhof. Der Gräfin Benigna, die zuweilen das Frankfurter Collegium pietatis besuchte, widmete Spener sein „Laubachisches Denkmal" (Frankfurt a.M. 1683). Nach Speners Frankfurter Zeit wurde Laubach zeitweilig ein Sammelplatz des radikal-separatistischen Pietismus.[78] *Gräfin Christine von Stolberg-Gedern,* mit Spener in freundschaftlichem Briefwechsel verbunden, machte die Grafschaft Stolberg zu einem Stützpunkt des Pietismus. Unter ihrem Sohn wurde die Stolbergsche Residenz Wernigerode im Harz zum „wernigerodischen Zion" und zu einer Hochburg des Pietismus bis in die Mitte des 18. Jahrhunderts. *Graf Christian Ludwig von Waldeck,* seit 1669 mit Spener in Verbindung, hat in seiner langen Regierungszeit (1660–1706) unter dem Einfluß seiner Gemahlinnen Elisabeth von Rappoltstein (gest. 1676)

78 Vgl. das Kap. „Der erste Ansturm auf die Kirche und auf die Gesellschaftsordnung in Laubach 1699–1700" bei H. Renkewitz, Hochmann von Hochenau (1670–1721), Witten [2]1969, 44ff.

und Johanna von Nassau-Idstein die Grafschaft Waldeck dem Pietismus geöffnet. Der von Spener empfohlene Johann Philipp Seip war an der Gründung des Pyrmonter Waisenhauses maßgeblich beteiligt. Am Ende der Regierungszeit des Grafen führte der pietistische Jurist Otto Heinrich Becker als Regierungs- und Konsistorialrat durchgreifende Reformen des Schul- und Kirchenwesens durch.

Ein Überblick über die frühen pietistischen Konventikel in der lutherischen Kirche kann beim derzeitigen Stand der Forschung nicht gegeben werden. Die Spuren sind weit gestreut. Konventikel finden sich seit ca. 1680 vereinzelt in Württemberg, Franken, Ostfriesland, Schleswig-Holstein, im Rheinland und in Westfalen, bald auch in Niedersachsen (Wolfenbüttel) und Thüringen, wohl auch noch an anderen Orten. Die große Welle pietistischer Konventikelbildung, die fast das gesamte protestantische Deutschland erfaßt, tritt erst seit ca. 1690 auf, verstärkt nach der Jahrhundertwende.

Früh wurden Speners Gedanken im *baltisch-skandinavischen Raum* verbreitet. *Johann Fischer* (1636–1705), seit 1673 livländischer Superintendent in Riga, später Generalsuperintendent von ganz Livland, hatte 1673 Spener und Johann Jakob Schütz besucht, mit denen er seitdem freundschaftlich verbunden blieb. Fischer, als junger Kandidat wegen seiner Übersetzung von Richard Baxters „Selbstverleugnung" in Konflikt mit der Orthodoxie geraten, dann einige Jahre Superintendent in Sulzbach/Oberpfalz, einem Zufluchtsort mystischer Spiritualisten, verbreitete das Reformprogramm der Pia Desideria unter der Pfarrerschaft *Livlands.* Zeitweilig sah Spener in dem reformeifrigen Fischer, der 1678 die maßgebliche, erstmals mit emblematischen Kupferstichen verzierte und am Ende jedes Kapitels um Gebete angereicherte Ausgabe des „ Wahren Christentums" Johann Arndts besorgte, den Mann, von dem eine Erneuerung der gesamten evangelischen Kirche ausgehen könne. Fischer ist der ungenannte „ausländische" Theologe, an den Spener 1677 sein „Sendschreiben" richtete, eine Apologie des Frankfurter Collegium pietatis. Für bislang nicht näher erforschte, in den älteren Quellen bezeugte pietistische Bewegungen in Livland und Estland dürfte Fischer als Mittelsmann in Betracht kommen, neben ihm *Jacob Helwig* (1631–1684), Pfarrer in Stockholm, wo er Laienbibelstunden eingerichtet haben soll, seit 1677 Bischof in Reval.

Ebenfalls früh wurden Speners Pia Desideria in *Finnland* bekannt.[79] Johann Gezelius d.J. (1647–1718), Sohn des Bischofs von Åbo, weilte während seiner akademischen Studienreise 1673 einige Monate in Frankfurt im Kreis um Spener und Schütz. Nach seiner Rückkehr zum Professor an der Akademie Åbo berufen, übersetzte Gezelius das „Gedenkbüchlein" von Schütz ins Schwedische (Åbo 1676), wonach es später auch ins Finnische übersetzt wurde (1688). Als erster akademischer Theologe plante Gezelius die Einrichtung akademischer Collegia pietatis, in denen Martin Geiers „Zeit und Ewigkeit", ein orthodoxer Predigtband, und das „Gedenkbüchlein" von Johann Jakob Schütz gelesen werden sollte. Von einer geplanten Übersetzung der Pia Desideria nahm er Abstand, wohl nicht nur wegen der Schwierigkeit des Spenerschen Stils, sondern auch aus Rücksicht auf die herrschende Orthodoxie. Die radikale Kirchenkritik des 1688 auftretenden spiritualistischen Propheten Lars Ulstadius ließ ihn gegenüber dem Pietismus vorsichtig werden, in späteren Jahren stand er auf Seiten der schwedisch-finnischen Orthodoxie gegen den Pietismus. Von allen skandinavischen Ländern ist Finnland am stärksten vom Pietismus erfaßt worden.

Krise und Zusammenbruch des Frankfurter Pietismus

Gegenüber der nur sporadischen Verbreitung andernorts blieb Frankfurt die Basis der pietistischen Bewegung in der Frühzeit. Mit der Umwandlung in eine Übung zur Bibelauslegung um die Wende der Jahre 1674/75 war die erste Phase der Geschichte des Collegium pietatis abgeschlossen. Die nun folgende zweite Phase reicht bis zur Verlegung des Collegium in die Frankfurter Barfüßerkirche im Sommer 1682. Sie läßt, abgesehen von der Verschiebung des Sonntagstermins auf den Montag (1676), keinerlei Veränderungen erkennen. Kenntnis von dem, was im Collegium pietatis verhandelt wurde, vermitteln zwei Schriften Speners, die aus studentischen Protokollen des Collegium pietatis entstanden sind: „Der innerliche und geistliche Friede" (Frankfurt a.M. 1686) und „Natur und Gnade oder Unterschied der Werke, so aus natürlichen Kräften und aus den gnadenreichen

79 P. LAASONEN, Johann Gezelius d.J. und die Rezeption des deutschen Pietismus in Finnland, Wolfenbütteler Beiträge, Bd. 8, Wolfenbüttel 1988, 121–231.

Würckungen des H. Geistes kommen“ (Frankfurt a.M. 1687). Die im Collegium pietatis geübte Schriftauslegung war demnach ganz auf Verinnerlichung, Selbstbeobachtung und das „Wachstum des inneren Menschen“ ausgerichtet.

Das Neue in der *zweiten Phase des Frankfurter Pietismus* seit 1675 liegt in der Entstehung weiterer Konventikel in Frankfurter Bürgerhäusern, vor allem im Saalhof am Mainufer. Johanna Eleonora von Merlau und Maria Juliana Baur von Eyseneck bildeten zusammen mit Johann Jakob Schütz das Zentrum des Kreises der Saalhofpietisten.[80] Außer Frankfurter Bürgern und Bürgerinnen, auch reformierter Konfession, kamen hinzu einige Theologiestudenten, von denen sich in Erwartung künftiger Anstellung stets eine beträchtliche Zahl in Frankfurt aufhielt. Man traf sich sonntags nach der Kirche, um sich über die Predigt zu besprechen. Auch hielt man wochentags erbauliche Versammlungen. Bald erregten die Versammlungen Unruhe in der Stadt. Im Magistrat wurde 1677 wegen der zunehmenden Konventikel und der Studentenpredigten Klage geführt. Der Theologiestudent Otto Richardi wurde wegen Straßenpredigten vernommen. Einen Ausweisungsbefehl gegen Johanna Eleonora von Merlau und gegen Richardi im Frühjahr 1678 konnten Spener und Schütz nur mit Mühe rückgängig machen.

Zunehmend kam Spener selbst in Bedrängnis. Unter den Frankfurter Predigern fand er allein in Johann Conrad Sondershausen, den er von Straßburg her kannte, und Johann Emmel, der in Rostock Schüler Dorsches und Großgebauers gewesen war, Gesinnungsfreunde, die mit ihm von der Kanzel entschieden allen Verdächtigungen entgegentraten. Eine Neuauflage seiner Schrift „Das geistliche Priestertum“ (1677), in der er – über die Pia Desideria hinausgehend – auch Privatversammlungen ohne Leitung eines Predigers für legitim erklärte, erhielt keine Druckerlaubnis, bis ein kursächsisches Druckprivileg einsprang. In seinem „Sendschreiben an einen christeifrigen ausländischen Theologen“ (1677) suchte Spener die umlaufenden Verdächtigungen durch einen genauen historischen Bericht über die Frankfurter Collegia pietatis zu entkräften. Weder in seinem eigenen Collegium noch in anderen Frankfurter Privatversammlungen werde der Heterodoxie Raum gegeben. Niemand denke an eine Separation

80 Vgl. unten S. 141f, 145f.

nach Art der Labadisten. Wenn er zuweilen Gutes von Labadie geredet habe, dann nur in Dingen, die allen Christen gemeinsam seien.

Um sich aller Verdächtigungen gegen seine Lehre zu erwehren, nutzte Spener eine geringfügige Kontroverse zu einem eindrucksvollen Beweis seiner Orthodoxie.[81] Georg Konrad Dilfeld, Diakon in Nordhausen am Harz, ein ungeschickter orthodoxer Ketzerrichter, der sich bereits in langjährigen unfruchtbaren Kontroversen um verdächtige Erbauungsbücher wie die Schatzkammer des Martin Statius hervorgetan hatte, griff in seiner „Theosophia Horbio-Speneriana“ (Helmstedt 1679) die Behauptung der Pia Desideria an, rechte Theologie gäbe es nicht ohne eine Erleuchtung durch den Heiligen Geist. Auf die wenigen Druckseiten dieses Angriffs antwortete Spener mit einer fast siebenhundert Seiten starken Gegenschrift „Die allgemeine Gottesgelehrtheit aller gläubigen Christen und rechtschaffenen Theologen“ (Frankfurt a.M. 1680). Zeugnisse Luthers und nahezu aller bedeutenden orthodoxen Theologen bot Spener auf für seine Meinung, rechte Theologie könne nicht allein aus den natürlichen Kräften der Vernunft gewonnen werden, sondern bedürfe einer besonderen Erleuchtung durch den Heiligen Geist. In diesem ersten pietistischen Streit zwischen sehr ungleichen Gegnern gelang es Spener mühelos, die gesamte lutherische Orthodoxie (mit Ausschluß der Helmstedter Schule des Georg Calixt, auf dessen Theologiebegriff sich Dilfeld gestützt hatte) auf seine Seite zu ziehen. Mit einem Schlag war er das Odium der Heterodoxie los. Für ein Jahrzehnt hat er damit der pietistischen Bewegung Luft geschafft. Erst mit den pietistischen Unruhen in Hamburg und Leipzig um 1690 ist die Orthodoxie wieder zum literarischen Angriff auf Spener angetreten.

Über die letzten Frankfurter Jahre Speners fällt der Schatten der *Separation,* der Trennung eines Teils der Frankfurter Pietisten von der lutherischen Kirche.[82] Bereits bei Gründung des Collegium pietatis hatte Spener vor der Gefahr einer Trennung gewarnt. Seit 1676 hielt sich Johann Jakob Schütz vom Abendmahlsbesuch fern; er begründete dies, mit der großen Zahl der Unwürdigen. Durch Freunde suchte

81 Vgl. zum folgenden WALLMANN, Spener und Dilfeld. Der Hintergrund des ersten pietistischen Streits, in: Theologie und Frömmigkeit, 197–219.

82 Eine neuere Untersuchung fehlt. Am gründlichsten: E. SACHSSE, Ursprung und Wesen des Pietismus, Wiesbaden 1884, 52ff.

Spener auf ihn einzuwirken, brachte die Sache jedoch nicht vor das Predigerministerium. Spener duldete auch, daß Schütz und einige seiner Freunde – offenbar seit Ende 1682 – dem öffentlichen Gottesdienst fernblieben. Da wurde 1683 ein – an einen auswärtigen Freund gerichteter – Brief des Schütz-Freundes Christian Fende (1651–1746) bekannt, in dem die lutherische Abendmahlslehre als Götzendienst verworfen wurde. Spener zögerte keinen Moment, dies dem Predigerministerium und dem Magistrat anzuzeigen. Da Fende, von Schütz unterstützt, an seiner spiritualistischen Abendmahlsanschauung festhielt, sagte sich Spener von seinen Freunden los. Nicht schon die Separation, sondern erst die Heterodoxie hat den Frankfurter Pietismus zerschlagen.

Separatistisch-heterodoxe Neigungen blieben nicht auf den Kreis der Frankfurter Pietisten beschränkt. Mit dem Erscheinen der von Johann Georg Gichtel besorgten Amsterdamer Ausgabe der Werke Jakob Böhmes (1682) wuchs in frommen Kreisen der Einfluß spiritualistischer Kritik an der Kirche als dem „Babel“, von dem die Frommen sich fernzuhalten haben. In seiner zur Herbstmesse 1684 erschienenen Schrift „Der Klagen über das verdorbene Christentum Mißbrauch und rechter Brauch“ warnte Spener davor, die berechtigten Klagen über die Verderbnis des kirchlichen Lebens zu überziehen und die Kirche zu „Babel“ zu rechnen. Spener zog eine deutliche Grenze zwischen dem Pietismus als innerkirchlicher Reformbewegung und dem sich von der Kirche separierenden, den Standpunkt der „Unparteilichkeit“ einnehmenden radikalen Pietismus. Doch verhindern konnte Spener einen separatistischen Pietismus nicht. Gleichzeitig mit Speners „Klagen über das verdorbene Christentum“ erschien eine von Johann Jakob Schütz stammende Rechtfertigung des pietistischen Separatismus.[83] In die Auseinandersetzung um diese Schrift hat Spener nicht eingegriffen, in der Hoffnung, durch sein Stillschweigen mäßigend zu wirken. Ein gutes Jahr später wurde ihm, wohl durch Johann Jakob Zimmermann, ein noch viel schärferes Manifest des Separatismus zugeleitet, Ludwig Brunnquells „Beynahe gantz aufgedeckter Anti-Christ, oder unvorgreifl. Bedencken über die Frage: Ob die Evangelische Kirche mit recht Babel und Antichristisch

83 Vgl. unten S. 142.

zu schelten, von welcher außzugehen seye".[84] Auf dieses separatistische Manifest hat Spener im Frühjahr 1686 ausführlich geantwortet, jedoch nur handschriftlich; erst kurz vor seinem Tod hat er diese Auseinandersetzung zum Druck gegeben.[85]

Der Ausbruch der Separation besiegelte das Ende des Spenerschen Collegium pietatis. Bereits 1682 war das Collegium in die Frankfurter Barfüßerkirche verlegt worden, wo neben Spener nur noch Theologiestudenten das Wort ergriffen. Was noch für Jahre weiterbestand, war bloße Form ohne den ursprünglichen Inhalt. Die pietistische Erneuerung der Frankfurter Kirche, die nach Speners Idee vom Collegium pietatis als Keimzelle ausgehen sollte, war gescheitert. Von seinem letzten Besuch bei Schütz, kurz vor seinem Weggang nach Dresden, kehrte Spener wie ein gebrochener Mann zurück. Unter seinem Nachfolger Johann Daniel Arcularius kam in Frankfurt wieder die gemäßigte lutherische Orthodoxie zur Herrschaft. Erst im 18. Jahrhundert haben sich Frankfurter Senioren wie Johann Georg Pritius wieder deutlich zu Spener bekannt. Keiner von ihnen hat daran gedacht, wieder ein Collegium pietatis einzurichten.

Philipp Jakob Spener in Dresden und Berlin

Die Separation führender Frankfurter Pietisten hat die erste, aus dem Collegium pietatis erwachsende Gestalt des Pietismus zerschlagen. Spener hat in *Dresden,* wohin er 1686 als kursächsischer Oberhofprediger übersiedelte, keine Collegia pietatis mehr eingerichtet, sondern sich neben der Predigt auf den Katechismusunterricht und seine Erneuerung konzentriert. Auch in *Berlin,* wohin er 1691 als Propst von St. Nikolai und brandenburgischer Konsistorialrat berufen wurde, hat Spener keine Erbauungsversammlungen mehr gehalten. An der religiösen Erneuerung der Kirche durch Bilden von „ecclesiolis in

84 J. WALLMANN, Pietismus und Spiritualismus. Ludwig Brunnquells radikalpietistische Kritik an Speners Pia Desideria, in: W. Homolka (Hg.), Von Wittenberg nach Memphis, FS Reinhard Schwarz, Göttingen 1989, 229–244. Vgl. unten S. 206ff.

85 Theol. Bedenken I, 341–352 (Brunnquells Manifest); Theol. Bedenken I, 353–394 (Speners Antwort).

ecclesiis" hat er gleichwohl festgehalten, andere zur Einrichtung von Erbauungsversammlungen ermutigt, sich selbst aber darauf beschränkt, als Fürsprecher und Verteidiger des Pietismus zu agieren.

In der Rolle eines *Patrons des Pietismus* hat Spener in Dresden und vor allem in Berlin eine Wirksamkeit ausgeübt, die sein Frankfurter Wirken an Ausmaß und Bedeutung übertrifft. Seine zahlreichen Predigtbände, katechetischen Schriften, erbaulichen Traktate, Gutachten und Vorreden zu Werken anderer Autoren – Speners Schrifttum zählt weit über zweihundert Einzeltitel, darunter viele Bände von mehr als tausend Seiten Umfang – machen ihn gegen Ende des 17. Jahrhunderts zum meistgelesenen Autor im deutschen Protestantismus. Der in Speners Schriften ausgestreute Samen pietistischer Frömmigkeit ging an zahlreichen Orten in und außerhalb Deutschlands auf. Spener trat zu vielen der um 1690 sich bildenden pietistischen Gruppen in briefliche Verbindung. In Briefen und Gutachten, aus denen er am Ende seines Lebens das Sammelwerk seiner „Theologischen Bedenken" schuf[86], nahm er Stellung zu seelsorgerlichen, ethischen und kirchenrechtlichen Fragen. Überall suchte er den Pietismus mit der überkommenen lutherischen Kirchenlehre in Übereinstimmung zu halten, besonders mit der durch das pietistische Drängen auf Wiedergeburt häufig verdrängten reformatorischen Rechtfertigungslehre.

Hatte Spener zunächst in der Cäsaropapie ein Haupthindernis der Kirchenreform erblickt, um derentwillen er in den Pia Desideria der Obrigkeit keine Mitwirkung an der Kirchenreform zusprach, so ließen die Erfahrungen der späteren Jahre in ihm die Einsicht wachsen, daß der in seiner Orthodoxie verharrende Predigerstand die größte Gefahr für die Kirche war, der gegenüber die Hilfe der Obrigkeit in Anspruch zu nehmen Spener wenig Bedenken hatte. Als es um 1690 in Hamburg und Leipzig zur ersten großen *Auseinandersetzung zwischen Orthodoxie und Pietismus* kam, trat Spener seinen pietistischen Freunden mit privaten Gutachten und öffentlichen Stellungnahmen zur Seite. In „Die Freiheit der Gläubigen" (1691) wandte Spener, den einst gegen die päpstliche Tyrannis gerichteten reformatorischen

86 PH.J. SPENER, Theologische Bedenken I–IV, 1700–1702; postum: Letzte Theologische Bedenken, 1711; Consilia et Iudicia theologica latina, 1709. Vgl. dazu U. STRÄTER, Von Bedenken und Briefen. Zur Edition der Briefe Philipp Jakob Speners, ZRGG 40 (1988), 235–250.

Freiheitsbegriff nun gegen die neue Tyrannis der Orthodoxie ausspielend, sich gegen den zur Unterdrückung des Pietismus geforderten neuen Hamburger Religionseid. Doch konnte Spener nicht verhindern, daß sein Schwager Johann Heinrich Horb, seit 1685 Pfarrer in Hamburg, wegen Verbreitung einer quietistischen Schrift Poirets in unglückselige, bis zu Straßenkrawallen eskalierende Streitigkeiten verwickelt wurde, schließlich 1693 sein Amt verlor und aus der Stadt ausgewiesen wurde (gest. 1695).[87]

Konnte Spener den jungen August Hermann Francke mit seinen Freunden während der Leipziger Unruhen nicht vor der kursächsischen Orthodoxie schützen, so gelang es ihm um so mehr nach seiner Übersiedlung nach Berlin. Die auf Toleranz und Kirchenfrieden ausgerichtete Innenpolitik des brandenburgisch-preußischen Staates wußte Spener für den Schutz und die Ausbreitung des Pietismus nutzbar zu machen. Mit Hilfe des Ministers Paul von Fuchs konnte Spener pietistische Personalpolitik treiben, von der Orthodoxie bedrängten Gesinnungsfreunden in Brandenburg-Preußen zu kirchlichen und akademischen Ämtern verhelfen. Die Berufung August Hermann Franckes und seiner Freunde Paul Anton und Joachim Justus Breithaupt an die im Entstehen begriffene brandenburgisch-preußische Reformuniversität Halle a.S. ist Speners Betreiben zu verdanken.

Gegenüber den schwachen Resten der brandenburgischen Orthodoxie steuerte Spener in Berlin einen behutsamen Kurs. Im *Berliner Beichtstuhlstreit,* hervorgerufen durch seinen jüngeren Amtskollegen Johann Caspar Schade (1666–1698), nahm er eine vermittelnde Stellung ein. Obwohl ihm der Beichtstuhl seit seiner Frankfurter Zeit fragwürdig war, stimmte er Schades rigoroser Forderung nach Abschaffung des Beichtstuhls nicht zu, sondern votierte lediglich für Beichtfreiheit.

Entschiedener begegnete Spener der lutherischen Orthodoxie außerhalb Brandenburg-Preußens. Mit den Theologen Kursachsens und der Hansestädte, mit Johann Georg Neumann in Wittenberg, Valentin Alberti in Leipzig, Johann Friedrich Mayer in Hamburg, August Pfeiffer in Lübeck und Samuel Schelwig in Danzig kreuzte Spener die Klingen scharfer Polemik. Zwischen 1691 und 1698 griff er mit insgesamt 17 Schriften, teils kleineren Broschüren, mehrenteils aber vie-

87 F. HARTMANN, Johann Heinrich Horb (1645–1695), Tübingen 2004.

le hundert Seiten starken Quartbänden in die pietistischen Streitigkeiten ein. Dabei trat Spener einerseits in der Rolle eines Verteidigers des Pietismus auf. In seiner „Aufrichtigen Übereinstimmung mit der Augsburgischen Konfession" (1695) entkräftete er den Vorwurf der Wittenberger theologischen Fakultät, in 263 Fällen gegen die Lehrartikel der Augsburgischen Konfession verstoßen zu haben. Andererseits ging Spener zum Angriff auf die Orthodoxie über in seiner „Behauptung der Hoffnung künftiger besserer Zeiten" (1693), mit der er sich in den durch Johann Wilhelm Petersen ausgelösten chiliastischen Streit einmischte. Spener forderte eine Revision der traditionell lutherisch-orthodoxen Eschatologie. Es lag ihm alles daran, den pietistischen Chiliasmus, der mit dem von der Augsburgischen Konfession verworfenen gewaltsamen Chiliasmus nichts zu tun habe, vor der Verketzerung zu retten. Nach einigen Jahren zog er sich vom Schauplatz der noch lange dahinschwelenden pietistischen Streitigkeiten zurück, die Feder Freunden und Schülern überlassend. In seinen letzten Berliner Jahren widmete er sich der Widerlegung der sozinianischen Irrlehren (postum: Verteidigung des Zeugnisses der ewigen Gottheit Jesu Christi, 1706). Als er 1705, knapp 70-jährig starb, besaß er ein Ansehen in der lutherischen Kirche, wie es kein Theologe nach Luther besessen hatte und nach ihm kein anderer Theologe in der evangelischen Kirche jemals haben sollte.

IV. August Hermann Francke und der hallische Pietismus

AHRBECK, Rosemarie/KRAMER, Burchard (Hg.): August Hermann Francke 1663–1727. Halle/Saale 1977. – ALAND, Kurt: Die Annales Hallenses ecclesiastici. Das älteste Denkmal der Geschichtsschreibung des Halleschen Pietismus, in: Wissenschaftliche Zeitschrift der Martin-Luther-Universität Halle-Wittenberg. Gesellschafts- und sprachwissenschaftliche Reihe 4 (1954/55), 375–403. – DERS.: Der Hallesche Pietismus und die Bibel, in: O. Söhngen (Hg.), Die bleibende Bedeutung des Pietismus, Witten 1960, 24–59. – BEYREUTHER, Erich: August Hermann Francke und die Anfänge der ökumenischen Bewegung, Hamburg 1957. – DERS.: August Hermann Francke, Marburg [2]1961. – BÖHME, Joachim: Heinrich Julius Elers und die wirtschaftlichen Projekte des hallischen Pietismus, JGMOD 8 (1959), 121–186. – DE BOOR, Friedrich: August Hermann Franckes paränetische Vorlesungen und seine Schriften zur Methode des theologischen Studiums, ZRGG 20 (1968), 300–320. – DERS.: A.H. Franckes Beitrag zu einer umfassenden Interpretation der Römerbriefvorrede Luthers, ThLZ 107 (1982), 573–586.649–658. – DERS.: Art. „Francke, August Hermann", in: TRE 11 (1983), 312–320. – DERS.: Die Franckeschen Stiftungen als „Fundament" und „Exempel" lokaler, territorialer und universaler Reformziele des Hallischen Pietismus, PuN 10 (1984), 213–226. – DEPPERMANN, Klaus: Der hallesche Pietismus und der preußische Staat unter Friedrich III. (I.), Göttingen 1961. – DERS.: August Hermann Francke, in: Orthodoxie und Pietismus (Gestalten der Kirchengeschichte 7, hg.v. M. Greschat), Stuttgart 1982, 241–260. – DERS.: Die politischen Voraussetzungen für die Etablierung des Pietismus in Brandenburg-Preußen, PuN 120 (1986), 38–53. – HINRICHS, Carl: Friedrich Wilhelm I. König in Preußen, Hamburg 1941, Ndr. Darmstadt 1968, 559–599. – DERS.: Preußentum und Pietismus. Der Pietismus in Brandenburg-Preußen als religiös-soziale Reformbewegung, Göttingen 1971. – DERS.: Der hallische Pietismus als politisch-soziale Reformbewegung des 18. Jahrhunderts, JGMOD 2 (1955), 177–189, wiederabgedruckt in: M. Greschat (Hg.), Zur neueren Pietismusforschung, WdF 440, Darmstadt 1977, 243–258. – KLEPPER, Jochen (Hg.): Der Soldatenkönig und die Stillen im Lande, Berlin 1938. – KÖSTER, Beate: Die erste Bibelausgabe des Halleschen Pietismus. Eine Untersuchung zur Vor- und Frühgeschichte der Cansteinschen Bibelanstalt, PuN 5 (1979), 105–163. – KRAMER, Gustav: Beiträge zur Geschichte August Hermann Franckes, enthaltend den Briefwechsel Francke's und Spener's, Halle/Saale 1861.

– DERS.: Neue Beiträge zur Geschichte August Hermann Franckes, Halle/Saale 1875. – DERS.: August Hermann Francke. Ein Lebensbild, 2 Bde., Halle/Saale 1880–82. – KURTEN, Petra: Umkehr zum lebendigen Gott. Die Bekehrungstheologie A.H. Franckes, Paderborn 1985. – MENCK, Peter: Die Erziehung der Jugend zur Ehre Gottes und zum Nutzen des Nächsten. Die Pädagogik A.H. Franckes, Tübingen 2001. – OSCHLIES, Wolf: Die Arbeits- und Berufspädagogik August Hermann Franckes, Witten 1969. –PESCHKE, Erhard: Studien zur Theologie August Hermann Franckes, 2 Bde., Berlin 1964/66. – DERS./DE BOOR, Friedrich: Katalog der in der Universitäts- und Landesbibliothek Sachsen-Anhalt zu Halle (Saale) vorhandenen handschriftlichen und gedruckten Predigten A.H. Franckes, Halle/Saale 1972. – DERS.: Bekehrung und Reform. Ansatz und Wurzeln der Theologie August Hermann Franckes, Bielefeld 1977. – PODCZECK, Otto: August Hermann Franckes Schrift über eine Reform des Erziehungs- und Bildungswesens als Ausgangspunkt einer geistlichen und sozialen Neuordnung der evangelischen Kirche des 18. Jahrhunderts: „Der Große Aufsatz", Berlin 1962. – RÖSEL, Hubert: Die tschechischen Drucke der Hallenser Pietisten, Würzburg 1961. – SAMES, Arno: Anton Wilhelm Böhme (1673–1722). Studien zum ökumenischen Denken und Handeln eines halleschen Pietisten, Göttingen 1990. – SATTLER, Gary R.: August Hermann Francke and Mysticism, The Covenant Quarterly 38 (1980), 3–18. – SCHICKETANZ, Peter (Hg.): Der Briefwechsel Carl Hildebrand von Cansteins mit August Hermann Francke, Berlin 1972. – SCHMIDT, Martin: August Hermann Franckes Stellung in der pietistischen Bewegung, in: ders., Wiedergeburt und neuer Mensch, Witten 1969, 195–211. – DERS.: Das Verständnis des Reiches Gottes im Hallischen Pietismus, in: ders., Der Pietismus als theologische Erscheinung, Göttingen 1984, 230–256. – SCHÜRMANN, August: Zur Geschichte der Buchhandlung des Waisenhauses und der Cansteinschen Bibelanstalt in Halle, Halle/Saale 1898. – SELLSCHOPP, Adolf: Neue Quellen zur Geschichte August Hermann Franckes, Halle/Saale 1913. – STAHL, Herbert: August Hermann Francke. Der Einfluß Luthers und Molinos' auf ihn, Stuttgart 1939. – STORZ, Jürgen: Hauptbibliothek, Archiv und Naturalienkabinett der Franckeschen Stiftungen, in: August Hermann Francke. Das humanistische Erbe des großen Erziehers, Halle/Saale 1965, 96–108. – STRÄTER, Udo: Pietismus und Sozialtätigkeit, PuN 8 (1982), 201–230. – WEISKE, Karl: 31 bisher unveröffentlichte Briefe August Hermann Franckes an Philipp Jakob Spener, Zeitschrift des Vereins für Kirchengesch. d. Provinz Sachsen 26 (1930), 109–131; 27 (1931), 31–46. – WIDÉN, Bill: Bekehrung und Erziehung bei August Hermann Francke, Acta Academiae Aboensis H 33,3, Åbo 1967. – WINTER, Eduard: Halle als Ausgangspunkt der deutschen Rußlandkunde im 18. Jahrhundert, Berlin 1953. – DERS.: Die Pflege der west- und südslavischen Sprachen in Halle im 18. Jahrhundert, Berlin 1954. – DERS.: Der hallische Pietismus und das bürgerliche Nationwerden der slawischen

Völker, besonders in der Slowakei, in: Aus 500 Jahren deutsch-tschechoslowakischer Geschichte, Berlin 1958, 187–192. – WOTSCHKE, Theodor: Der hallische Pietismus und das niedere Volk, in: ThStKr 105 (1933), 346–362. – ZAEPERNICK, Gertraud: Johann Georg Gichtels und seiner Nachfolger Briefwechsel mit den Hallischen Pietisten, besonders mit A.M. Francke, PuN 8 (1982), 74–118. – ZEHRER, Karl: Die Beziehungen zwischen dem hallischen Pietismus und dem frühen Methodismus, PuN 2 (1975), 43–56.

Der entscheidende Durchbruch des Pietismus zu einer der lutherischen Orthodoxie überlegenen und sie antiquierenden, das protestantische Kirchentum für Jahrzehnte prägenden geistigen Macht ist nicht Spener, sondern erst seinem tatkräftigen Schüler *August Hermann Francke* (1663–1727) gelungen. Prediger und Seelsorger, Theologe und Pädagoge, dazu ein Unternehmer und Organisator großen Ausmaßes, hat Francke durch sein mehr als drei Jahrzehnte währendes Wirken in Halle an der Saale die im 18. Jahrhundert bedeutendste Gestalt des Pietismus geformt und durchgesetzt: den hallischen Pietismus.

Werdejahre bis zur Bekehrung

August Hermann Francke, 1663 in Lübeck geboren als Sohn eines aus einer thüringischen Familie stammenden Juristen, entstammte mütterlicherseits dem Lübecker Patriziat. Der Vater trat 1666 als Hofrat in die Dienste Herzog Ernsts von Sachsen-Gotha, dessen Hof nach dem Dreißigjährigen Krieg zum Zentrum umfassender, den Ideen von Comenius und Ratke folgender Kirchen- und Schulreformpläne wurde. Nach dem frühen Tod des Vaters vermittelten ihm der Orientalist Hiob Ludolf (1624–1704) und der gelehrte Kanzler Veit Ludwig von Seckendorf (1626–1692) die Ideen des Gothaer Reformprogramms, die später für sein Wirken in Halle richtungweisend werden sollten und auf die er sich als Vorbild stets berufen hat.

Zunächst privat erzogen, besuchte Francke, den seine Eltern für den Beruf des Pfarrers bestimmt hatten, vom dreizehnten bis zum fünfzehnten Lebensjahr das Gothaer Gymnasium. Seine religiöse Entwicklung prägten das Beispiel seiner älteren Schwester und die Lektüre von Johann Arndts „Wahrem Christentum“ und englischen

Erbauungsbüchern (Bayly, Sonthom). Sein *akademisches Studium* begann er in Erfurt, setzte es auf Wunsch seines Lübecker Onkels Anton Heinrich Gloxin, des Verwalters des ihm zugedachten Schabbelschen Familienstipendiums, in Kiel fort, wo er bei Christian Kortholt[1], dem mit Spener befreundeten Vertreter eines reformfreudigen Luthertums, für drei Jahre Tisch und Logis fand. Vorerst standen die philosophischen Disziplinen und das Sprachstudium im Vordergrund. Von den Vorlesungen des Polyhistors Daniel Georg Morhof (1639–1691) war er so angezogen, daß er sich „in das studium polyhistoricum oder cognitionis Auctorum sehr verliebte".[2] Mahnungen seines Verwandten Gloxin, hier nicht mehr zu tun, als für sein Theologiestudium nötig, fruchteten nichts. Der junge Francke geriet in den Bann des zu einseitiger Ausbildung des Intellekts führenden, auf den Erwerb von möglichst viel Wissensstoff angelegten barocken Gelehrsamkeitsideals. Zwar vermittelte ihm das bei Kortholt betriebene Theologiestudium eine gründliche, besonders kirchengeschichtlich fundierte theologische Bildung. Aber „meine theologiam faste ich in den Kopff, und nicht ins Hertz, und war vielmehr eine todte wissenschafft als eine lebendige Erkenntniß". Auch das Studium des Hebräischen, das Francke 1682 für einige Zeit bei Esdras Edzard in Hamburg betrieb und auf dessen Rat privat in Gotha für 1½ Jahre fortsetzte, führte nur zu einer biblischen Gelehrsamkeit – Francke übersetzte in dieser Zeit in kursorischer Lektüre sechsmal das Alte Testament! Ostern 1684 ging Francke nach Leipzig, wo er im Haus von Adam Rechenberg, dem späteren Schwiegersohn Speners, wohnte und sich seinen Lebensunterhalt als Privatlehrer der hebräischen Sprache verdiente. Mit einer Dissertation über die Hebräische Grammatik erwarb er 1685 den philosophischen Magistergrad – den einzigen akademischen Grad, den er je erworben hat. So konnte er neben dem wieder aufgenommenen Theologiestudium biblisch-philologische Vorlesungen in der philosophischen Fakultät halten.

Zusammen mit dem Studienfreund Paul Anton gründete Francke im Juli 1686 in *Leipzig* für einen Kreis von anfangs acht Magistern das *Collegium philobiblicum,* eine sonntägliche philologisch-exege-

---

1 Vgl. oben S. 89.

2 A.H. FRANCKE, Werke in Auswahl, hg.v. E. Peschke, Berlin 1969, 11 (August Hermann Franckes Lebenslauf [1690/91]). Aus Franckes Lebenslauf auch die folgenden Zitate.

tische Übung, in der je ein Abschnitt aus dem Alten und dem Neuen Testament aus dem Urtext ausgelegt werden sollte. Der Zweck der Veranstaltung war streng wissenschaftlich; man sprach lateinisch. Die Anregung kam von dem Leipziger orthodoxen Theologieprofessor Johann Benedict Carpzov, später einer der heftigsten Gegner des Pietismus. Als das Collegium auf die statutenmäßige Höchstzahl von zwölf Mitgliedern angewachsen war, stellte der außerordentliche Professor Valentin Alberti sein Haus und sich selbst als Praeses zur Verfügung. Spener, durch den ihm persönlich bekannten Paul Anton informiert, suchte brieflich das Collegium philobiblicum von der wissenschaftlichen Zielsetzung weg stärker auf die persönliche Erbauung auszurichten. Auch wollte er dem Neuen Testament deutlich den Vorrang vor dem Alten Testament gegeben haben. Bei einem Besuch in Leipzig, wo er am 24. April 1687 in der Nikolaikirche über den lebendigen Glauben predigte und vor einem historischen Glauben warnte, besuchte Spener das Collegium philobiblicum. So kam es zur ersten persönlichen Begegnung Franckes mit Philipp Jakob Spener.

Seit dieser Begegnung mehren sich die Anzeichen für eine Wende in Franckes Entwicklung. Im Collegium philobiblicum begann er, biblische Texte nicht allein nach den Kommentaren, sondern im Sinne Speners existentiell auszulegen. Gleichzeitig beschäftigte sich Francke mit der quietistischen Mystik und übersetzte, auf Anraten Speners, den „Guida spirituale“ des Michael Molinos (1628–1696/97), Hauptvertreter des die völlige Gelassenheit des Willens lehrenden Quietismus, aus dem Italienischen ins Lateinische. Auch wenn sich Francke später dagegen verwahrt hat, seine „principia“ aus Molinos geschöpft zu haben, hat doch die Beschäftigung mit mystisch-quietistischer Frömmigkeit, besonders mit den bei Molinos breit geschilderten „geistlichen Anfechtungen“, das *Bekehrungserlebnis*[3] vom Herbst des gleichen Jahres vorbereitet.

3 Wichtigste Quelle für Franckes Bekehrungserlebnis sein häufig nachgedruckter Lebenslauf (s. Anm. 2). Literatur: K. ALAND, Bemerkungen zu August Hermann Francke und seinem Bekehrungserlebnis, in: Kirchengeschichtliche Entwürfe, Gütersloh 1960, 543ff; E. PESCHKE, Die Bedeutung der Mystik für die Bekehrung August Hermann Franckes, ThLZ 91 (1966), Sp. 881–892 (= Bekehrung und Reform, 1977,13–40); F. DE BOOR, Erfahrung gegen Vernunft. Das Bekehrungserlebnis A.H. Franckes, FS M. Schmidt, Bielefeld 1975, 120–138.

Im Herbst 1687 unternahm Francke eine Studienreise nach *Lüneburg,* um bei dem Superintendenten Caspar Hermann Sandhagen, einem Schüler des Straßburger Exegeten Sebastian Schmidt, seine Kenntnisse in der biblischen Exegese zu vertiefen. Bald nach seiner Ankunft in Lüneburg wurde ihm eine Predigt aufgetragen. Francke beabsichtigte, als Predigttext Joh 20,31 zu wählen und „von einem wahren lebendigen Glauben zu handeln und wie solcher von einem bloßen menschlichen und eingebildeten Glauben unterschieden sey". Mit dem Kopf war er schon Pietist. Bei der Vorbereitung der Predigt kamen ihm aber Zweifel, ob er selbst einen solchen wahren und lebendigen Glauben habe, wie er ihn von seinen Predigthörern verlange. Die Zweifel mehrten sich, stürzten ihn in eine innere Unruhe, in der alle in einem achtjährigen Theologiestudium erworbene Gewißheit dahinschwand: zuerst die Gewißheit der Wahrheit der lutherischen Kirchenlehre, dann die Gewißheit der Heiligen Schrift als des Wortes Gottes, schließlich der Glaube an einen Gott im Himmel. „Denn ich glaubte auch keinen Gott im Himmel mehr und damit war alles aus."

Francke behielt sein „innerliches Elend" zunächst für sich. Auf dem Höhepunkt seiner Krise unternahm er mit einem Kommilitonen einen Besuch bei dem Superintendenten Scharff im Kloster Lüne bei Lüneburg. Bei einem Gespräch über die Frage, „woran ein Mensch erkennen solle, ob er Glauben habe oder nicht", wurde ihm endgültig klar, daß er keinen Glauben habe. Auf dem Nachhauseweg offenbarte sich Francke seinem Weggenossen, ließ sich aber durch dessen erschrecktes Einreden nicht umstimmen. Am nächsten Tag, einem Sonntag, warf er sich abends vor dem Zubettgehen auf die Knie und bat in großer Angst Gott „um Rettung aus solchem elenden Zustand". Das Gebet wurde *plötzlich* erhört. Mit einem Male überströmte ihn Gewißheit. „Denn wie man eine Hand umwendet, so war alle mein Zweiffel hinweg." Francke fühlte sich neugeboren und erfuhr die Wahrheit dessen, was Luther in seiner Römerbriefvorrede gesagt hatte: „Glaube ist ein göttlich Werk in uns, das uns wandelt und neugebiert aus Gott." Von dieser Stunde an habe, so Francke in seinem Lebenslauf, sein Christentum Bestand gehabt, und es sei ihm leicht gefallen, die Welt zu verleugnen und allein für die Sache Gottes zu leben.

August Hermann Franckes *Lüneburger Bekehrung* ist von mehr als biographischer Bedeutung. Sie ist prototypisch geworden für das pietistische Bekehrungserlebnis. Johann Arndt und Philipp Jakob Spener haben eine Bekehrung als ein besonderes, auf Tag und Stunde zu datierendes Erlebnis weder selbst erfahren noch von anderen gefordert. Beide bleiben in der Tradition der altlutherischen *Anfechtungslehre,* wonach Ungewißheit und Zweifel zum Glauben gehören und vom Christen als Zeichen einer von Gott gewirkten Prüfung angesehen und erduldet werden sollen. Alle von Francke in seinem Bekehrungsbericht erwähnten Stufen des *Zweifels* bis hin zum Zweifel an der Existenz Gottes sind schon vor ihm häufig beschrieben worden. Francke geht mit seinem Zweifel keinen Schritt über die lutherische Tradition hinaus, auch nicht über das, was Arndt, Spener und Molinos über geistliche Anfechtungen geschrieben hatten. Das Neue liegt darin, daß er den Zweifel nicht mehr als Akzidens des Glaubens, sondern des Unglaubens begreift. Spener hat im gleichen Jahr 1687 den seelsorgerlichen Rat gegeben, Anfechtungen und Zweifel als Wolken anzusehen, hinter denen die Gottesgewißheit nur zeitweise verschwindet. Ausdrücklich hat Spener das Gebet um Errettung aus solch elendem Zustand widerraten, weil man nicht wisse, was Gott vorhabe.[4] In Lüneburg trennt sich Francke von Arndt, Spener und der altlutherischen Anfechtungslehre. Er hat den Bußkampf des Unbekehrten von den Anfechtungen des im Gnadenstand stehenden Christen deutlich unterschieden.[5] Daß er bald nach seiner Bekehrung, erstmals 1688, auch von der traditionellen lutherischen Auslegung von Röm.7 abgeht, an der Spener zeitlebens festgehalten hat, und bei Paulus nicht den Zwiespalt des wiedergeborenen Christen im Sinne des lutherischen simul iustus et peccator, sondern die zwei aufeinanderfolgenden Stände des noch nicht wiedergeborenen und des wiedergeborenen Christen erblickt[6], zeigt, daß Franckes Bekehrung

4 J. WALLMANN, Philipp Jakob Spener und die Anfänge des Pietismus, Tübingen ²1986, 93 Anm. 20.

5 „Denn man kann es eigentlich keine Anfechtung nennen, wenn einer im Buß-Kampff seine Sünde und den Zorn Gottes über dieselbe fühlen muß." „Die Anfechtung aber wird eigentlich von denen gesagt / die bereits die Gnade erkannt haben" (Sonn-, Fest- und Apostel-Tags-Predigten, II, 1704, 513f; zit. nach E. PESCHKE, Studien zur Theologie A.H. Franckes, I, Berlin 1964, 47.

6 U. WILCKENS, Der Brief an die Römer, Evangelisch-Katholischer Kommentar zum Neuen Testament, Bd. VI/2, Zürich 1980, 110f.

nicht nur als individuelles Erlebnis gewertet werden darf. Franckes Bekehrung impliziert eine von der lutherischen Tradition abweichende, neue Auslegung der Heiligen Schrift.

Nun findet sich die Auslegung von Röm 7 auf die vorchristliche Existenz im Spiritualismus (David Joris), teilweise auch in der reformierten Theologie und bei den Sozinianern.[7] Das Drängen auf einmalige datierbare Bekehrung begegnet bei Theophil Großgebauer, wo es aus calvinistischer Tradition herzuleiten ist.[8] Wenn Francke in seinem Bekehrungsbericht den Besuch bei dem Superintendenten Scharff in Kloster Lüne bei Lüneburg eigens erwähnt, muß das dort geführte Gespräch über die Kennzeichen des Glaubens – in der Forschung meist übersehen – für seine Bekehrung wichtig gewesen sein. An anderer Stelle nennt Francke Scharff einen entschiedenen Anhänger Großgebauers.[9] Er wird also die von der altlutherischen Anfechtungstradition abweichende Anschauung Großgebauers von der Notwendigkeit einer einmaligen, datierbaren Bekehrung und von dem vorangehenden Bußkampf bei dem Gespräch mit Scharff kennengelernt und für überzeugend gehalten haben. Insoweit kann Franckes Bekehrung traditionsgeschichtlich über Großgebauer aus *reformierter Tradition* hergeleitet werden. Man hat im hallischen Pietismus, als man auf Bußkampf und datierbare Bekehrung drang, nicht einfach Franckes individuelles Erleben zum Modell für andere gemacht, sondern ist einem aus nichtlutherischen Quellen stammenden Bekehrungsmodell gefolgt. Anders als Großgebauer, der mit seiner Lehre von Bußkampf und Wiedergeburt die lutherisch-orthodoxe Lehre von der Taufwiedergeburt aufgab, haben Francke und die hallischen Pietisten allerdings, hierin Spener folgend[10], an der Lehre von der Taufwiedergeburt festgehalten und sich damit der lutherischen Tradition wieder angenähert.

7 Vgl. „David Joris Erklärung des 7. Kapitels an die Römer" in: Gottfried Arnold, Unparteiische Kirchen- und Ketzerhistorie, Teil IV, Frankfurt a.M. 1699/1700, Nr. 44.

8 J. WALLMANN, Philipp Jakob Spener und die Anfänge des Pietismus, Tübingen ²1986, 161f.

9 Lebensnachrichten, bei G. KRAMER, A.H. Francke I, Halle/Saale 1880, 29f.

10 Vgl. oben S. 73.

Die Leipziger und Erfurter pietistischen Unruhen

Der Lüneburger Bekehrung folgt die Absage an das barocke Gelehrsamkeitsideal und die endgültige, entschiedene Hinwendung zu der von Arndt geforderten „Praxis pietatis". Nachdem Sandhagen von Lüneburg wegberufen und ein Studium bei Sebastian Schmidt in Straßburg wegen der Kriegsläufte nicht realisierbar war, ging Francke nach Hamburg zu Johann Winckler, dem mit Spener befreundeten, gründlichen biblischen Exegeten. In Hamburg kam er in radikalpietistische Kreise. Unter dem Einfluß des aus Württemberg vertriebenen Eberhard Zeller und des Theologiestudenten Nikolaus Lange wandte er sich der privaten religiösen Unterweisung kleiner, zum Teil noch nicht dreijähriger Kinder zu.[11] Nun gab er das Streben nach Erwerb des theologischen Doktorgrades auf. Das knappe Jahr in Hamburg führte ihn erstmals auf das Feld, auf dem später seine pädagogischen Anstalten erwachsen sollten.

Nach einem zweimonatigen Aufenthalt im Hause Spener kehrte Francke Ende Februar 1689 nach *Leipzig* zurück, um seine Vorlesungen wieder aufzunehmen. Innerlich verwandelt, „erfüllt von brennender Frömmigkeit", hielt er Vorlesungen und Übungen über die paulinischen Briefe, beginnend mit dem Philipperbrief. Neben der philologischen Texterklärung trat der Bezug auf Frömmigkeit und Praxis in den Vordergrund. Im Laufe seiner Vorlesungen ging er immer mehr von der lateinischen zur deutschen Sprache über. Seine Übungen fanden starken Zulauf unter den Studenten. Neben Francke hielten auch Paul Anton und Johann Caspar Schade biblische Kollegs. Vor allem Schade verwandelte seine Kollegs in reine Erbauungsversammlungen, an denen außer den Studenten auch Bürger aus der Stadt teilnahmen. Es entstand eine Erweckungsbewegung, die weit ins Leipziger Bürgertum übergriff. Die Hörsäle der Professoren leerten sich. Studenten gründeten Kleingruppen. Handwerker, sogar Frauen beteiligten sich an Erbauungsversammlungen. Die Bewegung blieb nicht auf Leipzig beschränkt. Auch in Wittenberg und Jena wurden Collegia pietatis gegründet. Rasch war in der Bevölkerung der

---

11 F. DE BOOR, A.H. Franckes Hamburger Aufenthalt im Jahre 1688 als Beginn seiner pädagogischen Wirksamkeit, in: R. Ahrbeck/B. Thaler (Hg.), August Hermann Francke 1663–1727, Halle/Saale 1977, 2–36.

Spottname „Pietisten“ aufgekommen. Der Name blieb seitdem an der Bewegung haften, vor allem, nachdem der Rhetorikprofessor Joachim Feller in einem Gedicht das Spottwort aufgegriffen und zu einem Ehrennamen gemacht hatte.[12]

Die *Leipziger pietistische Bewegung* führte bald zu Unruhen und zum Widerspruch der orthodoxen theologischen Fakultät. Eine gegen Francke und seine Anhänger im Sommer 1689 angestrengte Untersuchung, aktenkundig im „Gerichtlichen Leipziger Protokoll“, konnte den Vorwurf der Heterodoxie nicht bestätigen. Francke verteidigte sich in einer scharfen „Apologia“.[13] Der Philosoph und Jurist *Christian Thomasius* (1655–1728) unterstützte ihn mit spitzer Feder in einem „Rechtlichen Bedenken“, goß damit freilich eher Öl ins Feuer der Pietistengegner. Als es in Leipziger Bürgerhäusern zu Versammlungen ohne Leitung durch Theologen kam, erließ die Regierung am 10. März 1690 ein allgemeines Konventikelverbot.

Collegia pietatis an der Universität und Konventikel in Bürgerhäusern mußten eingestellt werden. Für das Collegium philobiblicum stellte Valentin Alberti sein Haus nicht mehr zur Verfügung. Spener suchte durch umfängliche Gutachten an den Kurfürsten von Sachsen den Leipziger Pietismus zu schützen. Doch vergeblich. Johann Caspar Schade und andere Freunde Franckes wurden aus der Messestadt ausgewiesen. Francke selbst hatte Leipzig aus familiären Gründen bereits im Frühjahr verlassen.

Vermittelt durch den Erfurter Senior Joachim Justus Breithaupt, einem Freund seiner Kieler Studienzeit, erhielt Francke Pfingsten 1690 eine Anstellung als Diakon (zweiter Pfarrer) an der Augustinerkirche in *Erfurt*.[14] Unterstützt von Studenten, die ihm aus Leipzig nachgefolgt waren, bald auch aus dem nahen Jena sich zugesellten,

---

12 Vgl. oben S. 22.

13 Die wichtigsten Quellen zu den Leipziger pietistischen Unruhen sind ediert in: A.H. FRANCKE, Streitschriften, hg.v. E. Peschke, Berlin 1981. Beste Darstellung der Leipziger pietistischen Unruhen bei H. LEUBE, Die Geschichte der pietistischen Bewegung in Leipzig. Diss. phil. Leipzig 1921, gedruckt in: Orthodoxie und Pietismus, Gesammelte Studien von Hans Leube, Bielefeld 1975, 155ff.

14 Zu den Erfurter pietistischen Unruhen s. J. WALLMANN, Erfurt und der Pietismus im 17. Jahrhundert, in: DERS., Theologie und Frömmigkeit im Zeitalter des Barock, Tübingen 1995, 325–350.

begann er mit der Reform des Gemeindelebens und der Jugendunterweisung. Nachmittägliche Predigtwiederholungen, die zu Erbauungsversammlungen wurden, Seelsorgetätigkeit über die Grenzen der Parochie hinaus, das Verteilen von aus Lüneburg bestellten Neuen Testamenten unter der Bevölkerung, schließlich seine gut besuchten Vorlesungen an der Erfurter Universität machten Francke, der zum Anführer einer die ganze Stadt bis in die oberen Stände, darüber hinaus auch das Umland erfassenden Erweckungsbewegung wurde, bei der orthodoxen Stadtgeistlichkeit suspekt. Breithaupt, der Franckes Berufung gegen den Widerstand der orthodoxen Pfarrer durchgesetzt hatte, konnte ihn nicht halten. Francke wurde im September 1691 entlassen und unter dem Vorwurf, konfessionellen und politischen Unfrieden zu stiften, auf Befehl des katholischen Kurfürsten von Mainz durch den Rat aus der Stadt gewiesen.

Francke in Halle/Saale zwischen Orthodoxie und radikalem Pietismus

Wieder bei Spener in Berlin, wo er sich zwei Monate aufhielt und das Vertrauen einflußreicher politischer Kreise gewann, erhielt Francke den Ruf als Pastor an die St. Georgenkirche in *Glaucha bei Halle/Saale* und einen Ruf als Professor des Griechischen und der orientalischen Sprachen an der entstehenden Universität. Das Doppelamt eines Gemeindepfarrers und Universitätsprofessors war zu dieser Zeit nicht unüblich – auch in Leipzig waren die Theologieprofessoren zugleich Gemeindepfarrer. Am 7. Januar 1692 kam Francke in der Stadt an, die ihn über 35 Jahre bis zu seinem Tod festhalten sollte. Am 7. Februar 1692 hielt er seine Antrittspredigt. Am 15. Februar 1692 begann er mit seinen öffentlichen Vorlesungen.

Francke war vor seinem Kommen Rückhalt seitens der Berliner Regierung zugesichert worden, so daß er Auseinandersetzungen mit der Orthodoxie mit einiger Ruhe entgegensehen konnte. Die ihm übertragene Pfarrstelle war kurfürstliche Patronatsstelle. Als Professor der Universität, die ihre eigene Gerichtsbarkeit erhielt und immediat der Oberaufsicht des Kurfürsten unterstellt war, blieb er dem Zugriff der Orthodoxie, die in dem vom Adel beherrschten Herzogtum Magdeburg noch dominierte, entzogen.

Schon vor der Ankunft Franckes und des kurz vor ihm nach Halle berufenen Joachim Justus Breithaupt stand die *Hallenser Orthodoxie* in Auseinandersetzung mit der Toleranz- und Kulturpolitik der Hohenzollern, die die Ansiedlung hugenottischer Flüchtlinge sowie pfälzischer und schweizerischer reformierter Einwanderer in Halle beförderte und, seit der Berufung des aus Leipzig vertriebenen Christian Thomasius, die Umwandlung der 1680 errichteten Ritterakademie zu einer Universität betrieb. *Albrecht Christian Roth* (1651–1701), Archidiakon an der Ulrichskirche, hatte sich mit seiner Polemik gegen die Antrittsvorlesung des Thomasius bereits den Unwillen des Kurfürsten zugezogen. Noch vor der Ankunft Franckes machte er auf die Gefährlichkeit des Pietismus aufmerksam in einer anonymen Schmähschrift „Imago Pietismi: Ebenbild des heutigen Pietismus. Das ist: Ein kurtzer Abriß der Mißbräuche und Irrthümer/ auff welche sich der Pietismus gründen soll" (1691). Als gefährlichsten Mißbrauch nannte Roth die Collegia pietatis oder Winkelzusammenkünfte, in denen die Irrlehren Jakob Böhmes verbreitet und eine zu große Vertraulichkeit zwischen Manns- und Weibsvolk gestiftet würde. Zu den Irrtümern zählte er die Indifferenz gegenüber der reinen Lehre, einen falschen Perfektionismus, den Glauben an unmittelbare Offenbarungen, den Chiliasmus, schließlich die Verachtung der Gelehrsamkeit.

Schon bald nach Amtsantritt Franckes kam es zu ersten Spannungen mit der orthodoxen Stadtgeistlichkeit. Anstoß erregten Franckes Predigten, die, wie schon zuvor in Erfurt, weit über die Parochialgrenzen hinaus Zulauf fanden. Argwohn weckten seine Erbauungsversammlungen, die „Abendbetstunden", die zunächst für die Willigen unter seinen Gemeindegliedern gehalten, später auch von Besuchern aus der Stadt frequentiert wurden. Der Vorwurf der Collegia pietatis entzündete sich an einem von Breithaupt mit Theologiestudenten begonnenen Collegium biblicum, an dem auch Francke teilnahm. Ganz unbegründet waren die von Roth an die Wand gemalten Gefahren nicht. Zu eben dieser Zeit lief eine Welle *ekstatischer Geisterfahrungen* durch Mitteldeutschland, mit der in Verbindung zu stehen Francke nicht leugnen konnte. Johann Wilhelm Petersens Publikation der Visionen des Fräulein von der Asseburg[15] (1691) hatte

15 S. unten S. 147.

eine Kettenreaktion von Mitteldeutschland bis hinauf nach Lübeck ausgelöst. Frauen, häufig einfache Mägde, hatten Visionen und Auditionen. In Halberstadt sagten *Catharina Reineke,* die „Halberstadtsche Catharina", und *Anna Margarethe Jahn* den nahen Untergang der Kirche und des Staates an; über beide hielt seine schützende Hand der Diakon M. Andreas Achilles, in Leipzig Freund Franckes, in Halberstadt bald wegen Schwärmerei aus dem Amt entlassen. In Quedlinburg erregten Aufsehen die Blutschwitzerin *Anna Eva Jacobs* und *Magdalena Elrichs,* die „Quedlinburger Magdalena"; ihrer hatten sich Franckes Freunde Justus Samuel Scharschmid und der Hofprediger Johann Heinrich Sprögel angenommen. Die ihre Visionen in Versen singende *Anna Maria Schuchart,* die „Erfurtische Liese", fand mit ihrer Ankündigung der nahen Wiederkunft des Herrn bei Franckes Erfurter Freunden Gehör.

Francke ließ sich aus Halberstadt, Quedlinburg und Erfurt laufend über die Visionen der „begeisterten Mägde" berichten. Abschriften der nach Halle gerichteten, teilweise wirren Briefe gelangten nach Leipzig, wo sie unter der Vorspiegelung, Francke sei der Herausgeber, gedruckt wurden („Eigentliche Nachricht von Dreyen Begeisterten Mägden / der Halberstädtischen Catharinen / Quedlinburgischen Magdalenen und Erffurtischen Liesen" [1692]). Umgehend antwortete Francke mit einer durch Vermittlung Speners in Berlin zum Druck gebrachten „Entdeckung der Boßheit / so mit einigen jüngst unter seinem Namen fälschlich publicirten Brieffen von dreyen so benahmten begeisterten Mägden zu Halberstadt / Quedlinburg und Erffurt begangen" (1692). Francke verurteilte den Diebstahl der Briefe, nicht freilich deren Inhalt. Während Spener offen ließ, ob es sich bei den Ekstasen nicht um natürlich zu erklärende psychische Phänomene handele, weshalb er zur Zurückhaltung riet, solidarisierte sich Francke mit den neuen Prophetinnen: „Es mag solches dem Teufel oder der bloßen Natur zuschreiben, wer da will, ich halte, daß Gott auf solche Weise anfange, seine Wunder kund zu thun, und noch immer herrlicher hervorbrechen werde."[16] Im Dezember 1692 kam Franckes Jugendfreundin „Debora", die aus Lübeck ausgewiesene Adelheid Sybille Schwartz, nach Halle, und bald darauf erschien aus Erfurt

16 KRAMER, Beiträge, Halle/Saale 1861, 273.

Anna Maria Schuchart, die wegen ihrer wirren Reden vom Rat der Stadt in Gewahrsam genommen wurde.

Die Verstrickung in die *enthusiastisch-chiliastische Bewegung* offenbart Franckes und seiner Freunde Nähe zu Spiritualismus und radikalem Pietismus. Ähnlich wie in den Anfängen des Frankfurter Pietismus ist auch beim hallischen Pietismus die Grenze zum radikalen Pietismus anfangs offen. Erst im Laufe des Jahres 1693 hat sich Francke, wesentlich unter dem Einfluß Speners, aus der engen Bindung an die enthusiastisch-chiliastische Bewegung gelöst. Francke hat in seinen frühen hallischen Jahren, auch noch nach Gründung seiner Anstalten, der im radikalen Pietismus verbreiteten chiliastischen Naherwartung angehangen. Seine zum Quedlinburger Kreis gehörende Frau Anna Magdalena geb. von Wurm (1670–1734) hat noch lange Jahre in enger Verbindung zu Johann Georg Gichtel und seinen Anhängern gestanden.

Der *erste Konflikt* Franckes *mit der hallischen Orthodoxie* wurde durch eine vom Kurfürsten eingesetzte Kommission unter dem Vorsitz von Veit Ludwig von Seckendorff geschlichtet (Rezeß vom 27. November 1692). Francke konnte sich behaupten. Sein Gegner Albrecht Christian Roth hatte im Zorn das die Ketzer schützende Brandenburg-Preußen verlassen und war einem Ruf nach Leipzig gefolgt. Doch war die Macht der hallischen Orthodoxie noch nicht gebrochen. Es hat in den folgenden Jahren an erneuten Auseinandersetzungen nicht gefehlt. Ein *zweiter großer Konflikt* in den Jahren 1699/1700, in dem es um Sein oder Nichtsein ging, entzündet durch Franckes Kanzelpolemik gegen die hallesche Stadtgeistlichkeit, verstärkt durch Kritik der Landstände an seinem wirtschaftlichen Gebaren beim Aufbau des Waisenhauses, konnte wiederum nur durch eine Schiedskommission geschlichtet werden, diesmal unter dem Vorsitz des früheren livländischen Generalsuperintendenten Johann Fischer, der 1701 zum Generalsuperintendenten im Herzogtum Magdeburg berufen wurde. Dieser zweite Konflikt, beendet durch einen Rezeß vom 24. Juni 1700, brachte die entscheidende Wende zugunsten Franckes. Aber noch lange Jahre hatte er unter der orthodoxen Stadtgeistlichkeit erbitterte Gegner. Erst unter dem Soldatenkönig Friedrich Wilhelm I. (1713–1740), der noch im Jahr seines Regierungsantritts einen Besuch in Halle machte und seitdem zu einem eifrigen Befürworter der Franckeschen Anstalten wurde, hatte die Orthodoxie ihre Rolle ausgespielt. Seit der Berufung auf die Stadtpfarrstelle St. Ulrich Ende 1714 war Franckes Stellung in der Stadt unangefochten. Bei einer Reise ins „Reich“ (Süddeutschland) wurde Francke 1717 überall von der Pfarrerschaft begeistert empfangen. Die freundliche Aufnahme Franckes bei einem Besuch in Leipzig 1719 zeigt, daß der hallische Pietismus von der lutherischen Orthodoxie nicht mehr als bedrohlich empfunden wurde. Hierzu hatte, nach der Distanzierung Franckes vom radikalen Pietismus, die zunehmende *Distanzierung von der Aufklärungsphilosophie* beigetragen, zunächst von Christian Thomasius, dem alten Verbündeten aus den Leipziger Kämpfen, später dann von Christian Wolff, an dessen Vertreibung aus Halle 1723 Francke und seine Freunde nicht unschuldig waren.

Das hallesche Waisenhaus

Unbeeindruckt durch die Reibereien mit der Orthodoxie, begann Francke unmittelbar nach seiner Ankunft in Halle mit Reformen auf den beiden ihm mit seinem Doppelamt übertragenen Aufgabenfeldern. Auch wenn die von Francke praktizierte wechselseitige Durchdringung von wissenschaftlicher Theologie und kirchlicher Praxis es schwierig macht, einen der beiden Bereiche ohne Erwähnung des anderen darzustellen, gehören die von Francke in Glaucha bei Halle geschaffenen Anstalten, das so genannte *„hallesche Waisenhaus“*, an den Anfang.

In seiner Gemeinde Glaucha fand Francke bei seiner Ankunft eine unvorstellbare religiöse Verwahrlosung vor. Die zahlreichen Wirtshäuser waren an den Sonntagen überfüllt. Francke drängte deshalb zunächst auf Sonntagsheiligung. Sein „Glauchisches Gedenkbüchlein“ (1693), von dem er jedem Haus seiner Gemeinde ein Exemplar schenkte, gab Anweisungen zur Heiligung des Sonntags, wie sie ähnlich in der Praxis pietatis von Lewis Bayly zu lesen waren. Francke empfahl die Lektüre von Arndts „Wahrem Christentum“, lud zu seinen Betstunden ein, hielt zu frommer Erziehung der Kinder an.

Doch mit seinem „Glauchischen Gedenkbüchlein“ erreichte Francke nicht die unteren, des Lesens unkundigen Volksschichten. Bei der wöchentlichen Almosenverteilung, bei der es ihm nicht genug war, den Armen Brot zu geben, sondern ihnen „auch an ihren Seelen durchs Wort Gottes zu helfen"[17], erschreckte ihn die bei Alten und Jungen zutage tretende Unwissenheit. Damit die Armen wenigstens ihre Kinder in die Schule schicken konnten, sammelte Francke unter Studenten und Bürgern für das Schulgeld. Die Kinder holten das Schulgeld ab, gingen aber nicht zur Schule. Zu Ostern 1695 fand Francke in der Almosenbüchse eine Summe von 4 Talern 16 Groschen. „Als ich dieses in die Hände nahm, sagte ich mit Glaubensfreudigkeit: ‚Das ist ein ehrlich Capital, davon muß man etwas rechtes stiften; ich will eine Armenschule damit anfangen'." Noch am gleichen Tag stellte Francke einen Studenten als Lehrer an und kaufte Bücher. Die *Armenschule* war gegründet. Die berühmten 4 Taler, 16 Groschen fehlen in keinem Bericht, in dem Francke künftig auf die in Halle entstehenden göttlichen Wunderwerke hinwies. Für den Fortgang vertraute er auf Gottes Hilfe.

Das Wachstum der aus kleinen Anfängen entstehenden hallischen Anstalten ist erstaunlich und ohne jeden Vergleich. Der nächste Schritt war die Umwandlung der Armenschule in ein *Internat,* da Francke feststellte, daß „außerhalb der Schule wieder verderbt ward, was man in der Schule gebaut hatte". Sodann gründete er mit Geldern auswärtiger Freunde und Gönner, nachdem er Waisenkinder zeitweilig in Privathäusern einquartiert hatte, ein *Waisenhaus.* Zunächst kaufte er ein nahe seinem Pfarrhaus gelegenes Haus und richtete es als Waisenhaus ein. Seinen Mitarbeiter Georg Heinrich Neubauer sandte er 1697/98 nach Holland, um das dort blühende Waisenhauswesen zu studieren. Schon 1698 begann er mit dem Bau eines Hauptgebäudes, das in seinen schloßähnlichen Ausmaßen alle bürgerlichen Bauten der nahen Stadt übertraf. Vom Kurfürsten erhielt er 1698 ein Privileg, das das Waisenhaus der Magdeburger Regierung entzog und unmittelbar dem Kurfürsten unterstellte. Es sollte gleichsam als „Annex" der Universität betrachtet werden.

Im Unterschied zu den älteren Waisenhaushospitälern sollte Franckes Waisenhaus nicht bloß Barmherzigkeit an Notleidenden üben. Von Anfang an dominiert *der Erziehungsgedanke.* Francke will Menschen bilden. *Frömmigkeit* und *Tüchtigkeit* sind die beiden Bildungsziele, die Francke in seiner grundlegenden Erziehungsschrift

17 A.H. FRANCKE, Segensvolle Fußstapfen, Halle/Saale [3]1709, 3 (= Auswahl, S. 31).

„Kurzer und einfältiger Unterricht, wie die Kinder zur wahren Gottseligkeit und christlichen Klugheit anzuführen sind“ (1702) der Waisenhausarbeit vorgeschrieben hat und an denen sich die Pädagogik seiner Schulanstalten orientierte. „Cultura animi“ oder „Gemütspflege“ ist das Mittel, durch das die Bildungsziele erreicht werden sollen. Zur Gottseligkeit sollen die Kinder durch eifriges Lesen der Bibel, die ihre zentrale Stellung unter den Lehrmitteln erhält, geführt werden. Um der Klugheit und der späteren beruflichen Praxis willen führte Francke den Realienunterricht ein, denn ein Christ soll sein „zu allem guten Werk geschickt und ausgerüstet, auf daß also die Welt sehen möchte, daß keine nützlicheren Leute mögen erfunden werden, als diejenigen, die Christo Jesu angehören“. Drei Tugenden seien vor allem den Kindern im frühen Alter „einzupflanzen“: Wahrheitsliebe, Gehorsam und Fleiß. Durch sie sollten die drei schlimmsten menschlichen Laster: Lügen, Eigenwille und Müßiggang gebrochen werden. Die beste und sorgfältigste Erziehung war Francke gerade gut genug. Unter Studenten und Kandidaten suchte er geeignete Lehrer. Bald hatte sich herumgesprochen, daß der Unterricht in Franckes Glauchaer Armenschule besser war als in den halleschen Bürgerschulen. Auch wohlhabendere Bürger begannen, ihre Kinder zu Francke in die Schule zu geben. Schon nach zwei Jahren konnte er eine höhere Schule gründen. Um die Jahrhundertwende lag bereits das ganze *System der Franckeschen Schulanstalten* fertig vor. Franckes Schulen sind der herrschenden Drei-Stände-Ordnung angepaßt. Den Grundstock bildeten die *deutschen Schulen,* die Volksschulen für den Bauern- und Handwerkerstand, die innerhalb des Anstaltskomplexes den größten Raum einnahmen. Im Todesjahr Franckes 1727 bestand das Personal der deutschen Schulen aus 4 Inspektoren, 98 Lehrern, 8 Lehrerinnen und 1725 Kindern. Für die Begabteren führte der Weg aus der deutschen Schule in die *lateinische Schule,* die der Vorbereitung auf das Universitätsstudium diente. Sie war für die künftigen Pfarrer, aber auch Juristen, Mediziner und Kaufleute bestimmt. Auf den Bänken dieser Schule saßen Kinder aus dem Bürgerstand neben Kindern aus den ärmeren Schichten. Damit hatte Francke das Bildungsprivileg der oberen Stände durchbrochen. Die lateinische Schule hatte bei Franckes Tod drei Inspektoren, 32 Lehrer und 400 Schüler. Schließlich kam dazu ein *„Pädagogium regium“,* eine Ausbildungsstätte für den Regierstand, für Offiziere und höhere Staatsbeamte. Das organisatorisch vom Waisenhaus getrennte Pädagogium war als Adelsschule konzipiert, jedoch offen für Kinder begüterter auswärtiger bürgerlicher Eltern. Ein nicht unbedeutender Teil des preußischen Offizierskorps und der höheren Beamtenschicht ist durch das hallesche „Pädagogium regium" gegangen. Nikolaus Ludwig Graf von Zinzendorf und Hans Hermann von Katte, der Jugendfreund Friedrichs des Großen, sind die bekanntesten Absolventen dieser Anstalt, die sich durch eine besonders günstige Relation von Lehrern und Schülern auszeichnete. Das Pädagogium regium hatte bei Franckes Tod einen Inspektor, 27 Lehrer und 82 Schüler.

Mit der Einrichtung von Schulen war es nicht getan. Um den Lehrern eine pädagogische Ausbildung zu geben, gründete Francke 1699 ein Seminarium praeceptorum, eine eigene *Lehrerbildungsanstalt.* Ein Seminarium selectum praeceptorum kam 1707 dazu. Als Verbindungsglied zwischen dem Waisenhaus und der Universität dienten die 1696 eingerichteten *„Freitische"*, eine studentische Mensa, an der schließlich mehr als hundert bedürftige Studenten täglich verpflegt wurden. Francke brachte die Mittel hierfür durch rege Sammeltätigkeit unter pietistischen Gönnern und Freunden auf. Die Vergabe der sehr begehrten Freitische machte er abhängig von Mithilfe bei Unterricht und Erziehung in seinen Anstalten.

Einen eigenen Zweig des Waisenhauses bildete das Druck- und Publikationswesen. Bereits 1697 begann *Heinrich Julius Elers* (1667–1728) einen Buchhandel, von dem man 1701 zur Einrichtung einer Druckerei überging. Der *Waisenhausverlag,* begonnen mit den Schriften Philipp Jakob Speners, errang bald einen ebenbürtigen Platz neben den älteren lutherischen Erbauungsverlagen Endter in Nürnberg und Stern in Lüneburg. Schließlich gründete Francke eine *Bibelanstalt,* in der Bibeln und Neue Testamente mit dem bis dahin im deutschen Buchdruck noch unbekannten Stehsatz gedruckt wurden. Die Pläne hierzu kamen von Elers. Das zum Erwerb der beim Stehsatz benötigten großen Menge von Lettern notwendige Kapital beschaffte aus eigenem Vermögen der Freiherr *Carl Hildebrand von Canstein* (1667–1719)[18], der wegen seiner weiten Beziehungen

---

18 P. SCHICKETANZ, Art. „Canstein", TRE 7, 614ff (dort weitere Literatur); DERS., Der Briefwechsel Carl Hildebrand von Cansteins mit August Hermann Francke, Berlin 1972 (enthält 944 Briefe aus den Jahren 1687–1719).

und seines Einflußes am Berliner Hof bedeutendste Mitarbeiter Franckes, nach dem diese Bibelanstalt, die erste auf der Welt, später ihren Namen erhielt (Hallische Bibelanstalt 1710, seit 1775 Cansteinsche Bibelanstalt)[19]. Die in Halle gedruckten Bibeln und Neuen Testamente konnten dank des Stehsatzes zu einem erheblich geringeren Preis abgegeben werden als frühere Bibeldrucke. Tatsächlich ist erst durch die Hallische Bibelanstalt die Bibel wirklich ein in alle Schichten dringendes Volksbuch geworden. Die Lutherbibel, von 1522–1626 in schätzungsweise 200.000 Exemplaren (Vollbibeln und Neuen Testamenten) gedruckt, wurde allein in den wenigen Jahren von 1712 bis zum Tode Cansteins 1719 in ca. 100.000 Neuen Testamenten und 80.000 Vollbibeln auf den Markt gebracht. Im ganzen 18. Jahrhundert belief sich die Zahl der hallischen Bibeldrucke auf ca. 2 Millionen. Speners erster Reformvorschlag, „das Wort reichlicher unter uns zu bringen", fand hier seine durchgreifende Verwirklichung.

Schließlich gehörten zu den halleschen Anstalten auch medizinische Einrichtungen. *Christian Friedrich Richter* (1676–1711), Arzt am Waisenhaus seit 1697, wurde zum Begründer der *Waisenhausapotheke,* einer pharmazeutischen Fabrik mit eigenem Labor und einer Versandabteilung für Heilmittel. Der durch seine Liederdichtungen bekannte Waisenhausapotheker („Es glänzet der Christen inwendiges Leben") erfand zahlreiche Arzneien, darunter die „Essentia dulcis", deren Vertrieb dem Waisenhaus reichen Gewinn einbrachte.[20] Zu Franckes medizinischen Freunden gehörte auch Richters Lehrer, *Georg Ernst Stahl* (1659–1734)[21], erster Arzt am Waisenhaus, Begründer einer von pietistischem Geist geprägten medizinischen Schulrichtung, die gegen Descartes, aber auch gegen Leibniz die Einheit von Seele und Leib behauptete und vom Organismusbegriff ausgehend ein Alternativkonzept zu der von den Niederlanden vordringenden mechanistischen naturwissenschaftlichen Medizin entwickelte (Theoria medica vera, 1708). Der radikale Pietist Johann Samuel Carl, Hofmedicus in Berleburg, kam aus Stahls Schule.

Wachstum und Gedeihen der hallischen Anstalten verdankten sich

19 B. KÖSTER, Die Lutherbibel im frühen Pietismus, Bielefeld 1984.

20 E. ALTMANN, Christian Friedrich Richter (1676–1711), Witten 1972.

21 J. GEYER-KORDESCH, Pietismus, Medizin und Aufklärung in Preußen im 18. Jahrhundert, Tübingen 2000.

dem Ideenreichtum und der Willenskraft Franckes, der Förderung durch auswärtige, häufig adlige Freunde, der Protektion durch den preußischen Staat, der Anwendung modernster ökonomischer Praktiken, nicht zuletzt dem selbstlosen Einsatz vieler, meist nur um wenige Jahre jüngerer Mitarbeiter, die Francke für sein Werk gewann und die – oft unter Verzicht auf Ehe und Familienleben – sich ganz dem Aufbau des hallischen „Jerusalem" hingaben. Francke selbst sah im Wachstum seiner Anstalten einen praktischen Gottesbeweis, nach der in seiner Lüneburger Bekehrung erfahrenen persönlichen Selbstbeweisung Gottes nun eine öffentliche Selbstbeweisung Gottes vor aller Welt. „Die Fußstapfen des noch lebenden und waltenden liebreichen und getreuen Gottes" – so der Titel der Schriftenreihe, mit der Francke seit 1701 der Welt seine hallischen Anstalten vorstellte.

Die Reform des Theologiestudiums

Francke war auf eine Professur in der Philosophischen Fakultät berufen worden, mangels eines akademischen Grades nicht auf eine *theologische Professur,* die er erst 1698 erhielt. Anders als in Leipzig brauchte Francke jedoch nicht zu befürchten, mit Vorlesungen über biblisch-theologische Themen Anstoß zu erregen. Seine Lehrtätigkeit begann er am 3. Februar 1692 mit einem Privatkolleg „De studiis recte instituendis". Ein Jahr später kündigte er ein privates *„Collegium paraeneticum"* an. Francke hat diese paraenetische Vorlesung, die er schon vor der Eröffnung der Universität in ein öffentliches Kolleg umwandelte, fortan regelmäßig, über einen Zeitraum von 30 Jahren hinweg, gehalten, durchweg zu einer Zeit, die von anderen akademischen Lehrveranstaltungen freigehalten wurde, in der Regel donnerstags von 10 bis 11 Uhr. In diesem „Collegium paraeneticum", in dem Francke nach Stichworten frei sprach – in studentischen Nachschriften ist es für die Zeit von 1703 bis 1727 in einer Serie von zwölf handschriftlichen Bänden überliefert[22] –, hat er eine unmittelbar auf das Leben der akademischen Jugend bezogene erbaulich-praktische

---

22 F. de Boor, Die paränetischen u. methodologischen Vorlesungen A.H. Franckes, 2 Bde., Theol. Habil. Halle/Saale 1968 (masch.) Zusammenfassung in: ZRGG 20 (1968), 300–320. Die Vorlesungen sind nur zum Teil gedruckt: A.H.

Schriftauslegung betrieben, wie er sie im Leipziger Collegium philobiblicum begonnen und in seinen Erfurter Vorlesungen fortgesetzt hatte. Francke bevorzugte dabei die neutestamentlichen Briefe, dem Rat Speners folgend, zur Beförderung des wahren Christentums vor allem die Paulusbriefe bekannt zu machen. Gelegentlich wählte er auch die Apostelgeschichte und die Homilien des Makarios. Er begann mit der Auslegung des 2. Timotheusbriefes (1693–1695) und fuhr mit dem Titusbrief fort (1695–1698). Als Extrakt dieser Vorlesungen veröffentlichte er die Schrift „Timotheus. Zum Fürbilde allen Theologiae Studiosis dargestellet“ (1695). Das Theologiestudium ist hier ganz auf die praxis pietatis, die Erziehung zu persönlicher Herzensfrömmigkeit ausgerichtet, ebenso wie in den beiden weiteren, gleichfalls aus den paraenetischen Vorlesungen erwachsenen Anleitungen zum Theologiestudium: „Idea studiosi theologiae“ (1712) und „Methodus studii theologici“ (1723).

Das „Collegium paraeneticum“ zeigt, wo das Herz Franckes schlägt und wo er den Hebel der Reform des theologischen Studiums ansetzt: bei der Anleitung und Erziehung der Theologiestudenten zur praxis pietatis. Kommt damit die Hauptforderung von Speners Pia Desideria zum Zuge, so werden in Halle auch die damit verbundenen weiteren Reformgedanken Speners realisiert: der Vorrang der biblischen Theologie vor der dogmatischen Theologie, die Einschränkung der konfessionellen Polemik, der Verzicht auf die aristotelische Philosophie zugunsten einer philologisch ausgerichteten Vorbildung der Theologen, schließlich die stärkere Berücksichtigung der praktischen Theologie. Das *Theologiestudium* wurde mit den praktischen Aufgaben des Pfarramtes unmittelbar verbunden durch die Einbindung der Theologiestudenten als Prediger, Lehrer und Erzieher in die von Francke geschaffenen Anstalten. Dazu kam – ein Novum im akademischen Unterricht – die Einrichtung homiletischer Übungen. Für die Antiquierung der aristotelischen Schulphilosophie, besonders der Metaphysik, brauchte Francke selbst nicht zu sorgen. Christian Thomasius hatte in seinem bissigen Kampf gegen Scholastik und Metaphysik dem Aristotelismus keinen Platz an der neuen Universität

---

FRANCKE, Lectiones Paraneticae, Oder Oeffentliche Ansprachen an die Studiosos Theologiae auf der Vniversität zu Halle, 7 Teile, Halle/Saale [2]1730–1736.

gelassen. Der weitgehende Verzicht auf die Philosophie in der Grundausbildung der Theologen hat freilich eine Leerstelle entstehen lassen, die durch das in Halle erstmals von allen Theologiestudenten geforderte Studium der biblischen Sprachen nicht ausgefüllt werden konnte. Die Attraktivität, die die Philosophie Christian Wolffs für die aufgeweckteren Köpfe der zweiten pietistischen Generation hatte (z.B. für Siegmund Jacob Baumgarten), hat die Schwachstelle in Franckes Studienreform an den Tag gebracht. Einstweilen jedoch zeigte sich die hallische Reform des Theologiestudiums, ihre Konzentration auf Frömmigkeit und Berufstüchtigkeit, der am orthodoxen Gelehrsamkeitsideal orientierten Ausbildung der alten Fakultäten überlegen.

Francke, der selbst keinen Beitrag zur dogmatischen und polemischen Theologie geliefert hat, hatte den Schwerpunkt seiner akademischen Lehrtätigkeit in der biblischen Exegese, vor allem des Alten Testaments. In seinen „Observationes biblicae" (1695f) übte er Kritik an der Bibelübersetzung Luthers. Aus seinen regelmäßigen hermeneutischen Einführungen entstanden eine Reihe von Schriften zur biblischen Hermeneutik. In ihnen lehrte er sorgsame Beachtung des sensus litterae, des mit den Mitteln der philologischen Exgese zu eruierenden grammatischen Schriftsinnes als der *Schale* der heiligen Schrift, um von ihr zum *Kern* der heiligen Schrift, zum sensus litteralis durchzudringen, zur tieferen geistlichen Erkenntnis. *Schale* und *Kern,* in der spiritualistischen Tradition scharf unterschieden, werden nun positiv einander zugeordnet. Durch die Beachtung des historischen philologischen Schriftsinnes muß man zum tieferen geistlichen Sinn, zum Kern, welcher überall in der Schrift Christus ist, durchdringen. „Denn ohne Christus als dem Kern wäre das Wort dem Menschen eine leere Schale."

Neben August Hermann Francke lehrten in der theologischen Fakultät Joachim Justus Breithaupt und Paul Anton. *Joachim Justus Breithaupt* (1658–1732), als Student eine Zeit lang im Hause Speners in Frankfurt a.M., war 1691 als erster Theologieprofessor nach Halle berufen worden, wo er jahrelang sämtliche theologischen Disziplinen zu vertreten hatte. Durch die Berufung in kirchliche Ämter (1705 Generalsuperintendent des Herzogtums Magdeburg, 1709 Abt von Kloster Berge) wurde er zunehmend der akademischen Lehrtätigkeit entzogen, Breithaupts Dogmatik „Institutiones theologicae" (1694), die erste im Geist Speners geschriebene lutherische Dogmatik, bleibt innerhalb der Bahnen der orthodoxen Lehrüberlieferung, zieht aber den Kreis der heilsnotwendigen Fundamentalartikel enger und konzentriert den dogmatischen Stoff stärker auf die Lehre von der Heilsaneignung (ordo salutis). Nach dem Intermezzo der nur einjährigen Lehrtätigkeit des Jenenser Theologen Johann Wilhelm Baier wurde 1695 auf eine zweite theologische Professur berufen *Paul Anton* (1661–1730), Franckes Leipziger Freund und Mitbegründer des Collegium philobiblicum, auch er seit der Studienzeit mit Spener persönlich verbunden. Wie Breithaupt hielt Anton neben den Vorlesungen akademische Collegia pietatis mit Theologiestudenten. Ein begnadeter akademischer Lehrer von großer Ausstrahlungskraft, fand er nicht die Zeit für wissenschaftliche Publikationen. Von den postumen Veröffentlichungen, Vorlesungsnachschriften und Erbauungsbüchern Antons zeigt sein „Collegium antitheticum" (1732), daß sich der hallesche Pietismus einer maßvollen Weiterführung der konfessionellen Polemik vom Standpunkt des Luthertums nicht entzog.

Für lange Jahre wirkte das Triumvirat Francke, Breithaupt, Anton anziehend auf Studenten, die von weit her, bald auch aus den reformierten Gebieten Westdeutschlands nach Halle zogen. „Wer weiß, ob man in der ganzen Christenheit wieder drei Kollegen so zusammenbringen könnte, als zu Halle Breithaupt, Anton und Francke gewesen sind", urteilte Johann Albrecht Bengel nach seinem halleschen Studienaufenthalt 1713. Zu diesem Dreigestirn kamen weitere Theologen hinzu. Der nach Franckes Übergang in die theologische Fakultät 1699 zum Professor für orientalische Sprachen berufene *Johann Heinrich Michaelis* (1668–1738), 1709 in die theologische Fakultät aufgenommen, hat in Halle das Studium des Alten Testaments befördert (Biblia Hebraica von 1720), besonders als Direktor des 1702 gegründeten Collegium orientale theologicum, einem zunächst der wissenschaftlichen Nachwuchsförderung dienenden theologischen Institut, das später auch die Aussendung von Glaubensboten in den Orient vorbereiten sollte.

1709 kam *Joachim Lange* (1670–1744) in die theologische Fakultät. Lange, schon in Leipzig und Erfurt zum Freundeskreis Franckes gehörend, war in Berlin in enge Verbindung mit Spener getreten, durch dessen Vermittlung er Rektor des Friedrichwerderschen Gymnasiums wurde. Einer der schreibfreudigsten pietistischen Autoren, in der philosophischen und theologischen Bildung seinen Fakultätskollegen überlegen, hat Lange die Hauptlast der literarischen Auseinandersetzung des hallischen Pietismus mit seinen Gegnern, vor allem mit der lutherischen Spätorthodoxie, getragen. Nachdem er in seinem „Antibarbarus Orthodoxiae dogmatico-hermeneuticus" (1709/11) die Orthodoxie des Neopelagianismus bezichtigt hatte, bestimmte er die Position des hallischen Pietismus in doppelter Abgrenzung gegenüber Orthodoxie und radikalem Pietismus in dem vierbändigen Werk „Richtige Mittelstraße" (1712–14). Gegen den „Timotheus verinus" (1711/12) des Dresdner Superintendenten Valentin Ernst Loescher verteidigte Lange die hallische Reform des Theologiestudiums in „Die Gestalt des Kreuzreichs Christi in seiner Unschuld mitten unter den falschen Beschuldigungen und Lästerungen" (1713). Gegen Loeschers „Vollständigen Timotheus verinus" (1718) antwortete Lange im Namen der halleschen Fakultät mit seiner „Abgenöthigten völligen Abfertigung des sog. vollständigen Timotheus verinus" (1719). Aus Langes Feder stammt das Bibelwerk des hallischen Pietismus „Biblisches Licht und Recht" (8 Bde., 1726–38), ein durchgehender Kommentar zu sämtlichen biblischen Büchern, der auf Anordnung des preußischen Königs von allen brandenburgischen Gemeinden angeschafft werden mußte. Langes Kommentar über die Johannesoffenbarung (1730) sucht Speners Hoffnung besserer Zeiten mit den exegetischen Methoden des niederländischen Theologen Campegius Vitringa wissenschaftlich zu begründen. Schließlich führte Lange auch den Kampf des hallischen Pietismus gegen die Aufklärung, zunächst gegen Christian Thomasius, dessen in Leipzig geschlossenes Bündnis mit dem Pietismus bald zerbrach, später vor allem gegen den gleichzeitig mit ihm nach Halle berufenen Christian Wolff, dessen *Deutsche Metaphysik* (1720) er eines staatsgefährdenden Fatalismus und Determinismus bezichtigte.

Nicht mehr aus der Schule Speners stammend, sondern von August Hermann Francke geprägt ist die zweite Generation der hallischen Theologen. *Johann Daniel Herrnschmidt* (1675–1723) aus Bopfingen/Württemberg, während seiner Studienzeit in Halle zu dem engsten Mitarbeiterkreis Franckes gehörend, wurde 1715 als Professor der Theologie nach Halle berufen, wo er 1716 auch Subdirektor des Waisenhauses und Pädagogiums wurde. Von Francke ursprünglich als Nachfolger in Aussicht genommen, hat sich der Frühverstorbene vor allem durch seine Lieder („Lobe den Herren, o meine Seele"), von denen 17 in das Freylinghausensche Gesangbuch aufgenommen wurden, einen Namen gemacht. Nach Herrnschmidts Tod kam 1723 als Adjunkt in die theologische Fakultät *Johann Jakob Rambach* (1693–1735), der nach Franckes Tod 1727 dessen Lehrstuhl erhielt. Als Sohn eines Hallenser Tischlers geboren, durch die Lateinschule des Franckeschen Waisenhauses zum Universitätsstudium gelangt, hat Rambach auf dem Katheder und als Schriftsteller eine erstaunlich fruchtbare und vielseitige Tätigkeit entfaltet. Ethik, Homiletik und Katechetik sind von ihm aus der Enge des asketischen Rigorismus der hallischen Schule herausgeführt und im Sinne eines mild-lutherischen Pietismus bearbeitet worden. In der Kontroverstheologie hat Rambach vor allem die Sozinianer bekämpft. Mit seinen „Institutiones hermeneuticae sacrae" (1723) schuf er, Anregungen aus Franckes hermeneutischen Vorlesungen folgend, die bedeutendste pietistische Hermeneutik. Neben der Herausgabe von Gesangbüchern hat Rambach auch selbst geistliche Lieder gedichtet, dazu Texte zu den – vom hallischen Pietismus abgelehnten – neuen musikalischen Gattungen der Arien und Kantaten. Aus der Enge des halleschen Pietismus herauswachsend, folgte er 1731 einem Ruf nach Gießen.

Zu den hallischen Theologen zählt schließlich *Johann Anastasius Freylinghausen* (1670–1739), Franckes Schwiegersohn und Nachfolger in der Direktion des Waisenhauses, an der theologischen Fakultät mit der Leitung von homiletischen Übungen beauftragt. Der als Student in Erfurt von Breithaupt und Francke faszinierte, mit ihnen 1692 nach Halle ziehende Freylinghausen war jahrzehntelang Franckes rechte Hand als Vikar in Glaucha und später als Adjunkt an der Ulrichskirche. Mit seiner ursprünglich für den Unterricht im Waisenhaus bestimmten „Grundlegung der Theologie" (1703), die später auch im akademischen Unterricht verwandt wurde, hat er die Normaldogmatik des hallischen Pietismus verfaßt. Das die Lehre von der Heilsordnung (ordo salutis) in den Mittelpunkt rückende Werk fußt ganz auf Speners „Evangelischer Glaubenslehre" und bringt neben einer Fülle von Schriftbelegen zahlreiche ausführliche Lutherzitate. Das von Freylinghausen herausgegebene Gesangbuch – das „Geistreiche Gesangbuch" (Halle 1704), dem ein „Neues Geistreiches Gesangbuch" (Halle 1714) folgte, beide später in einem Band mit über

1500 Liedern vereint – wurde das bedeutendste Gesangbuch des Pietismus.

Die weltweiten Wirkungen des hallischen Pietismus

Johann Wilhelm Petersen nannte 1695 sieben deutsche Länder und 25 Städte, in denen der Pietismus Anhänger hatte.[23] In der Folgezeit drang der hallische Pietismus nahezu in alle lutherischen Gebiete Mittel- und Norddeutschlands ein, vereinzelt auch nach Süddeutschland (Franken). Die auf Frömmigkeit und Tüchtigkeit ausgerichtete hallische Theologenausbildung erwies sich den am alten Gelehrsamkeitsideal orientierten orthodoxen Fakultäten schnell überlegen. Überall verlangte man nach in Halle ausgebildeten Pfarrern und Lehrern. August Hermann Francke, mit zahlreichen fürstlichen und gräflichen Obrigkeiten in Korrespondenz stehend, konnte die Wünsche nach jungen Theologen kaum erfüllen. Besonderes Augenmerk legte er auf *Schlesien,* wo nach der Konvention von Altranstädt (1707) den unterdrückten Evangelischen größere Religionsfreiheit eingeräumt wurde. Francke versorgte die Gemeinden mit Pfarrern. Im halleschen Pädagogium waren Söhne schlesischer Adliger nach Brandenburgern und Mecklenburgern am stärksten vertreten. Überspitzt hat man gesagt, noch bevor Schlesien von Preußen militärisch annektiert wurde, sei es vom hallischen Pietismus geistig erobert worden.

Eine Filiale Halles und ein zweiter pietistischer Schwerpunkt innerhalb des brandenburgisch-preußischen Staates entstand in *Königsberg/Ostpreußen.*[24] Inaugurator war Theodor Gehr (1663–1705), ein ostpreußischer Pfarrerssohn, der nach einer Bekehrung dem Berliner Hofleben absagte und als kurfürstlicher Beamter und (ab 1701 könig-

23 Wittenberg, Jena, Dresden, Leipzig, Lichtenberg/Elbe, Gotha, Coburg, Saalfeld, Erfurt, Halle/Saale, Magdeburg, Berlin, Frankfurt a.M., Gießen, Altdorf, Tübingen, Straßburg, Lübeck, Hamburg, Lüneburg, Halberstadt, Quedlinburg, Bremen, Stade, Danzig, Mansfeld, Holstein, Waldeck, Württemberg, Pommern, Preußen und Mecklenburg (J.W. PETERSEN, Freudiges Zujauchzen der Erwählten Fremdlinge hin und her in Sachsen, Brandenburg, Lüneburg ... über den Sieg D. Speners wider die Theologen zu Wittenberg, o.O. 1696).

24 Zum Pietismus in Ostpreußen s. C. HINRICHS, Preußentum und Pietismus, Göttingen 1871, 231–300.

licher) Holzkämmerer in seine Heimat zurückkehrte. Beeinflußt von Spener in Berlin gründete er in Königsberg ein Collegium pietatis und, mit Hilfe eines halleschen Theologiestudenten eine Privatschule, die er nach einer Reise zu Francke nach halleschem Vorbild zu einer pietistischen Musterschule ausbaute. Aus der Winkelschule entwickelte sich eine deutsche Volks- und Realschule, daneben eine Lateinschule nach dem Muster des halleschen Pädagogiums, daneben trat über die Stadt verstreut eine größere Zahl von Armenschulen. 1698 als öffentliche Schule anerkannt, wurde diese pietistische Schule, die sich an der modernen, auf *Frömmigkeit und Tüchtigkeit* ausgerichteten, neben dem Bibelstudium die Ausbildung zu praktischer Tüchtigkeit in den Mittelpunkt stellenden Pädagogik Halles orientierte, anläßlich der Königskrönung 1701 unter staatliche Protektion genommen. Seit 1703 hieß sie *Collegium Fridericianum* und wurde eine Pflanzstätte pietistischen Geistes im ostpreußischen Adels-, Bürger- und Akademikerstand. Der erste Direktor des Collegium Fridericianum *Heinrich Lysius* (1670–1731), zugleich Professor an der Universität, hatte gegen den heftigen Widerstand der mit dem Ständetum verbündeten Orthodoxie zu kämpfen. Erst der energische *Georg Friedrich Rogall* (1701–1733) setzte, von August Hermann Francke beraten und vom Berliner Hof unterstützt, den Pietismus in Königsberg durch. Ein königlicher Befehl ordnete 1726 an, „daß bei der dortigen Universität zu Königsberg die Lehrart der halleschen Theologorum introducieret und darum alles auf den halleschen Fuß tractieret werde".[25] Bleibende pietistische Prägung erhielt Ostpreußen durch den Theologen und Schulmann *Franz Albert Schultz* (1692–1763), der in Halle bei August Hermann Francke und Christian Wolff studiert hatte. Schultz wurde 1732 Professor der Theologie und Direktor des Collegium Fridericianum, das er zum ostpreußischen Mustergymnasium machte. Der Königsberger Universität verlieh Schultz „das Gesicht einer pietistischen Erziehungsanstalt nach hallischem Muster unter Einschluß der Methode Christian Wolffs" (E. Wolf). Das Schulwesen Ostpreußens und Litauens wurde auf Befehl Friedrich Wilhelms I. durch ihn im Geist des hallischen Pietismus organisiert. Schultz setzte die allgemeine Schulpflicht und den ganzjährigen Schulbetrieb erstmals in Preußen durch. Er gründete

25 C. Hinrichs, Preußentum und Pietismus, Göttingen 1871, 249.

Armenschulen. Als Friedrich Wilhelm I. 1737 erneut anordnete, alle Prediger sollten mindestens zwei Jahre in Halle studiert haben, konnte er die in Königsberg Studierenden ausnehmen. Kein anderer Teil des preußischen Gesamtstaates ist so vom Pietismus geprägt worden wie Ostpreußen. Johann Gottfried Herder hat als Student unter Schultz am Fridericianum unterrichtet. Immanuel Kant, der unter Schultz das Königsberger Gymnasium besuchte und auf dessen Elternhaus Schultz großen Einfluß ausübte, wollte ihm ein ehrenvolles literarisches Denkmal errichten.

Francke sah in seinen hallischen Anstalten und deren Verbindung mit einer modernen Reformuniversität den Ansatzpunkt zu einer weit über die Grenzen Brandenburg-Preußens hinausgreifenden *ökumenischen Reformbewegung*. Überzeugt, daß die Wurzel des allgemeinen Verderbens in mangelnder oder falscher Erziehung der Jugend liege, wollte er aus Halle das Ausbildungszentrum einer neuen Generation von Lehrern und Pfarrern machen, die die Impulse einer auf Frömmigkeit und Tüchtigkeit ausgerichteten modernen Pädagogik in alle Welt tragen sollten.

Die weltumspannenden Reformpläne, die Francke mit seinen hallischen Anstalten verband, legte er 1701 erstmals dar in dem Vorschlag zu einem „Project zu einem Seminario Universali oder Anlegung eines Pflanzgarten, von welchem man eine reale Verbesserung in allen Ständen in und außerhalb Teutschlands, ja in Europa und allen übrigen Theilen der Welt zu gewarten".[26] Zuerst nur den engsten Freunden mitgeteilt, weihte er 1704 im – später mehrfach überarbeiteten – „Großen Aufsatz" einen weiteren Kreis von Freunden und Gönnern in seine universalen Reformprojekte ein. Das ehrgeizige Ziel, Halle zu einer ökumenischen Weltuniversität zu erheben, an der Studenten aller Länder im pietistischen Geist ausgebildet werden sollten, war hoch angesetzt. Tatsächlich kamen junge Leute aus vielen, auch nichtlutherischen Ländern nach Halle, wo sie in den Stiftungsschulen oder an der Universität im hallischen Geist erzogen wurden. Schon früh kamen Schüler und Studenten aus den reformier-

26 A.H. Franckes Schrift über eine Reform des Erziehungs- und Bildungswesens als Ausgangspunkt einer geistlichen und sozialen Neuordnung der Evangelischen Kirche des 18. Jahrhunderts. Der grosse Aufsatz, hg.v. Otto Podczeck, Berlin 1962, 23.

ten Gebieten Westdeutschlands und der Schweiz. Enge Kontakte knüpften sich zu den skandinavischen Ländern[27] und zum Luthertum des Baltikums, noch engere zum Luthertum in den ost- und südosteuropäischen Ländern. Aus den habsburgischen Landen kamen Tschechen, Slowaken und Ungarn, die nach Beendigung ihrer Studien häufig Drangsalierungen in ihrer Heimat in Kauf nehmen mußten.[28] In der Waisenhausdruckerei wurden Neue Testamente und Bibeln in den Sprachen vieler osteuropäischer Völker gedruckt. Vielfältige Beziehungen ergaben sich seit 1699 nach Rußland.[29] Russische Studenten kamen nach Halle, und ehemalige hallische Studenten gingen nach Rußland, wo an den Gymnasien in Moskau, Petersburg und Archangelsk bald Schüler Franckes unterrichteten. In der Druckerei des Waisenhauses wurde eine Abteilung für russische Drucke eingerichtet. Man mühte sich um Übersetzung und Druck der Bibel in der russischen Volkssprache. Sendboten Halles zogen nach Konstantinopel und Kleinasien. Auch vier Griechen weilten zeitweilig als Kollegianten am Collegium orientale.

Franckes Schüler *Anton Wilhelm Böhme* (1673–1722), lutherischer Hofprediger des Prinzgemahls der englischen Königin Anna, knüpfte die Beziehungen nach England.[30] Mit der 1699 gegründeten „Society for Promoting Christian Knowledge" ergab sich eine enge Zusammenarbeit. Englische Schüler kamen in größerer Zahl nach Halle; das von ihnen bewohnte Haus hieß bald das „Englische Haus". Durch

---

27 H. PLEIJEL, Der schwedische Pietismus in seinen Beziehungen zu Deutschland, Lund 1935. – Für A.H. Franckes Verbindungen zu Schweden, besonders zu der 1713 unter schwedischen und finnischen Kriegsgefangenen in Sibirien („Karoliner") ausbrechenden Erweckung siehe jetzt I. MONTGOMERY, Der Pietismus in Schweden im 18. Jahrhundert, und P. LAASONEN, Der Pietismus in Finnland im 17. und 18. Jahrhundert in: M. Brecht u.a. (Hg.), Der Pietismus im 18. Jahrhundert (= Geschichte des Pietismus, Bd. 2, Göttingen 1995).

28 JAN KOCKÁ, über den Einfluß A.H. Franckes auf Matthias Bel, in: August Hermann Francke 1663–1727, Halle/Saale 1977, 96–99.

29 J. STORZ, Die Auslandsbeziehungen A.H. Franckes unter besonderer Berücksichtigung Rußlands, in: August Hermann Francke 1663–1727, Halle/Saale 1977, 100–107.

30 A. SAMES, Anton Wilhelm Böhme, Göttingen 1990; D.L. BRUNNER, Halle Pietists in England. Antony Willliam Boehm and the Society for Promoting Christian Knowledge, Göttingen 1993.

Böhme, der Arndts „Wahres Christentum“ und Schriften Franckes in englischer Übersetzung herausgab (Pietas Hallensis, London 1705), wurde Franckes hallisches Werk über England hinaus bis nach Nordamerika bekannt. Francke korrespondierte bald mit dem Puritaner Cotton Mather in Boston, knüpfte briefliche Beziehungen nach Pennsylvanien und Virginia.

In Indien wirkten seit 1706 die Franckeschüler *Bartholomäus Ziegenbalg* (1682–1719) und *Heinrich Plütschau* (1677–1746) als Missionare unter den Tamilen. Sie waren durch Vermittlung Berliner pietistischer Kreise von dem Kopenhagener Hofprediger Lütkens ohne Wissen Franckes für die von König Friedrich IV. im dänischen Kolonialgebiet geplante Mission angeworben worden und 1706 in Trankebar gelandet.[31] Francke nahm die *Heidenmission,* ursprünglich kein Bestandteil des pietistischen Reformprogramms, als Adoptivkind in die Familie seiner hallischen Anstalten auf. Die aus Trankebar eingehenden Missionsberichte, 1708 in Halle erstmals gedruckt, seit 1710 in den „Halleschen Berichten“ regelmäßig publik gemacht, weckten das Interesse weiter Kreise an der Heidenmission. Die „Dänisch-hallische Mission“, verwaltungsmäßig von Kopenhagen, geistig von Halle geleitet, bildet den Anfang der organisierten äußeren Mission im deutschen Protestantismus. Bis zum Ende des 18. Jahrhunderts wurden 80 Missionsarbeiter von Halle nach Indien ausgesandt. In Halle druckte man 1716 die erste Grammatik in Tamil, auch schickte man eine vollständige Druckerei nach Indien. Nach Franckes Tod projektierte *Johann Heinrich Callenberg* (1694–1760) in Halle 1728 ein Institutum Judaicum zur Erforschung der jüdischen Religion und zur Proselytenpflege und Mission unter den Juden. Von diesem ersten organisierten Zentrum deutscher protestantischer *Judenmission* gingen bis zum Ende des Jahrhunderts mehr als zwanzig Judenmissionare aus, vor allem nach Osteuropa und in den Orient. Mit Gottfried Wilhelm Leibniz trat Francke in einen Gedankenaustausch über die Chinamission, konnte seine an der Glaubensmission orientierten Vorstellungen jedoch nicht mit den Kulturmissionsideen des Aufklärungsphilosophen in Einklang bringen.

Es ist Francke nicht gelungen, seine universalen Reformideen zum Erfolg zu führen. Die ökumenischen Zielsetzungen traten in Franckes

---

31 A. LEHMANN, Es begann in Trankebar, Berlin ²1956.

späteren Jahren deutlich zurück, ohne jemals aufgegeben zu werden. Besonders nach dem Regierungsantritt Friedrich Wilhelms I., der nach anfänglichem Mißtrauen ein entschiedener Förderer der hallischen Anstalten wurde, sind deren Adepten in zunehmendem Maße für Aufgaben im *preußischen Staat* herangezogen worden. Der König, der die Nützlichkeit der hallischen Anstalten treffsicher erkannte, holte Francke und Joachim Lange häufig an seinen Hof. Das große Potsdamer Militärwaisenhaus, für das sich der König aus Halle nicht nur Franckes Rat, sondern auch die Lehrer holte, wurde mit seinen pädagogischen Methoden und seinem Geist „ein militärischer Ableger des Halleschen Waisenhauses".[32] In ähnlicher Weise wurde das Berliner Kadettenhaus, die Pflanzschule des preußischen Offizierskorps, ein militärisches Abbild des Pädagogiums.[33] Franckes Mitarbeiter Carl Hildebrand von Canstein und der pietistische General Gneomar Dubislav von Natzmer (1654–1739) sorgten für die Verbreitung pietistischen Schrifttums im preußischen Heer. Erbauungsbücher wie Herrnschmidts „Der fromme Soldat d. i. Gründtliche Anweisung zur wahren Gottseligkeit für Christliebende Kriegsmänner" wurden in Halle gedruckt.

Multiplikatoren des hallischen Pietismus innerhalb Preußens waren vor allem die *Feldprediger*, deren Stellen mit dem Ausbau des preußischen Heeres sprunghaft vermehrt wurden. Feldprediger mußten in Halle studiert haben. Wiederum wurden die besseren Pfarrstellen des Landes nur an ehemalige Feldprediger vergeben. Auf diese Weise floß der Geist des hallischen Pietismus auf dem Umweg über das preußische Heer, dessen Mentalität er mitformte, schließlich in das allgemeine Kirchenwesen ein. „Das Moment, daß der größere und vornehmere Teil der märkischen Geistlichen durch die Zwischenstufe des Feldpredigeramtes hindurch ging, ist auch für die Geschichte der Kirchenverfassung nicht unwichtig, indem grade dadurch auch im Kirchenwesen der Geist einer strengen militärischen Disciplin Eingang fand."[34]

---

32 C. Hinrichs, Preußentum und Pietismus, Göttingen 1971, 169.

33 Ebd.

34 H. von Mühler, Geschichte der evangelischen Kirchenverfassung in der Mark Brandenburg, 1846, 231, zit. nach Hinrichs, Preußentum und Pietismus, Göttingen 1971, 159.

Nach dem Urteil von Carl Hinrichs ist der hallische Pietismus durch die Vereinnahmung für den Aufbau des absolutistischen preußischen Militärstaates daran gehindert worden, seine universalen Reformideen durchzuführen, und – verkürzt gesprochen – dadurch zu einer *preußischen Staatsreligion* umgeformt worden. Dieses Urteil, berechtigt, wenn man an den Einfluß des Königsberger Pietismus (F.A. Schultz) auf die preußische Schulpolitik nach Franckes Tod denkt, bedarf für Halle einiger Einschränkungen. Obwohl der preußische Staat die in Halle ausgebildeten Pfarrer und Lehrer ständig für Stellen innerhalb Preußens anforderte, so daß kaum eine größere Zahl von Kandidaten für eine ökumenische Weiterbildung z.B. am Collegium orientale freizustellen war, haben Francke und seine Nachfolger die *ökumenischen Zielsetzungen* nie aus dem Auge verloren. Neben der Weiterführung der äußeren Mission in Indien und neben der Judenmission, die ihren Schwerpunkt in den osteuropäischen Ländern und im Orient hatte, ist besonders die von Halle ausgehende Fürsorge für die deutschen lutherischen Auswanderer in Nordamerika zu erwähnen. Francke fühlte sich für die 1710 in Pennsylvanien eingewanderten lutherischen Pfälzer verantwortlich und schickte ihnen Bücher und Medikamente. *Heinrich Melchior Mühlenberg* (1711–1787), von Franckes Sohn Gotthilf August Francke (1696–1769) 1742 nach Pennsylvanien entsandt, hat die lutherischen Deutschen Nordamerikas gesammelt und ist zum eigentlichen Begründer einer deutschstämmigen lutherischen Kirche in Nordamerika geworden.[35] Für die 1731 aus dem Erzbistum Salzburg vertriebenen Lutheraner sorgte sich unermüdlich der Augsburger Senior Samuel Urlsperger (1685–1772), der rührigste Anhänger und Schüler August Hermann Franckes in Süddeutschland. Dank seiner Verbindungen zur Society for Promoting Christian Knowledge organisierte er die Auswanderung von Salzburger Emigranten nach Nordamerika, wo sie in Georgia eigene Siedlungen anlegten.[36]

Schwer wog, daß es dem hallischen Reformwerk an Menschen fehlte. Francke hatte, wenn er Halle zu einer universalen Reform-

---

35 K. ALAND U.A. (Hg.), Die Korrespondenz Heinrich Melchior Mühlenbergs, 5 Bde., Berlin 1986–2002.

36 R. SCHWARZ (Hg.), Samuel Urlsperger (1685–1772). Augsburger Pietismus zwischen Außenwirkungen und Binnenwelt, Berlin 1996.

universität weiterbilden wollte, nicht nur an die Aussendung von Deutschen in andere Länder gedacht, sondern auch an die Ausbildung ausländischer Studenten in Halle. Hier ist der erwartete Zuzug ausgeblieben. Am Collegium orientale, dessen Mitgliederzahl Francke auf fünfzig erhöhen wollte, studierten in der Blütezeit nur fünf aus Griechenland gekommene Studenten. Aber auch in Deutschland mangelte es an geeigneten Mitarbeitern. Francke verfügte in der Anfangszeit über einen kleinen, ihm enthusiastisch folgenden Mitarbeiterstab. Als seine hallischen Anstalten wuchsen, ließen sich seine rigorosen Ideale in größeren Kreisen nicht durchsetzen. „Weltverwandlung durch Menschenverwandlung" – auf diese Kurzformel hat man das Reformprogramm des Pietismus gebracht.[37] Es war diese utopische Zielsetzung, an der Franckes universale Reformpläne schließlich scheitern mußten. Was von ihm und seinen Mitarbeitern erreicht wurde, ist aber immer noch mehr als genug, um dem hallischen Pietismus in der Geschichte der Kirche, der Frömmigkeit und der Mission, aber auch der Pädagogik und Sozialarbeit bleibende Bedeutung zuzusprechen.

---

37 M. SCHMIDT, Der Pietismus als theologische Erscheinung, Göttingen 1984, 69.

V. Der radikale Pietismus[1]

Dem Pietismus als innerkirchlicher Erneuerungsbewegung geht ein Pietismus parallel, für den sich – jedenfalls in der kirchengeschichtlichen Forschung – der Name „radikaler Pietismus" eingebürgert hat.[2] Kennzeichen dieses „radikalen Pietismus" sind eine von Gleichgültigkeit bis zur Ablehnung reichende negative Haltung zur Kirche als Institution, eine Tendenz zum *Separatismus,* zur Trennung von der Kirche, die man für unheilbar verderbt und irreformabel hält. Damit kann zusammengehen der Rückzug aus der Welt und ihren Ordnungen (Hofleben, bürgerlicher Beruf), zuweilen der Verzicht auf die Ehe, vereinzelt die Wiederbelebung des altkirchlichen Einsiedlertums. Während im Raum der reformierten Konfession und ihrer Prädestinationslehre der radikale Pietismus zur Gemeindebildung neigt, zur sichtbaren Darstellung der Gemeinde der Erwählten, führt im Raum der lutherischen Konfession und ihrer Lehre von der allgemeinen Gnade der pietistische Separatismus in der Regel nur zur Distanzierung einzelner von der Kirche und zu lockerer Gruppenbildung. Die Indifferenz gegenüber der Institution der Kirche schließt ein die Gleichgültigkeit gegenüber den kirchlichen Lehrnormen, die Ablehnung der Bekenntnisbindung. Daraus folgt eine Tendenz zur

---

1 Die gesonderte Darstellung eines „radikalen Pietismus" ist nicht ohne Bedenken vorgenommen worden. An vielen Stellen sind die Grenzen zwischen kirchlichem und radikalem Pietismus undeutlich oder fließend. Gottfried Arnold ist im strengen Sinn nur in den wenigen Jahren seiner Separation vom kirchlichen Amt radikaler Pietist gewesen. Andererseits gehören zum radikalen Pietismus Jean de Labadie und Ludwig Brunnquell, die nicht in dieses Kapitel aufgenommen, sondern im jeweiligen historischen Kontext (dem reformierten Pietismus bzw. dem württembergischen Pietismus) belassen worden sind. Auch Tersteegen könnte dem radikalen Pietismus zugerechnet werden. Die Überschrift dieses Kapitels ist also nicht im exklusiven Sinn zu verstehen.

2 Zur Problematik des Begriffs vgl. H. Schneider, Der radikale Pietismus in der neueren Forschung, PuN 8 (1983), 15ff. – Eine informative und übersichtliche Gesamtdarstellung bietet Ch.D. Ensign, Radical German Pietism (c. 1675–c. 1760), Diss. phil. Boston 1955.

Heterodoxie, zur Ausbildung eigener, vom kirchlichen Bekenntnis abweichender und ihm nicht selten widersprechender religiöser Anschauungen. Der radikale Pietismus hat die Produktivität der religiösen Ideenbildung gefördert und beachtliche Beiträge zur neuzeitlichen religiösen Ideengeschichte geliefert. Eher als der kirchliche Pietismus kann der radikale Pietismus mit seinem Eintreten für Toleranz und Glaubensfreiheit ein Wegbereiter der Aufklärung genannt werden.

Schwierig ist die Abgrenzung des radikalen Pietismus von anderen religiösen Gruppen am Rand oder außerhalb der Kirche. Zwischen dem radikalen Pietismus und den Restgruppen der *Schwenckfelder* und *Täufer,* die sich in manchen Teilen Deutschlands über den Dreißigjährigen Krieg hinaus hielten, läßt sich eine deutliche Grenze nicht ziehen. Ebenso schwierig ist die Abgrenzung zu den im 17. Jahrhundert verbreiteten *pansophisch-kabbalistischen* Kreisen, etwa am Hof des Pfalzgrafen Christian August von Sulzbach oder am Stuttgarter Hof um die württembergische Prinzessin Antonia. Am schwierigsten ist die Unterscheidung vom so genannten *„mystischen Spiritualismus“,* den Anhängern Valentin Weigels und Jakob Böhmes, die das ganze 17. Jahrhundert hindurch mit ihren meist in den Niederlanden gedruckten Schriften weite Verbreitung in gebildeten, aber auch einfachen Kreisen fanden. Hier überall sind die Grenzen fließend, gedankliche Abhängigkeit und gegenseitige Beeinflussung an vielen Stellen evident. Die von Johann Georg Gichtel, dem Herausgeber der Werke Jakob Böhmes, gegründete „Engelsbruderschaft“ ist von radikal-pietistischer Gruppenbildung kaum zu unterscheiden. Trotzdem ist es geboten und entspricht wissenschaftlichem Sprachgebrauch, den mystischen Spiritualismus, vor allem die Anhänger Jakob Böhmes (etwa den Ekstatiker Quirinus Kuhlmann), nicht dem radikalen Pietismus zuzurechnen.

1. Johann Jakob Schütz und die Anfänge des separatistischen Pietismus im Luthertum

Wallmann, Johannes: Philipp Jakob Spener und die Anfänge des Pietismus, Tübingen ²1986, 299–324. – Deppermann, Andreas: Johann Jakob Schütz und die Anfänge des Pietismus, Tübingen 2002.

Latent war pietistischer Separatismus schon bei der Gründung des Collegium pietatis 1670 vorhanden, wie aus Speners gleichzeitigen Warnungen vor einer kirchlichen Trennung hervorgeht. Seit 1682 kam es bei einigen Freunden und Anhängern Speners zum offenen Bruch mit der Kirche.[3] Anführer dieses radikalen Flügels und Urheber der ersten pietistischen Separation im Luthertum war der Mitbegründer des Collegium pietatis und engste Freund Speners, der Frankfurter Jurist Johann Jakob Schütz.

Johann Jakob Schütz[4] (1640–1690), Sohn eines im Dreißigjähri-

---

3 S. oben S. 97f.

4 Johann Jakob Schütz, in früheren Gesamtdarstellungen nur am Rande erwähnt, ist bisher eine der dunkelsten Gestalten aus der Geschichte des Pietismus. In zeitgenössischen Quellen regelmäßig neben Spener genannt, zuweilen sogar vor ihm, ist er nach seiner Trennung von der Kirche bald in Vergessenheit geraten. Spener, besorgt, ein unverdächtiges Bild von den Anfängen zu überliefern, hat in seinen zahlreichen Rückblicken auf das Frankfurter Collegium pietatis, die für die pietistische Historiographie grundlegend wurden, den Namen von Schütz nicht genannt. Erst Albrecht Ritschl erkannte die Bedeutung von Schütz als Urheber des separatistischen Pietismus im Luthertum (Geschichte des Pietismus II, Bonn 1884, Nachdr. 1966, 156), konnte aber mangels Quellen das Dunkel nicht erhellen. Hermann Dechent gelang es, aus Frankfurter Quellen Leben und Wirken von Schütz deutlicher sichtbar zu machen (H. DECHENT, Johann Jakob Schütz. Christliche Welt 3 [1889], 848–854.864–868.935–937.952–956). Leider entging dies dem Spenerbiographen Paul Grünberg. Die von Grünberg abhängige Pietismusforschung des 20. Jahrhunderts blieb im Banne der apologetischen Berichte Speners. Erst in jüngster Zeit ist, durch Rückgang auf eine breitere Quellenbasis, die Bedeutung von Schütz für die Anfänge des Pietismus wieder deutlicher ans Licht getreten (J. WALLMANN, Philipp Jakob Spener und die Anfänge des Pietismus, Tübingen ²1986). Ein abgerundetes Bild von Johann Jakob Schütz wird erst gegeben werden können, wenn sein auf Schloß Laubach/Hessen und im Senckenbergischen Archiv/Frankfurt a.M. in Teilen erhaltener Nachlaß an Büchern, Manuskripten und Briefen erschlossen und umfassend ausgewertet sein wird. Er hat in Auswahl der folgenden Darstellung zugrunde gelegen. Nachtrag: Inzwischen ist es Andreas Deppermann, Johann Jakob Schütz und die Anfänge des Pietismus, Tübingen 2002, gelungen, das Desiderat einer den Nachlaß von Schütz umfassend auswertenden Darstellung zu erfüllen. Seine Arbeit habe ich zur Korrektur einiger Fehler benutzt, weise aber auf sie, die Wirken und Bedeutung von Schütz sehr viel breiter umfaßt als die von mir gegebene Darstellung, als das künftig grundlegende Buch über die Anfänge des radikalen Pietismus im Luthertum besonders hin.

gen Krieg in Frankfurt a.M. ansässig gewordenen Juristen, entstammte väterlicherseits einer württembergischen Familie, war Urenkel von Jakob Andreae und Großneffe von Johann Valentin Andreae. Sein in Jena begonnenes, in Tübingen fortgesetztes Jurastudium schloß er mit einer Licentiatendissertation „De falso procuratore“ (Tübingen 1665) ab. Aus Vorlesungsnachschriften seines Lehrers Wolfgang Adam Lauterbach gab er ein „Compendium Juris“ (Tübingen 1679) heraus, das bis ins frühe 18. Jahrhundert häufig neu gedruckt wurde. Schütz hat in Frankfurt a.M. spätestens ab 1670 als Rechtsanwalt eine gutgehende berufliche Praxis betrieben, die er, entgegen gängiger Meinung, niemals aufgegeben hat. Er hat sich lediglich später von der Übernahme von Rechtsprozessen zurückgezogen. Nach der Besteuerung seines Vermögens zählte er zu den wohlhabendsten Bürgern Frankfurts. In engen Beziehungen zu Buchhändlern wie Johann David Zunner, Heinrich Betke und Andreas Luppius stehend, hat Schütz für den Druck religiöser Bücher gesorgt, zuweilen auch Kapitalhilfe gewährt. Seine vielfältigen auswärtigen Verbindungen nutzte er zu religiösem Briefwechsel und zum Versand religiöser Schriften bis hinauf nach Riga und Finnland. Seine Freundschaft mit dem reformierten Frankfurter Kaufmann und Handelsreisenden Jacob van de Walle brachte ihn mit religiösen Gruppen in den Niederlanden und den reformierten Gebieten Nordwestdeutschlands in Verbindung. Aus dem Verkehr mit Pfalzgraf Christian August von Sulzbach, in dessen Diensten sein Vater gestanden hatte, entwickelte sich ein intensiver Gedankenaustausch mit dem kabbalistisch-pansophischen Kreis am Sulzbacher Hof, vor allem mit Christian Knorr von Rosenroth, dessen Schriften Schütz in Frankfurt zum Druck beförderte, und mit Franciscus Mercurius van Helmont, der auf seinen Reisen mehrmals in Frankfurt weilte und durch den Schütz mit dem Gedankengut der Cambridger Neuplatoniker um Henry More bekannt wurde. Schütz, eine ökumenische Gestalt im Luthertum des 17. Jahrhunderts, vermählte sich 1680 mit der aus einer reichen niederländischen Familie stammenden Elisabeth Katharina Bartels, die nach seinem Tod unter den radikalen Pietisten hohes Ansehen genoß. Eine Tochter von Schütz, die der junge Oetinger besuchte, lebte noch bis 1770 in Frankfurt. Die juristische Praxis führte sein Schüler und Freund Christian Fende weiter.

In seiner Jugend hatte Schütz die katechetischen Unterweisungen des Ulmer Superintendenten Konrad Dietrich, eine auf die theologischen Kontroversen mit römischen Katholiken, Calvinisten und Enthusiasten eingehende Auslegung des Katechismus, wörtlich seinem Gedächtnis eingeprägt. Das völlige Bescheidwissen in der lutherischen Lehre und in den konfessionellen Streitigkeiten gab ihm jedoch keinen inneren Halt. Schütz, seinen angelernten Glauben als kraftloses Hirngespinst erkennend, stürzte in Anfechtungen, die zum Zweifel an der Wahrheit der christlichen Religion und fast zum „Atheismus" führten. Über dem Lesen der Predigten Johann Taulers und beim Befolgen von dessen Rat, auf die inneren Regungen der Seele zu achten, empfand Schütz jedoch „einige rührung". Spener nahm ihm seine Skrupel, den als Enthusiasten verschrieenen Tauler zu lesen. Der Lektüre Taulers verdankte Schütz seine *Erweckung.* Angeleitet durch Tauler, las er die Bibel und wurde der göttlichen Kraft in ihr gewahr. Seine vorher „buchstäbliche" Erkenntnis wurde in eine „lebendige, innere Erkenntnis" gewandelt.

Schütz ist zeitlebens ein *Anhänger Taulers* und ein Propagator mystisch-spiritualistischer Frömmigkeit geblieben. Sein mehrfach aufgelegtes „Christliches Gedenkbüchlein" (seit 1672 handschriftlich verbreitet, anonym gedruckt Frankfurt a.M. 1675) gibt Anleitung zu einem „anfangenden neuen Leben", das, der Taulerschen Stufenmystik folgend, aus den drei Stufen „Ablegung der Sünden, Erleuchtung des inneren Menschen und Vereinigung mit Gott" bestehe. Dem Büchlein sind fünf Lieder beigegeben, darunter das bekannte Lied „Sei Lob und Ehr dem höchsten Gut". Schütz hat die große, wiederholt aufgelegte Frankfurter Ausgabe der Predigten Johann Taulers (Frankfurt a.M. 1681) besorgt, die, mit einem Vorwort Speners versehen, den Pietismus mit der deutschen Mystik vertraut machte.

Bei der Gründung des Frankfurter *Collegium pietatis* war Schütz einer der beiden Anreger. Im Collegium pietatis spielte er neben Spener die Hauptrolle. Zwischen Spener und Schütz entwickelte sich eine enge Zusammenarbeit, außer im Collegium pietatis auch bei der brieflichen Korrespondenz, die die Frankfurter Pietisten mit auswärtigen Freunden führten, schließlich auch bei der Verteidigung der pietistischen Bewegung in Frankfurt und Darmstadt gegenüber der orthodoxiehörigen Obrigkeit. Schütz und Spener arbeiteten auch zusammen bei der Gründung des 1679 eröffneten Frankfurter Armen-, Waisen- und Arbeitshauses, zu dessen Rechnungsführer Schütz gewählt wurde. Für die Kinder und Männer des Armenhauses verfaßte Schütz ein „Christliches ABC“ (Einblattdruck, 1682).[5]

In den ersten Jahren des Collegium pietatis hielt sich Schütz eng an Spener. Sonntag für Sonntag saß er unter der Kanzel der Barfüßerkirche, legte sich von den Predigten Speners sowie der Prediger J.C. Sondershausen und J. Emmel sorgsame Nachschriften an.[6] Gleichzeitig intensivierte er die Kontakte zu Kreisen am Rande oder außerhalb der Kirche. Seit 1674 trat Schütz in Briefwechsel mit Anna Maria van Schurman und Pierre Yvon, den Korrespondenten der Hausgemeinde Jean de Labadies. Er übersetzte eine Beschreibung der labadistischen Hausgemeinde und veröffentlichte sie im Herbst 1675 im „Diarium Europaeum“. Labadies Schriften, darunter „La Reformation de l’Eglise par le Pastorat“ und „L’Exercice prophétique“, wurden Schütz von den Labadisten zugeschickt. Was sich an labadistischem Einfluß in Speners Pia Desideria findet – der Vorschlag zur Einrichtung der urchristlichen Kirchenversammlungen von 1. Kor 14 und von Collegia pietatis mit Theologiestudenten – ist durch Schütz an Spener vermittelt worden. Wohl zuerst durch Knorr von Rosenroths Schriften, dann auch durch niederländische und englische Literatur wurde Schütz für chiliastische Zukunftserwartungen gewonnen, noch bevor Spener sich ihnen zuwandte. Freundschaft verband Schütz auch mit Pierre Poiret, dem Anhänger der Antoinette Bourignon, der um 1675 für einige Zeit in Frankfurt weilte.

Schütz’ *Separation von der Kirche* hat sich in Etappen, nicht mit einem Schlag vollzogen. Zur Zeit des Erscheinens der Pia Desideria hoffte er noch auf eine Erneuerung der lutherischen Kirche. Doch bald häuften sich seine Klagen, den zustimmenden Worten folgten keine Taten. „Von H.D. Speners piis Desideriis ist mehr redens, als daß man den gebotten Christi würcklich nachlebete; wozu sollen aber die Worte, welche gar keine Früchte bringen?“[7] Seit 1676 zog sich Schütz vom Abendmahlsbesuch zurück. In seinem Haus richtete er Collegia pietatis mit Theologiestudenten ein. Als Spener ihn davor warnte, hielt er sich zu den Saalhofpietisten um Johanna Eleonora

---

5 Senckenbergisches Archiv M 324.

6 Senckenbergisches Archiv M 328.

7 J.J. Schütz an Christian Philipp Leutwein, Dezember 1676, Senckenbergisches Archiv M 330.

von Merlau und Maria Juliana Baur von Eyseneck. Schütz wurde mit William Penn bekannt, als dieser im August 1677 zweimal in Frankfurt weilte und dabei im Hause Jacob van de Walles und im Saalhof Andachten hielt. Als Penn bedrängte Christen aus allen Konfessionen zum „Holy Experiment“ aufrief, um durch die Besiedlung von Pennsylvanien das Reich Gottes zu erweitern, gründete Schütz mit Jacob van de Walle und anderen Freunden die Frankfurter Landcompagnie, die umfangreichen Landbesitz in Pennsylvanien erwarb. Man plante den Auszug aus dem europäischen Babel. Von den Frankfurter Kollegianten ging allein *Franz Daniel Pastorius* (1651–1720) nach Pennsylvanien, wo er, mit dreizehn Krefelder Auswandererfamilien, 1683 Germantown bei Philadelphia gründete, die erste deutsche Siedlung in Nordamerika.

Seit Ende 1682 zog sich Schütz mit seinen Freunden auch vom öffentlichen Gottesdienst zurück. Das Bekanntwerden eines Briefes von Christian Fende, der scharfe Kritik an dem „Götzen“ des lutherischen Abendmahls enthielt, führte zum offenen Bruch mit Spener.[8] Im Herbst 1684 erschien von Schütz anonym der „Diskurs, ob die Auserwählten verpflichtet seien, sich notwendig zu einer heutigen großen Gemeinde und Religion zu halten“ (gedruckt Duisburg und Wesel 1684). Hier begründet Schütz die separatistische Auffassung, daß die im Neuen Testament geforderte Bruderliebe nur in kleinen Gemeinschaften, nicht im „großen Haufen“ einer Volkskirche verwirklicht werden könne. Auf eine Gegenschrift des Frankfurter Predigers J.C. Holtzhausen antwortete Schütz ausführlich 1685 in der zweiten Auflage seines „Diskurs“. Schütz blieb bis zu seinem Tod der Kirche fern. Nach seinem Tod gestatteten die Frankfurter Prediger lediglich ein Nachtbegräbnis. Die kleine Schar seiner Anhänger zerstreute sich in die Umgebung Frankfurts. Einige kehrten später zur Kirche zurück.

Wie bei den meisten radikalen Pietisten ist auch bei Schütz die lutherische Rechtfertigungslehre durch eine *mystisch-spiritualistische Wiedergeburtslehre* oder Lehre von der „Gerechtmachung“ ersetzt worden. Neben Johann Tauler und Jean de Labadie hat das Schrifttum des mystischen Spiritualismus, das sich reichlich in seinem Nachlaß findet, das lutherisch-orthodoxe Erbe überlagert und

8 Vgl. oben S. 98.

verdrängt. In seinen „Christlichen Lebensregeln“ (Frankfurt a.M. 1677) hatte Schütz den Begriff „Rechtfertigung“ durch „Rechtschaffenheit“ ersetzt. Nur dem Drängen Speners folgend, änderte er vor der Drucklegung.

Neben seiner heterodoxen Gerechtmachungslehre hegte Schütz eigentümliche Sonderlehren. Er glaubte an die Präexistenz der Seelen, offensichtlich beeinflußt von der *Seelenwanderungslehre* des Franciscus Mercurius van Helmont. Durch Christian Knorr von Rosenroth, dem er beim Druck seiner „Kabbala denudata“ (Band 2, Frankfurt a.M. 1678) behilflich war, wurde er mit der jüdischen *Kabbala* vertraut. über seinen Schüler Christian Fende und dessen kabbalistische Schriften nahm er damit Einfluß auf Friedrich Christoph Oetinger. Mit Knorr von Rosenroth erwartete er nach Bekehrung der Juden und Fall des Papsttums eine Heilszeit, in der „die Hauffen der Frommen und Bösen nicht mehr untereinander wohnen / sondern gantz voneinander abgesondert werden“.[9] Gegenüber Jakob Böhme übte er Zurückhaltung, widerriet die Lektüre seiner Schriften, da sie mit der Einfalt der Bibel nicht im Einklang seien. Dies hinderte ihn jedoch nicht, mit Böhmeanhängern wie Ludwig Brunnquell und Johann Jakob Zimmermann in nähere Verbindung zu treten und ihnen nach ihrer Amtsvertreibung in Frankfurt gastlich Aufnahme zu gewähren. Daß der Ausbruch der pietistischen Separation in Frankfurt in das gleiche Jahr fällt, in dem in Amsterdam die erste Jakob-Böhme-Ausgabe erscheint, mag zufällig sein, weist aber auf die zunehmende Bedeutung Jakob Böhmes für den radikalen Pietismus hin.

2. Das Ehepaar Johann Wilhelm und Johanna Eleonora Petersen

GROTH, Friedhelm: Die „Wiederbringung aller Dinge“ im württembergischen Pietismus, Göttingen 1984 (zu Petersen 38–59). – LÜTHI, Karl: Die Erörterung der Allversöhnungslehre durch das pietistische Ehepaar Johann Wilhelm und Johanna Eleonora Petersen, ThZ 12 (1956), 362–377. – MATTHIAS, Markus: Johann Wilhelm Petersen und Johanna Eleonora Petersen. Eine Biogra-

9 K. VON ROSENROTH, Harmonia Evangeliorum, Frankfurt a.M. 1672, 249. Schütz schrieb zu diesem Werk das Vorwort.

phie bis zur Amtsenthebung Petersens im Jahre 1692, Göttingen 1993. – DERS.: ‚Enthusiastische' Hermeneutik des Pietismus, dargestellt an Johanna Eleonora Petersens „Gespräche des Hertzens mit GOTT" (1689), PuN 17 (1991), 36–61. – NORDMANN, Walter: Die theologische Gedankenwelt in der Eschatologie des pietistischen Ehepaares Petersen, Naumburg/Saale 1929. – DERS.: Die Eschatologie des Ehepaares Petersen, ihre Entwicklung und Auflösung, ZVKGS 26 (1930), 83–108; 27 (1931), 1–19. – DERS.: Im Widerstreit von Mystik und Föderalismus. Geschichtliche Grundlagen der Eschatologie bei dem pietistischen Ehepaar Petersen, ZKG 50 (1931), 146–185. – SCHERING, Ernst A.: Johann Wilhelm und Johanna Eleonore Petersen, in: Orthodoxie und Pietismus (Gestalten der Kirchengeschichte 7, hg.v. M. Greschat), Stuttgart 1982, 225–239. – SCHMIDT, Martin: Biblisch-apokalyptische Frömmigkeit im pietistischen Adel. J.E. Petersens Auslegung der Johannesapokalypse, in: FS K. Aland, Berlin 1980, 344–358. – SCHRADER, Hans-Jürgen: Art. „Petersen, Johann Wilhelm", in: Schleswig-Holsteinisches Biographisches Lexikon, Bd. 5, Neumünster 1979, 202–206. – WOTSCHKE, Theodor: Johann Wilhelm Petersen und die hallischen Theologen, ZKG 49 (1930), 382–385.

Johann Wilhelm und Johanna Eleonora Petersen geb. von und zu Merlau, gehören zu den „fesselndsten Erscheinungen des pietistischen Schwärmertums".[10] Es ist ein singulärer Fall in der Geschichte des Pietismus, daß ein Ehepaar gemeinsam handelnd auftritt, wobei kaum zu entscheiden ist, wem von beiden größere Bedeutung zukommt. Albrecht Ritschls viel nachgeschriebenes Bonmot, das eigentlich Pietistische an Petersen war seine Frau[11], hat die ursprüngliche Empfindsamkeit und religiöse Tiefe der Frau im Blick, wie sie sich am eindrücklichsten in ihrer Autobiographie bekundet.[12] Demgegenüber wirkt der Mann mit seiner barocken Vielschreiberei – er zählt in seiner Autobiographie 54 gedruckte und 104 druckfertige Manuskripte auf – wie ein Nachfahr der orthodoxen Schulgelehrsamkeit. Gleichwohl war es Johann Wilhelm Petersen, der den pietisti-

10 E. HIRSCH, Geschichte der neuern evangelischen Theologie im Zusammenhang mit den allgemeinen Bewegungen des europäischen Denkens, Bd. 2, Gütersloh [5]1975, 259.

11 A. RITSCHL, Geschichte des Pietismus, Bd. 2, Bonn 1884, Ndr. Berlin 1966, 248.

12 Abgedruckt bei W. MAHRHOLZ, Der deutsche Pietismus, Berlin 1921, 211–245.

schen Chiliasmus, dazu die Allversöhnungslehre, in eine breite Öffentlichkeit gebracht hat. Aus der Geschichte des radikalen Pietismus ist gerade er nicht wegzudenken.

Johanna Eleonora von und zu Merlau (1644–1724), in Frankfurt a.M. als Tochter eines im Dreißigjährigen Krieg verarmten Kammerherrn aus altem hessischen Adelsgeschlecht geboren, kam nach dem frühen Tod der Mutter als Hofjungfer an sächsische und hessische Adelshöfe, wo ihre sensible, von Träumen und Visionen früh beunruhigte Natur durch das oberflächliche Treiben des barocken Hoflebens abgestoßen wurde. Im Sommer 1672 lernte sie bei einer Reise nach Bad Ems Philipp Jakob Spener und Johann Jakob Schütz kennen, mit denen sie eine enge Seelenfreundschaft schloß. Von Schloß Wiesenburg bei Zwickau aus mit beiden in regem Briefwechsel, überließ sie ihnen den Entscheid über den Heiratsantrag des Spener-Freundes Johann Winckler, Pfarrer und Metropolitan in Braubach, dem der Vater die letzte Zustimmung jedoch verweigerte. Ihr Entschluß, dem Hofleben endgültig zu entsagen, war weniger von Spener beeinflußt als von Johann Jakob Schütz und der Anna Maria van Schurman, mit der sie durch die Vermittlung von Schütz in Briefwechsel trat. Im Frühjahr 1675 siedelte sie nach Frankfurt a.M. über. Sie fand Quartier im Saalhof bei Juliana Maria Baur von Eyseneck, Witwe eines mit Spener seit seiner Genfer Studienzeit befreundeten Frankfurter Patriziers, mit der sie rasch „ein Herz und eine Seele“ wurde. Nun wurde der Frankfurter Saalhof für mehr als ein halbes Jahrzehnt zum Zentrum und Sammelpunkt der Pietisten. Die im Saalhof gehaltenen religiösen Versammlungen erregten in und außerhalb Frankfurt bald den Verdacht der Sektiererei. Johanna Eleonora von Merlau hielt Erbauungsstunden mit Mägden, gab jungen Mädchen, darunter auch den Töchtern Speners, religiöse Unterweisungen, lehrte sie das freie Gebet und die griechische Sprache, um das Neue Testament im Grundtext zu lesen. Sie sammelte einen Kreis kleiner Mädchen im Alter von sechs Jahren, für die sie kindgerechte Gebete entwarf und die sie ins Lesen des Neuen Testamentes einführte. Auf eine vom Magistrat im Februar 1678 beschlossene Ausweisung aus Frankfurt reagierte sie mit einer selbstbewußten Supplik, die Schütz als ihr Anwalt einreichte. Mit William Penn, der sie bei seinem Besuch im Frankfurter Saalhof als Führerin der Pietisten ansah, wechselte sie Briefe, darin Johann Jakob Schütz als ihren geistigen Vater rühmend. Als sie 1680, nach längerem Zögern, den Heiratsantrag Johann Wilhelm Petersens annahm, endete ein Lustrum enger geistiger Gemeinsamkeit mit Spener und Schütz, denen beiden sie weiter in ungetrübter Freundschaft verbunden blieb. Das Erbe des frühen Frankfurter Pietismus ist von ihr an Johann Wilhelm Petersen weitervermittelt worden.

Johann Wilhelm Petersen (1649–1727), in Osnabrück als Sohn eines zu den Friedensverhandlungen gesandten Lübecker Juristen geboren, studierte seit 1669 Theologie in Gießen und Rostock. In frühen Abhandlungen zeigt er sich als eifriger Adept barocker Schulgelehrsamkeit und theologischer Polemik gegen Atheismus und Calvinismus. Aufenthalte in Frankfurt a.M. bei Philipp Jakob Spener, mit dem er seit 1672 korrespondierte, brachten ihn in den Kreis der Pietisten. Von Johann Jakob Schütz hörte er im Collegium pietatis und privat, wovon er auf der Universität wenig gehört hatte: vom künftigen Fall des päpstlichen Roms und der Bekehrung der Juden, „worauf eine bessere Kirche auf Erden aufging und es am Abend dieser Welt noch Licht würde, da Gott einer wäre und sein Name auch einer, Sacharja 14".[13] Johanna Eleonora von Merlau machte ihm die Eitelkeit seiner Gelehrsamkeit bewußt. Seine ihr überreichte Dissertation gab sie ihm nach der Lektüre zurück mit den Worten, er hätte den Gott Petersen darin geehrt.

Nach kurzzeitigen akademischen und kirchlichen Ämtern in Rostock und Hannover wirkte Petersen von 1678 bis 1688 als holsteinischer Hofprediger und Superintendent in Eutin. In diese Zeit fällt seine Heirat mit Johanna Eleonora von Merlau. Spener traute im Sommer 1680 in seinem Frankfurter Pfarrhaus das nach äußerem Stand ungleiche, in seinen Gesinnungen übereinstimmende Paar. Nachdem Petersen 1686 in Rostock den theologischen Doktorgrad erworben hatte, wechselte er 1688, um Zeit für seine Schriftstellerei zu haben, auf die ruhigere Superintendentur in Lüneburg. Dem Ehepaar war 1685 beim Studium der Johannesoffenbarung, unabhängig voneinander in getrennten Zimmern, aber in merkwürdiger Gleichzeitigkeit, das Geheimnis der künftigen tausend Jahre in Kap. 20 der Johannesoffenbarung aufgegangen. In harmonischem Gleichtakt drangen sie seitdem zu immer neuen religiösen Erkenntnissen vor, vor allem über eschatologische Fragen. War dabei die Frau die geistig

13 J.W. PETERSEN, Lebensbeschreibung, o.O. ^{2}1719, 20.

Führende, so fiel dem Mann die wissenschaftliche Auswertung zu. Literarisch traten sie beide hervor, die Frau erstmals mit „Gespräche des Herztens mit Gott“ (Plön 1689). Der Mann sollte in den folgenden drei Jahrzehnten den deutschen Büchermarkt mit seinen eschatologischen Schriften geradezu überschwemmen.

Als Petersen in *Lüneburg* den Chiliasmus auf die Kanzel brachte, führte das zu einem Konflikt mit der orthodoxen Pfarrerschaft, die ihn beim Konsistorium in Celle verklagte. Gegen die Beschuldigung der Heterodoxie wehrte sich Petersen in „Schriftmäßige Erklärung und Beweiß der Tausend Jahre“ (1690, gedruckt Frankfurt a.M. 1692), seiner ersten eschatologischen Schrift. Das Konsistorium in Celle sprach Petersen im Mai 1690 von dem Vorwurf der Heterodoxie frei, verbot jedoch in Lüneburg künftig jede Predigt gegen oder für den Chiliasmus. Ein Jahr später erregte Petersen erneut Unruhe durch sein Eintreten für die Ekstatikerin Rosamunde Juliane von der Asseburg (1672–1712). Petersen war vom göttlichen Ursprung ihrer apokalyptisch-erotischen Christusvisionen überzeugt und machte sie zunächst nur einem kleineren Kreis in ca. sechzig Exemplaren bekannt in einem „Sendschreiben an einige Theologos und Gottes-Gelehrte betreffend die Frage, ob Gott nach der Auffahrt Christi nicht mehr heutiges Tages durch göttliche Erscheinung den Menschenkindern sich offenbaren wollte und sich dessen gantz begeben habe? Sampt einer erzehlten Specie Facti von einem Adelichen Fräulein“ (Frankfurt a.M. 1691). Durch einen Nachdruck wurde das „Sendschreiben“ bald der Öffentlichkeit bekannt. Die Infragestellung der Einmaligkeit der Offenbarung, dazu das fortgesetzte Eintreten für den Chiliasmus, zogen ein zweites Verfahren nach sich, das kirchen- und staatsgefährdende Lehren feststellte und zur Amtsenthebung und Landesverweisung führte (Anfang 1692).

Petersen fand Zuflucht in Brandenburg-Preußen, dem Refugium aller verfolgten Pietisten. Dodo von Knyphausen, Kammerpräsident in Berlin, verschaffte ihm eine königliche Pension von 700 Talern und die Mittel zum Erwerb des Gutes Niederndodeleben bei Magdeburg. Hier, zeitweilig auf Gütern befreundeter Adliger, zuletzt auf dem Thymer, einem Lehngut bei Zerbst, lebte Petersen, der kein kirchliches Amt mehr übernahm, für fast dreieinhalb Jahrzehnte als *freier Schriftsteller.* Vom Berliner Hofadel protegiert, häufig nach Berlin eingeladen, wo ihn der Minister Paul von Fuchs auf seinem Gut

Malchow predigen ließ, führten ihn ausgedehnte Reisen zu pietistischen Grafenhöfen und erweckten Kreisen nach Quedlinburg, Halberstadt, Halle/Saale, Erfurt, Frankfurt a.M. und anderen Städten, auch nach Württemberg, Franken, Schlesien und Böhmen. Meist sprach er in Konventikeln. In Teplitz predigte Petersen auf Einladung des Rabbiners in einer Synagoge den Juden das nahe Kommen des Messias. Wo man ihm die Kirchen öffnete, predigte er auf den Kanzeln. Von der radikalen Kirchenkritik eines Johann Georg Gichtel, mit dem er freundschaftlich korrespondierte, hielt er sich fern. Petersen hat keine Gemeinden gegründet, aber vielerorts Anhänger und Freundeskreise gefunden. Seine Lesergemeinde reichte weit über den radikalen Pietismus in das Bürgertum des frühen 18. Jahrhunderts hinein. Mit Gottfried Wilhelm Leibniz, der ihn hochschätzte, stand er in freundschaftlicher Verbindung.

Petersen ist, unterstützt von seiner Frau, der Eschatologe des radikalen Pietismus geworden. Den *Chiliasmus,* zu dem er in Frankfurt durch Johann Jakob Schütz angeregt worden war, hat er in zahlreichen Schriften propagiert, biblisch begründet und durch historische Zeugnisse abgestützt. Hatte sich Spener bei seiner „Hoffnung besserer Zeiten" aller näheren Ausmalungen des Tausendjährigen Reiches enthalten, so fand Petersen in Johannesoffenbarung Kap. 20 die konkreten Einzelheiten des Tausendjährigen Reiches geweissagt: die erste leibliche Auferstehung der Gerechten, die Überwindung der konfessionellen Spaltungen nach Fall des Papsttums, die Heimkehr der Juden nach Jerusalem, die Unterscheidung zwischen einer unteren Kirche auf Erden und der oberen Kirche, bestehend aus den zu Christus in den Himmel entrückten und dort mit ihm herrschenden Gerechten usw. In zahlreichen Traktaten und Flugschriften hat Petersen den Chiliasmus publik gemacht: „Die Wahrheit des herrlichen Reiches Christi, welches noch in der siebten Posaune zu erwarten ist" (o.O. 1692), „Bekenntnis von dem zukünftigen herrlichen Reiche Jesu Christi und der damit verbundenen ersten Auferstehung" (Magdeburg 1693), „Kurtzer und gründlicher Beweißthum des Chiliasmi Sancti Apocalyptici" (Magdeburg 1694), „Offentliche Bezeugung für der gantzen Evangelischen Kirchen: Daß das Reich Jesu Christi ... weder mit den alten ketzerischen Irrthümern des Cerinthi noch mit den Jüdischen Fabeln einige Gemeinschafft habe" (Magdeburg 1695) und „Gründe von dem Tausendjährigen Reiche Jesu Christi" (Magdeburg 1696). Diesen Flugschriften stellte er gelehrte lateinische Werke über die Geschichte des Chiliasmus zur Seite. Petersens chiliastisches Hauptwerk „Nubes testium veritatis de regno Christi glorioso" (Frankfurt a.M. 1696) ist mit der Fülle von Belegen und Literaturangaben bis heute eine einzigartige Fundgrube für die Tradition eines christlichen Chiliasmus, angefangen von den Kirchenvätern der vorkonstantinischen Zeit bis zu den Chiliasten des 16. und 17. Jahrhunderts.

Mit seinem offenen Bekenntnis zum Tausendjährigen Reich entfachte Petersen den großen – von der Forschung bis heute nicht aufgearbeiteten – *chiliastischen Streit.* In diesem Streit trat ihm in Johann Friedrich Mayer und Erdmann Neumeister nicht nur die lutherische Spätorthodoxie entgegen, sondern in dem Hamburger Pfarrer Johann Winckler auch der konservative Flügel des Spenerschen Pietismus. Spener selbst nahm, um den pietistischen Chiliasmus vor der Verketzerung zu retten, eine mittlere Stellung ein in seiner „Behauptung der Hoffnung künftiger besserer Zeiten" (1692).

Blieb das Ehepaar Petersen mit dem Evangelium eines Tausendjährigen Reiches auf den Bahnen des frühen Frankfurter Pietismus, so gingen beide darüber hinaus mit der universalistischen Ausweitung der pietistischen Zukunftshoffnung zur Lehre von der *Allversöhnung* oder Apokatastasis panton. Die Anstöße kamen aus den Kreisen der Jakob-Böhme-Anhänger. Durch seinen Gönner von Knyphausen wurde Petersen mit den Schriften der englischen Böhmistin Jane Leade bekannt. Bei der kritischen Prüfung ihres Traktats „ Von den acht Welten" ging den beiden Petersens 1694 die Wahrheit der Lehre von der Allversöhnung auf, nach welcher auch die zur Hölle Verdammten dank eines Läuterungsprozesses in einem jenseitigen „mittleren Reich" Erlösung und Anteil an der ewigen Seligkeit haben werden. Sie bestritten nicht die Lehre von den ewigen Höllenstrafen, hoben aber ihren herkömmlichen Sinn auf, indem sie dem Wort „ewig" nur in Verbindung mit Gott die Qualität des „unendlich" geben wollten. Die Ewigkeit der Hölle sei eine lange, aber endliche Zeit.

Zuerst veröffentlichte Frau Petersen anonym einen Traktat „Das ewige Evangelium der allgemeinen Wiederbringung aller Creaturen" (1698). Es folgte Johann Wilhelm Petersen mit dem dreibändigen Sammelwerk „Μυστήριον Ἀποκαταστάσεως Πάντων, Das ist: Das Geheimnis der Wiederbringung aller Dinge" (Offenbach 1700–

1710). Während Jane Leade sich auf innere Erleuchtung berief, bemühten sich die beiden Petersens um biblische Fundierung durch universal gedeutete Dicta probantia, vor allem aus den neutestamentlichen Briefen und der Johannesoffenbarung. Mit Jane Leade sahen sie in Apk 14,6 das „Ewige Evangelium“ von der absoluten, auch den Teufel einschließenden Liebe Gottes geweissagt. Dieses „Ewige Evangelium“ sei, der göttlichen Offenbarungsökonomie zufolge, das „dritte Evangelium“ nach dem ersten „Evangelium vom Glauben“, welches Christus und die Apostel öffentlich verkündeten, und dem zweiten „Evangelium vom Reich“, in dem Jesus seine Jünger esoterisch das Tausendjährige Reich lehrte. Dieses dritte Evangelium oder „Ewige Evangelium“ solle erst am Ende der Zeiten offenbar werden. Die beiden Petersens sind nicht müde geworden, auf Reisen, durch Briefe und durch Schriften für die Wiederbringungslehre zu werben. Bei Philipp Jakob Spener und August Hermann Francke auf Zurückhaltung, ja Abweisung stoßend, fanden sie im radikalen Pietismus viele offene Anhänger, im kirchlichen Pietismus besonders Württembergs viele heimliche Sympathisanten (J.A. Bengel).

Nach Chiliasmus und Apokatastasis ist den beiden Petersens 1708 eine dritte Erkenntnis zuteil geworden: die Erkenntnis der *himmlischen Gottmenschheit Jesu Christi.*[14] Auch dies war keine originale Entdeckung, sondern Aneignung einer schon in der mystisch-theosophischen Tradition (Kaspar von Schwenckfeld, Valentin Weigel) verbreiteten Lehre.

Johann Wilhelm Petersen, Mitglied des Pegnesischen Blumenordens, ist auch mit religiösen Dichtungen hervorgetreten. Neben freien Psalmendichtungen in deutscher Sprache „Stimmen aus Zion“ (Halle 1698–1701) verfaßte er das neulateinische Versepos „Uranias“, eine von Leibniz angeregte Verherrlichung der Theodizee, in der die gesamte Heilsgeschichte von der Schöpfung über Sündenfall, Erlösung, die gesamte Kirchengeschichte einschließlich des Wirkens von Luther, Arndt und Spener, bis zum Tausendjährigen Reich und zur Allversöhnung in Hexametern besungen wird.[15] Das von Leibniz vor

14 J.W. PETERSEN, Das Geheimniß des Erst-Geborenen aller Creaturen von Christo Jesu dem Gott-Menschen, Frankfurt a.M. 1711.

15 Uranias, qua Opera Dei Magna omnibus retro seculis et oeconomiis transactis usque ad Apocatastasin ... Carmine heroico celebrantur, Frankfurt a.M./Leipzig 1720.

dem Druck überarbeitete Werk ist noch von Lessing (im 8. Literaturbrief) gelobt worden.

3. Gottfried Arnold

BENZ, Ernst: Gottfried Arnolds „Geheimnis der göttlichen Sophia" und seine Stellung in der christlichen Sophienlehre, JHKGV 18 (1967), 51–82. – BERNEBURG, Ernst: Untersuchungen zu Gottfried Arnolds Konstantinbild, Diss. theol. Göttingen 1968. – BEYREUTHER, Erich: Die Gestalt Mohammeds in Gottfried Arnolds Kirchen- und Ketzerhistorie, in: ders., Frömmigkeit und Theologie, Hildesheim (1980), 140–152. – BIENERT, Wolfgang: Ketzer oder Wahrheitszeuge. Zum Ketzerbegriff Gottfried Arnolds, ZKG 88 (1977), 230–246. – BLAUFUSS, Dietrich/NIEWÖHNER, Friedrich (Hg.): Gottfried Arnold, Wiesbaden 1995. – BREYMAYER, Reinhard: Die Bibliothek Gottfried Arnolds (1666–1714), Linguistica Biblica 6 (1976), 86–132. – BRINKMANN, Richard: Goethes „Werther" und Gottfried Arnolds „Kirchen- und Ketzerhistorie", in: FS E. Heller, Heidelberg (1976), 167–189. – BÜCHSEL, Jürgen: Gottfried Arnold – Sein Verständnis von Kirche und Wiedergeburt, Witten 1970. – DERS./ Dietrich BLAUFUSS: Gottfried Arnolds Briefwechsel, in: FS E. Beyreuther, Köln 1982, 71–108. – DIBELIUS, Franz: Gottfried Arnold, Berlin 1873. – DÖRRIES, Hermann: Geist und Geschichte bei Gottfried Arnold, Göttingen 1963. – EHMANN, Karl Christian Eberhard (Hg.): Gottfried Arnolds sämtliche geistliche Lieder mit einer reichen Auswahl aus den freieren Dichtungen und einem Lebensabriß desselben, ein Beitrag zur christlichen Hymnologie und Mystik, Stuttgart 1856. – ERB, Peter C.: The Role of Late Medieval Spirituality in the Work of Gottfried Arnold (1666–1714), Diss. phil. Toronto 1976. – GOETERS, J.F. Gerhard: Gottfried Arnolds Anschauung von der Kirchengeschichte in ihrem Werdegang, in: FS W. Zeller, Marburg 1976, 241–257. – GORCEIX, Bernard: Le culte de la sagesse dans l'Allemagne baroque et pietiste. A propos du „mystère de la Sophie divine" du pietiste Gottfried Arnold (1700), in: Sophia et l'âme du monde, Paris 1983, 195–214. – KANTZENBACH, Friedrich Wilhelm: Theologisch-soziologische Motive im Widerstand gegen Gottfried Arnold, JHKGV 24 (1973), 33–51. – DERS.: Gottfried Arnolds Weg zur Kirchen- und Ketzerhistorie 1699, JHKGV 26 (1975), 207–241. – DERS.: Gottfried Arnold, in: Orthodoxie und Pietismus (Gestalten der Kirchengeschichte 7, hg.v. M. Greschat), Stuttgart 1982, 261–275. – MACK, Rüdiger (Hg.): Drei (bisher unveröffentlichte) Briefe Gottfried Arnolds an Johann Heinrich May, in: ders., Pietismus und Frühaufklärung an der Universität Gießen und in Hessen-Darmstadt, Darmstadt 1984, 197–205. – MARTI, Hanspeter: Gottfried Arnold –Magister der Philosophie in Wittenberg, Linguistica Biblica 52 (1982), 41–70. – DERS.: Die Rhetorik des Heiligen Geistes. Gelehrsamkeit, poesis sacra und sermo mysticus bei G. Arnold, in: D. Blaufuß (Hg.), Pietismus-Forschungen, Frankfurt a.M. 1986, 197–294. – MARTIN, Irmfried: War Gottfried Arnold ein „redlicher Historicus“?, JHKGV 29 (1978), 37–53. – ROGGE, Joachim: Gottfried Arnolds Müntzerverständnis, in: FS M. Schmidt, Bielefeld 1975, 395–403. – SCHINDLER, Alfred: Dogmengeschichte als Dogmenkritik bei Gottfried Arnold und seinen Zeitgenossen, in: FS M. Schmidt, Bielefeld 1975, 404–419. – SCHMIDT, Martin: Gottfried Arnold – seine Eigenart, seine Bedeutung, seine Beziehung zu Quedlinburg, in: ders., Wiedergeburt und neuer Mensch, Witten 1969, 331–341. – DERS.: Art. „Arnold, Gottfried“, in: TRE 4 (1979), 136–40. – SCHNEIDER, Hans: Gottfried Arnolds angeblicher Schweizbesuch im Jahre 1699, ThZ 41 (1985), 434–439. – DERS.: Der radikale Pietismus im 17. Jahrhundert, in: M. Brecht u.a. (Hg.), Geschichte des Pietismus Bd. 1, Göttingen 1993, 410– 416. – DERS.: Der radikale Pietismus im 18. Jahrhundert, in: M. Brecht u.a. (Hg.): Geschichte des Pietismus Bd. 2, Göttingen 1995, 116ff. – DERS. (Hg.): Gottfried Arnold. Die Erste Liebe, Leipzig 2002. – SEEBERG, Erich: Gottfried Arnold. Die Wissenschaft und die Mystik seiner Zeit, Meerane 1923, Ndr. Darmstadt 1964. – STÄHLIN, Traugott: Gottfried Arnolds geistliche Dichtung, Glaube und Mystik, Göttingen 1966. – DERS.: Gottfried Arnolds Einfluß auf die Dichtung Gerhard Tersteegens und Christian Friedrich Richters, JLH 13 (1968), 171–188.

Speners „Pia Desideria“ enthielten nicht nur den Vorblick auf künftige bessere Zeiten, sondern – als Entgegnung auf den Utopieverdacht – auch den Rückblick auf die Anfänge des Christentums: „Es bezeugen aber die Kirchenhistorien / daß die erste Christliche Kirche in solchem seligen stand gestanden / daß man die Christen ins gemein an ihrem gottseligen leben gekant / und von anderen leuten unterschieden habe ... Wiewol stunde es damal!“[16] Ein Schüler Speners hat Jahrzehnte auf die Erforschung der Anfänge des Christentums gewandt und in zahlreichen Schriften das Leben der „ersten christlichen Kirche“ der verderbten gegenwärtigen Kirche als Spiegel vorgehalten: der durch seine „Unparteiische Kirchen- und Ketzerhistorie“ bekannte Gottfried Arnold.

Gottfried Arnold (1666–1714), in Annaberg/Sachsen als Sohn eines Schullehrers geboren, studierte von 1685–1689 in *Wittenberg,* der

16 PD 49,8ff.

Hochburg der antipietistischen lutherischen Spätorthodoxie. Zu den Professoren der nach dem Tod Abraham Calovs (gest. 1686) nur noch mittelmäßig besetzten theologischen Fakultät (Johann Deutschmann, Andreas Quenstedt) trat er in kein näheres Verhältnis. Der sich einzelgängerisch in seine Studierstube zurückziehende Arnold wurde durch den Polyhistor Konrad Samuel Schurzfleisch (1641–1708) zu den Quellen des kirchlichen Altertums und des Mittelalters geführt. Bereits in Wittenberg will Arnold der „Geschmack der urältesten christlichen Wahrheit in den Schriften der ersten Christen" aufgegangen sein. Für den Pietismus gewonnen wurde er durch die Lektüre von zwei Schriften Speners „Die allgemeine Gottesgelehrtheit" (1680) und „Natur und Gnade" (1687). Mit Spener kam Arnold 1688 in briefliche Verbindung, besuchte ihn in Dresden und stand während seiner Hauslehrerzeit in *Dresden* (seit 1689) mit ihm für zwei Jahre in engem, vertrautem Umgang.

Durch Spener will Arnold zu einem lebendigen Christentum erweckt worden sein. Doch vermochte ihm Spener seine Skrupel vor der Übernahme eines kirchlichen Amtes nicht zu nehmen. Welche Einflüsse den jungen Arnold zu radikalen pietistischen Anschauungen geführt haben, bleibt vorerst dunkel. In *„Babels Grablied"*, dem radikalsten seiner religiösen Gedichte, verhöhnt er Kirchenreformer vom Schlage Speners, weil sie die Tiefe des Verderbens Babels nicht erkennen: „Seht ihr noch nicht, daß ihr gar nichts ausricht / ihr, die ihr sie so gerne wolltet heilen? Wollt ihr in dem Pesthause noch verweilen? Seht, daß euch der Patiente nicht den Hals noch bricht!" Mit alttestamentlichem Eifer ruft Arnold zum Sturz der bestehenden Kirche auf: „Drum stürmt ihr Nest, darin sie stolz gewest, Zerschmettert ihre Kinder an den Steinen! Die Schlangenbrut soll ja niemand beweinen!" Die Datierung von „Babels Grablied", lyrischer Gipfelpunkt radikalpietistischer Kirchenkritik, ist umstritten. Für die herkömmliche Datierung auf die Dresdner Zeit[17] spricht die gedankliche Nähe zu den Anschauungen des wegen seiner radikalen Kirchenkritik amtsenthobenen Laubaner Pfarrers Johann Michaelis (1638–1718), der auf Gottfried Arnold in Dresden Einfluß genommen haben soll.

---

17 Anders J. BÜCHSEL, Gottfried Arnold. Sein Verständnis von Kirche und Wiedergeburt, Witten 1970, 138: „kaum vor 1697".

Durch Speners Vermittlung erhielt Arnold 1693 eine Hauslehrerstelle in *Quedlinburg*. Christian Thomasius brachte seine ersten kirchengeschichtlichen Aufsätze zum Druck: „Von dem Bruder- und Schwesternamen der ersten Christen“ (1693) und die von der Strafverbannung der frühen Christen in die Metallbergwerke handelnde „Historia Christianorum ad Metalla damnatorum“ (1693). Den Ertrag jahrelanger Studien enthielt sein erstes großes kirchengeschichtliches Werk *„Die Erste Liebe der Gemeinden Jesu Christi“* (1696).[18] Arnolds „Erste Liebe“, war angeregt durch das kurz zuvor in deutscher Übersetzung erschienene Buch des führenden anglikanischen Kirchenhistorikers William Cave „Erstes Christentum oder Gottesdienst der ersten Christen“[19]. Arnold, in der Orientierung am Ideal der frühen Christenheit durchaus mit Cave einig, widersprach doch seiner Grundthese, daß von allen bestehenden Kirchen die anglikanische Kirche mit ihrer Kirchenverfassung und ihrer reichen Liturgie das Erbe des Urchristentums am reinsten bewahrt habe und in ungebrochener Kontinuität mit der frühen apostolischen Kirche stehe. Während Cave liturgische Formeln und sakramentale Riten, sakrale Kirchenbauten und kirchliche Festkalender, auch einen besonderen Priesterstand auf die Urchristenheit zurückführte, suchte Arnold zu beweisen, daß sich dies alles erst in späterer Zeit gebildet hatte und der ersten, apostolischen Christenheit noch fremd war. Arnold beschrieb, wie die ersten Christen ihren Gottesdienst nicht in steinernen Kirchengebäuden, sondern in Privathäusern hielten, ohne liturgische Formulare und ohne Festzeiten, wie sie noch kein besonderes Priestertum kannten, sondern alle Christen für geistliche Priester hielten, wie der Bruder- und Schwestername unter ihnen geläufig war und den Frauen größere Rechte, auch im Gottesdienst, eingeräumt wurden, es in ihren Gemeinden keine Kluft zwischen Armen und Reichen gab. Unter dem von Cave nach dem Modell der anglikanischen Kirche gemalten Bild der frühen Christenheit, einer papstlosen Priester- und

18 G. ARNOLD, Die Erste Liebe der Gemeinden Jesu Christi, das ist Wahre Abbildung der ersten Christen nach ihrem lebendigen Glauben und heiligen Leben ... in einer nützlichen Kirchen-Historie treulich und unpartheyisch entworffen, Frankfurt a.M. 1696, Leipzig ^{6}1740. – Eine kommentierte Auswahlausgabe von Arnolds Erster Liebe, besorgt von Hans Schneider, erschien Leipzig 2002.

19 Primitive Christianity or the Religion of the Ancient Christians in the first Ages of the Gospel, London 1672. dt. Leipzig 1694.

Bischofskirche mit reichem liturgischen Leben, legte Arnold die noch tiefere und ältere Schicht eines nichtkultischen, aus innerlicher Herzensfrömmigkeit lebenden einfachen Laienchristentums frei, das Idealbild einer apostolischen Kirche, die eher den pietistischen Konventikeln als einer der bestehenden Amtskirchen glich.

Anders als Cave, der die äußere Lage der frühen Christenheit unter Verfolgung und Leiden für elend und erbärmlich hielt, die konstantinische Wende positiv bewertete und das dabei geschlossene Bündnis zwischen römischem Staat und Kirche als vorbildlich ansah, hielt Arnold dafür, „daß der beste und vortrefflichste Zustand der Gemeinen unter Creutz und Leid gewesen" und die Kirche in vorkonstantinischer Zeit in viel besserer Verfassung gewesen sei als nachher. Für Arnold bringt die konstantinische Wende die Verweltlichung der Kirche, und das vierte Jahrhundert ist keineswegs die Blütezeit der Alten Kirche, sondern vielmehr das Jahrhundert des definitiven Verfalls. Äußere Ruhe und Sicherheit, Bündnis mit dem Staat und Förderung durch weltliche Macht, Dogmenzwang und Aufbau einer kirchlichen Hierarchie sind nach Arnold dem wahren Christentum durchaus abträglich gewesen.

Die „Erste Liebe" fand in pietistischen Kreisen weiten Widerhall. Spener ließ Arnolds Buch 1699 seinen Predigthörern nach dem Gottesdienst in der Turmstube der Berliner Nikolaikirche vorlesen. Seine stupende Belesenheit in den frühchristlichen Schriftstellern trug Arnold den Ruf auf eine Professur für Geschichte an der Universität *Gießen* ein, deren theologische Fakultät erst kürzlich für den Pietismus gewonnen war. Doch sein akademisches Amt, das er im Sommer 1697 mit einer Rede „De corrupto historiarum studio" antrat, legte er schon nach einem knappen Jahr nieder. Den aufsehenerregenden Schritt begründete er in einer Flugschrift „Offenherzige Bekenntniß, welche bey unlängst geschehener Verlassung eines academischen Amtes abgelegt worden" (1698). Arnold offenbarte darin seinen „Ekel vor dem hochtrabenden, ruhmsüchtigen Vernunftwesen des akademischen Lebens". Binnen Jahresfrist erschienen von dieser Flugschrift mindestens sechs Drucke.

Von Gießen kehrte Arnold nach *Quedlinburg* zurück in den Kreis um den Hofprediger Johann Heinrich Sprögel (1644–1722) und dessen Ehefrau Susanne Margaretha. Hier stand man mit separatistisch-spiritualistischen Kreisen in Verbindung, korrespondierte mit Friedrich Breckling und Johann Georg Gichtel, mit denen auch Arnold in Briefwechsel trat. Ein Sohn Sprögels zog mit den radikalen Pietisten nach Pennsylvanien. Arnold hatte bereits vor seiner Gießener Professur mit der Übersetzung und Herausgabe der dem ägyptischen Wüstenvater *Makarios* zugeschriebenen *Fünfzig Geistlichen Homilien* (1696) das asketische Vollkommenheitsstreben der altkirchlichen Einsiedler verherrlicht. Durch den Böhmisten Gichtel ließ er sich überzeugen, nur in asketischer Ehelosigkeit könne man an der himmlischen Sophia teilhaben. In *„Das Geheimnis der göttlichen Sophia"* (1700) sucht Arnold die altkirchlich-mönchische Mystik mit der Sophienspekulation Jakob Böhmes zu verbinden. In der *„Historie und Beschreibung der mystischen Theologie"* (1703) liefert er eine systematische Darstellung der „mystischen Theologie" samt einer durch die gesamte Kirchengeschichte gehenden Geschichte christlicher Mystik. Sie enthält ein umfangreiches Verzeichnis „erleuchteter Frauenpersonen" aus dem 16. und 17. Jahrhundert. Vom Geist mystischer Frömmigkeit durchtränkt sind auch Arnolds geistliche Dichtungen (*„Göttliche Liebesfunken"*, 1698).

Ein Jahr nach dem Weggang von Gießen erschien Arnolds *„Unparteiische Kirchen- und Ketzerhistorie"* (Frankfurt a.M. 1699/1700). Das Werk erregte wegen seiner radikalen Kirchenkritik sofort Aufsehen und einen Sturm der Entrüstung. Mehrere orthodoxe Theologen (Ernst Salomon Cyprian, Tobias Pfanner, Elias Veiel) verfaßten Gegenschriften. Spener, der sich hütete, auch nur ein Blatt zu lesen, sich aber von anderen berichten ließ, gab Arnold brieflich seine Missbilligung zu verstehen.[20] Zu seiner Verteidigung verfaßte Arnold umfangreiche „Supplementa, Illustrationes und Emendationes" (1703).

Hatte Arnold in der „Ersten Liebe" sich gegen die Parteilichkeit der anglikanischen Kirchengeschichte gewandt, so sagte er sich in der „Unparteiischen Kirchen- und Ketzerhistorie" von der Parteilichkeit jeden kirchlichen Christentums los. Der Begriff *„unparteiisch"*, Schlüsselbegriff zum Verständnis des Arnoldschen Werks, ist aus der Tradition des kirchenkritischen Spiritualismus übernommen, war vor Arnold bereits im frühen radikalen Pietismus gebräuchlich. Unparteilichkeit im Sinne Arnolds deckt sich nur zum Teil mit dem modernen

20 Ph.J. Spener an G. Arnold, 25.1.1701, in: SPENER, Letzte Theol. Bed. 3, 582–588.

Begriff der historischen Objektivität, auch wenn Arnold beansprucht, die in der westeuropäischen Geschichtswissenschaft ausgebildete pragmatische Methode durchzuführen. „Unparteiisch“ meint einen Standort jenseits der großen christlichen Konfessionskirchen, der „Religionsparteien“. Arnold geht mit seiner „Kirchen- und Ketzerhistorie“ bewußt ins Lager des unkirchlichen mystischen Spiritualismus über.

Mit dem mystischen Spiritualismus bleibt Arnolds Geschichtsbild protestantisch, insofern er den Verlauf der Kirchengeschichte nicht als Geschichte der Kontinuität mit den Anfängen, sondern als Geschichte des Abfalls und Verfalls darstellt.[21] Indem er sich aber auf den spiritualistischen Standpunkt der „Unparteilichkeit“ zurückzieht, gibt Arnold das Kernstück der reformatorischen Verfallstheorie auf, wie sie am konsequentesten in den Magdeburger Zenturien des Matthias Flacius durchgeführt worden war: die These, daß sich der Verfall der Kirche im Aufkommen und in der Machtentfaltung des Papsttums konzentriere. „Man muß nicht immer bei Betrachtung des Verfalls in der Christenheit auf den Papst alles schieben, weil die Historien insgemein bekräftigen, daß die übrige Clerisey ebenso wenig getaugt habe“[22] Verweltlichung, Bündnis der Kirche mit dem Staat, Unterdrückung des Geistes durch Bekenntniszwang und Dogma, vor allem die Ausbildung einer beamteten Priesterschaft sind die wesentlichen Momente des kirchlichen Verfalls. Sie haben in der Kirche überhand genommen, als das Papsttum noch gar nicht aufgekommen war. Der Verfall ist auch nicht auf die Papstkirche beschränkt. Die in der „Ersten Liebe“ für die Geschichte der frühen Kirche fruchtbar gemachte *pietistische Verfallsidee* zeigt jetzt in der Anwendung auf die Gesamtkirchengeschichte ihre volle Brisanz. Die aus der Reformation hervorgegangenen protestantischen Konfessionskirchen werden mit in den Sog des allgemeinen Verderbens gezogen. Dem unter Kaiser Konstantin im vierten Jahrhundert besiegelten Abfall vom weltabgekehrten, mystisch-asketischen Urchristentum entspricht im 16. Jahrhundert ein erneuter Abfall von dem in der Frühzeit der Reformation kurzfristig wiedergewonnenen wahren Christentum. Arnold

---

21 Vgl. E. SEEBERG, Gottfried Arnold, Meerane 1923 (Ndr. Darmstadt 1964).

22 G. ARNOLD, Unparteiische Kirchen- und Ketzerhistorie I, Frankfurt a.M. 1699/1700, Buch IX, Cap. II.

preist Luther, aber nur den frühen Luther. Melanchthon mit seiner judizialen Rechtfertigungslehre, seiner Wiedereinführung der Vernunft und der aristotelischen Philosophie in die Theologie, mit seinem Eintreten für Staatskirchentum und Bekenntniszwang hat den Protestantismus, den älteren Luther eingeschlossen, wieder ins Verderben gestürzt. Durch Jakob Andreae und die Einführung des Konkordienbuchs ist der Geist der Freiheit endgültig aus der lutherischen Kirche verdrängt worden.

Gottfried Arnolds *„Unparteilichkeit"* nivelliert aber nicht nur die Unterschiede zwischen den Konfessionskirchen, sie ebnet auch den Graben zwischen „Kirche" und „Ketzertum" ein. In der „unparteilichen" Darstellung der *Ketzer,* deren Prozesse Arnold wieder aufrollt und deren Anliegen er aus den Quellen gerecht zu werden sucht, liegt eine erhebliche historische Leistung. Arnold verurteilt jegliche Verketzerung, nimmt jedoch nicht einseitig für die Ketzer Partei. Arius, der Hauptketzer der alten Kirche, kommt wegen seiner Streitsucht sehr schlecht weg. Auch bei den von den reformatorischen Kirchen abgefallenen täuferischen und spiritualistischen Gemeinden, bei den pietistischen Konventikeln und der Gemeinde Labadies findet Arnold überall Spuren des Verfalls und der Unfreiheit, keineswegs das wahre Christentum. Die wahren Christen sind nach Arnold die ein asketisches, von der Welt abgezogenes Leben führenden Einsiedler und Mönche, die *Mystiker,* die „Stillen im Lande" (Ps 35,20). Es sind die Individuen, die einzelnen wiedergeborenen Menschen, die unter der verderbten Gestalt der sichtbaren Kirchen und Gemeinden mühsam zu entdeckenden Glieder der wahren, unsichtbaren Kirche, die den eigentlichen Gegenstand der Kirchengeschichte bilden. Von Friedrich Breckling, der reichlich Material für das 16. und 17. Jahrhundert beisteuerte, übernahm Gottfried Arnold den *Katalog der Wahrheitszeugen nach Luther,* eine in die Hunderte gehende Aufzählung von Theologen und Laien in und außerhalb der Kirche, die mit ihrem frommen Leben und ihrem Widerspruch gegen das allgemeine Verderben für die wahre Kirche zeugen. Verglichen mit der älteren kirchlichen Historiographie, z.B. den Magdeburger Zenturien, verschiebt Arnold den Schwerpunkt von der Geschichte der Lehre und der Institutionen auf die Personengeschichte. Der radikalpietistische Kirchenhistoriker ist nicht im bloßen Widerspruch zur konfessionellen Historiographie steckengeblieben, sondern hat die Geschichtsschreibung auf eine höhere, die menschliche Individualität in den Mittelpunkt rückende Ebene angehoben.

Mit der „Unparteiischen Kirchen- und Ketzerhistorie" gab Arnold seiner Absage an das kirchliche Christentum das wissenschaftliche Gewand. Endgültig schien er sich vom Babel der lutherischen Kirche getrennt zu haben. Da überraschte Arnold seine separatistischen Freunde mit dem Entschluß, in den Stand der Ehe und in ein kirchliches Amt zu treten. Arnold heiratete 1701 Anna Maria Sprögel, die Tochter des Quedlinburger Hofpredigers. Gegen den Vorwurf Johann Georg Gichtels, die himmlische Sophia verraten zu haben, verteidigte er sich in *„Das eheliche und unverehelichte Leben der ersten Christen"* (1702). Anfang 1702 trat er ein Predigtamt im thüringischen Allstedt an, der einstigen Wirkungsstätte Thomas Müntzers. Als er den Eid auf das Konkordienbuch verweigerte und in Konflikt mit der Eisenacher Orthodoxie kam, fand er Rückhalt beim Berliner Hof. Durch Speners Vermittlung erlangte er 1705 das Amt eines Superintendenten in Werben/Altmark. Von dort ging er 1707 als Pfarrer und Inspektor nach Perleberg/Ostpriegnitz. Die religiöse Toleranz des brandenburgisch-preußischen Staats genießend, wirkte Arnold im letzten Jahrzehnt seines Lebens unermüdlich für das preußische Kirchen- und Schulwesen. Zweimal predigte er 1710 vor der Königin. Er veröffentlichte Erbauungsschriften, Predigtbände und ein Gebetbuch. Der radikale Pietist, der einst in „Babels Grablied" der Kirche den Grabgesang angestimmt hatte, endete als treuer Diener der Staatskirche. Es traf ihn ins Herz, als am Pfingsttag 1714 Werber des Soldatenkönigs in die Kirche eindrangen und die zum Abendmahlsempfang bereiten Konfirmanden vom Altar wegrissen. Arnold starb nur wenige Tage später am 30. Mai 1714.

Die ältere Forschung[23] konstatierte einen dreifachen Bruch in Arnolds Leben: 1. beim Übergang von der Orthodoxie zum kirchlichen Pietismus; 2. beim Übergang zum radikalen Pietismus; 3. beim Übergang in ein kirchliches Amt. Demgegenüber betont die neuere Forschung die Kontinuität in allen Lebensabschnitten.[24] Tatsächlich darf die „Unparteiische Kirchen- und Ketzerhistorie", die der relativ kurzen, kaum dreieinhalb Jahre währenden separatistischen Phase zwi-

23 Z.B. F. Dibelius, Gottfried Arnold, Berlin 1873.

24 Z.B. H. Dörries, J. Büchsel, J.F. Gerhard Goeters.

schen Niederlegung der Gießener Professur und Übernahme eines kirchlichen Amtes zugehört, nicht isoliert und aus der Reihe der frühen und späten Schriften Arnolds herausgelöst werden. In seinen religiösen Grundanschauungen hat sich Arnold nicht gewandelt. Davon zu unterscheiden ist die *Wirkungsgeschichte* seiner Schriften. Während er mit seinen religiös-erbaulichen Schriften im Pietismus seine Leser fand, hat er mit der „Unparteiischen Kirchen- und Ketzerhistorie", der ersten größeren kirchengeschichtlichen Gesamtdarstellung in deutscher Sprache, weit über den Raum des Pietismus hinaus auf das deutsche Bildungsbürgertum des 18. Jahrhunderts eingewirkt. Arnold hat damit erheblich beigetragen zu dem geistigen Klima der deutschen Aufklärung, die, anders als die radikale westeuropäische Aufklärung, an den Grundgedanken des Christentums festhält, gleichzeitig sich aber von dessen kirchlicher Form distanziert. Goethe, der Arnolds Kirchen- und Ketzerhistorie einen „großen Einfluß" auf sein Denken zuschreibt[25], liefert hierfür das bekannteste Beispiel.

4. Johann Konrad Dippel und Ernst Christoph Hochmann von Hochenau

BENDER, Wilhelm: Johann Konrad Dippel, Bonn 1882. – DIEHL, Wilhelm: Neue Beiträge zur Geschichte Johann Dippels in der theologischen Periode seines Lebens, BHKG 3 (1908), 135–184. – GOLDSCHMIDT, Stephan: Johann Konrad Dippel (1673–1734). Seine radikalpietistische Theologie und ihre Entstehung, Göttingen 2001. – HIRSCH, Emanuel, Geschichte der neuern evangelischen Theologie II, Gütersloh 1951, 277–298. – RENKEWITZ, Heinz: Hochmann von Hochenau (1670–1721), Witten ²1969. – RUSTMEIER, Walter: Die Nachwirkungen des deutschen Pietismus in Schweden, Diss. theol. Kiel 1955. – VOSS, Karl-Ludwig: Christianus Democritus. Das Menschenbild bei Johann Conrad Dippel, Leiden 1970. – DERS.: Johann Conrad Dippel, in: Orthodoxie und Pietismus (Gestalten der Kirchengeschichte 7, hg.v. M. Greschat), Stuttgart 1982, 277–285.

Anders als der kirchliche Pietismus, der seit Ende des 17. Jahrhunderts in Konsistorien, theologischen Fakultäten und in Pfarrämtern eine zunehmende Zahl von Anhängern fand und dem allmählich die

---

25 Dichtung und Wahrheit, Zweiter Teil, 8. Buch.

pietistische Durchdringung einzelner Regionen und Landeskirchen gelang, blieb der sich von der Kirche trennende radikale Pietismus von Anfang an Sache einzelner oder kleiner Gruppen. An Universitäten hat der radikale Pietismus nach dem kurzen Intermezzo der Gießener Professur Gottfried Arnolds nirgendwo Fuß fassen können, auch wenn gerade bei Studenten radikalpietistisches Gedankengut häufig auf fruchtbaren Boden fiel (z.B. an der Universität Halle a.S.). Aus den Landeskirchen wurden radikale Pietisten durch die obrigkeitlichen Konventikelverbote vertrieben. Blieben sie, so wurden sie in den Untergrund gedrängt. Viele wanderten nach Pennsylvanien aus, das seit der Gründung von Germantown durch Franz Daniel Pastorius 1683 für Jahrzehnte zu einem Eldorado des radikalen Pietismus wurde.[26] Andere fanden in den kleineren westdeutschen Grafschaften der Wetterau und des Wittgensteinschen Landes Zuflucht, wo religiöse Toleranz einzelner Grafen geradezu pennsylvanische Zustände heraufführte. Auch im dänischen Altona bei Hamburg herrschte religiöse Toleranz. Einige radikale Pietisten nahmen ein ruheloses, immer wieder durch Landesverweisung oder Haft unterbrochenes Wanderleben in Kauf. Ein auch nur annähernd vollständiges Bild vom radikalen Pietismus, der im Verhältnis zu seiner geringen, zahlenmäßigen Verbreitung eine erstaunlich große Zahl origineller Gestalten und eine reiche Literatur hervorgebracht hat[27], läßt sich nicht geben.[28] Es können nur Einzelgestalten und einige Gruppen herausgehoben werden.

Während Gottfried Arnold seinen Frieden mit der Kirche schloß und den Weg in Ehe und Pfarramt fand, sind, von ihm angeregt, zwei radikale Pietisten den Weg der Separation von der Kirche entschlossen und konsequent weitergegangen bis zum Endpunkt des religiösen Individualismus: der Theologe, Arzt und Alchemist Johann Konrad Dippel und der Erweckungsprediger Ernst Christoph Hochmann von Hochenau.

---

26 K. DEPPERMANN, Pennsylvanien als Asyl des frühen deutschen Pietismus, PuN 10 (1984), 190–212.

27 Vgl. H.-J. SCHRADER, Literaturproduktion und Büchermarkt des radikalen Pietismus, Göttingen 1989.

28 Vgl. hierzu den Forschungsbericht über den radikalen Pietismus von H. SCHNEIDER, in PuN 8 (1983); 9 (1984).

Johann Konrad Dippel[29] (1673–1734), geboren auf Schloß Frankenstein bei Darmstadt als Sohn eines hessischen Pfarrers, will bereits im achten Lebensjahr durch eine Vision, bei der ihm der Heiland inmitten der Engel die Hand aufs Haupt legte, seiner hohen zukünftigen Bestimmung versichert worden sein. Mit „drei Doctoribus schwanger" bezog der Hochbegabte 1689 die Universität *Gießen,* verschrieb sich der lutherischen Orthodoxie und verfaßte eine nicht gedruckte und verlorene Widerlegung des Pietismus. In *Straßburg,* wo er unter dem orthodoxen Theologen J.J. Zentgraf „De Conversione secunda relapsorum" disputierte, wurde er durch die Lektüre von Speners „Evangelischer Glaubens-Gerechtigkeit" seiner orthodoxen Position unsicher. Die Begegnung mit Gottfried Arnold und dessen mit ihm nach Gießen gekommenen Freunden Johann Andreas Schilling und Johann Christian Lange brachte die innerlich schon vorbereitete Entscheidung für den Pietismus, so daß er endlich „dem Freund seiner Seele das Jawort gab, ihm allein zu sein und keinem Menschen um zeitlichen Nutzens willen mehr zu Gefallen zu leben".

Seit 1697 hat Dippel in schneller Folge eine Reihe polemischer Schriften gegen die lutherische Orthodoxie ausgehen lassen, in deutscher Sprache, häufig mit satirischen Titeln, meist unter dem von ihm selbst bald gelüfteten Pseudonym „Christianus Dernocritus". Bereits mit seiner „Orcodoxia[30] Orthodoxorum oder Die verkehrte Wahrheit und warhaffte Lügen der unbesonnen-eyferigen so genannten Lutheraner" (1697), die noch vor Gottfried Arnolds Kirchen- und Ketzerhistorie erschien, verscherzte er sich die Hoffnung auf eine Gießener Professur. Dippels „Papismus Protestantiurn vapulans" (1698), eine scharfe Attacke auf das neue Papsttum der lutherischen Orthodoxie, wurde konfisziert, führte zu wiederholten Verhören und beinahe zur – vom pietistischen Darmstädter Hofprediger Johann Christoph Bilefeld verhinderten – Landesverweisung. Dippel wandte sich verstärkt alchemistischen und medizinischen Neigungen zu. Durch Vermittlung des Grafen August von Wittgenstein kam er 1704 nach *Berlin.* Hier richtete man ihm eine alchemistische Küche zur Goldgewinnung ein. Doch erfand Dippel nur den Farbstoff „Berliner Blau". In Berlin

29 Vgl. dazu H. SCHNEIDER, Geschichte des Pietismus, Bd. 1, Göttingen 1993, 416ff.

30 Orcodoxia = Höllenlehre.

kam es im Herbst 1704 zur denkwürdigen Begegnung mit dem alten Spener, der Dippels hohe Begabung früh erkannt hatte und vor gewaltsamem Einschreiten gegen ihn warnte, in der – bald als irrig eingesehenen – Meinung, seine Radikalität sei der Jugendlichkeit zuzuschreiben. Speners Reformwillen suchte Dippel auf die Ebene von Arnolds „Unparteilichkeit" zu heben. In „Ein Hirt und eine Herde oder Unfehlbare Methode, alle Secten und Religionen zur einigen wahren Kirche und Religion zu bringen" (1706) entwickelte Dippel ein ökumenisches Einigungsprogramm, als dessen Vollstrecker er den preußischen König ansah, der als oberster Bischof nur solche Männer in Kirchen- und Schulämter berufen sollte, die sich gegenüber den Bekenntnissen ihrer Kirchen indifferent verhielten und allein für die Verbreitung wahrer, innerer Herzensfrömmigkeit arbeiteten. Als Dippel im Streit mit dem orthodoxen Greifswalder Theologen Johann Friedrich Mayer Kritik an der pietismusfeindlichen Religionspolitik Karls XII. von Schweden äußerte, führte dies zu kurzzeitiger Verhaftung („Christiani Dernocriti Berlinische Arrest-Gedancken", 1707). Dippel entwich in die *Niederlande,* wo er 1711 den medizinischen Doktorgrad in Leiden erwarb und in Maarssen bei Utrecht als Arzt und Schriftsteller lebte. Eine Sammlung seiner Schriften gab er heraus unter dem Titel „Eröffneter Weg zum Frieden mit Gott und allen Creaturen" (Amsterdam 1709).

Durch Vermittlung des dänischen Statthalters Graf Reventlow, der ihm 1707 den Titel eines königlich-dänischen Kanzleirats verschafft hatte, kam Dippel 1714 nach *Altona.* Den Kampf gegen die lutherische Orthodoxie unter der pietismusfreundlichen dänischen Regierung unangefochten weiterführend, wurde es ihm zum Verhängnis, als er seine Kirchenkritik zur Gesellschaftskritik ausdehnte und sich zu Beschuldigungen gegen seinen Gönner Graf Reventlow und dessen Frau hinreißen ließ. Von der Stadt Hamburg, in die er entflohen war, ausgeliefert, wurde Dippel 1719 der Prozeß wegen Beleidigung gemacht. Seine Schriften wurden öffentlich verbrannt. Zu lebenslanger Haft wurde er auf die Insel Bornholm gebracht.

Durch Fürsprache vornehmer Gönner erlangte Dippel nach siebenjähriger Festungshaft im Juni 1726 seine Entlassung. Für zwei Jahre lebte er in *Stockholm,* mit seiner ärztlichen Kunst auch im Königshaus geschätzt und mit seinen religiösen Reden in pietistischen Kreisen bald Anhang findend. Seine Kritik an allen äußeren Frömmigkeitsformen führte zu Unruhen unter den pietistischen Kreisen der schwedischen Hauptstadt. Dippels Stockholmer Aufenthalt ist wegen der Spaltung in einen am hallischen Pietismus August Hermann Franckes sich orientierenden kirchlichen Pietismus und einem gegenüber Bekenntnis und äußeren Formen indifferenten radikalen Pietismus von epochaler Bedeutung für die Kirchengeschichte Schwedens.

Die letzten Jahre seines Lebens verbrachte Dippel in *Berleburg* unter der Protektion des toleranten Grafen Casimir von Sayn-Wittgenstein. Dem Kampf gegen die Orthodoxie und der Kritik am hallischen Pietismus folgte in dieser letzten Zeit die Absage an die Gemeinschaftsbildungen des radikalen Pietismus. In seinem „Bedencken über das heutige mit extraordinairen Concussionen oder Bewegungen des Leibes verknüpfte Inspirations-Werck" (1731, gedruckt postum 1738) verdammte Dippel die Verzückungen der Inspirierten als Teufelswerk. Als der Graf von Zinzendorf bei einem Besuch in Berleburg im Sommer 1730 die dortigen Separatisten seiner Brüdergemeine inkorporieren wollte, wurde Dippel für kurze Zeit von der Genialität und Liebenswürdigkeit des fast dreißig Jahre Jüngeren überwältigt. Doch trennte er sich schon bald von dieser „geistlichen Maschine, die gantze Täge und Nächte von Gott plaudern kann".[31] Dippel starb bei einem Besuch auf Schloß Wittgenstein am 25. April 1734. Seine sämtlichen Schriften wurden von Johann Conrad Kanz, dem Leibarzt des Grafen von Wittgenstein-Berleburg, herausgegeben unter dem schon 1709 von Dippel gewählten Titel „Eröffneter Weg zum Frieden mit Gott und allen Creaturen" (3 Bde., Berleburg 1747).

Dippel ist der radikale *Schüler Gottfried Arnolds.* Die „Unparteilichkeit", die Arnold nur in einer kurzen Phase seines Lebens praktizierte, hat Dippel bis zum Ende seines Lebens durchgehalten, nicht nur gegenüber allem Kirchenwesen, sondern auch gegenüber aller pietistischen und separatistischen Gruppenbildung. Als religiöser Individualist ohne Gemeinschaftsbindung ist er gestorben. Obwohl Dippel kein Theologe sein wollte und vorgab, die „Orthodoxie" durch eine „Orthopraxis" ersetzen zu wollen, hat er eine eigene, „unparteiliche" Theologie entwickelt. Kein Stück der christlichen Lehre hat

31 J.K. DIPPEL, Eröffneter Weg, II, Berleburg 1747, 641f.

Dippel in der überkommenen orthodoxen Form stehen gelassen. Ob er in seiner Theologie in geringerem Maße als Gottfried Arnold von Jakob Böhme beeinflußt ist, wie es die fehlende Sophienspekulation und die Eliminierung des Zorns aus dem ganz von der Liebe gefüllten Gottesbegriff nahe legt (A. Ritschl), oder ob er noch kräftiger als Arnold in den Spuren Böhmes wandelte (Emanuel Hirsch), muß vorerst offen bleiben. Dippel kritisierte die Lehre von der Heiligen Schrift als *„Bibliolatrie"*. Gegen die Gleichsetzung von Bibel und Wort Gottes, an der der Pietismus festhielt, betonte er den Unterschied zwischen beiden. Dabei schränkte er die göttliche Inspiration allein auf die Gnadenoffenbarung in Christus ein und nahm das Alte Testament aus dem Offenbarungsbegriff heraus. Als Christus oder Wort Gottes verstand Dippel das *innere Wort,* durch das Gott Leben und Kraft unmittelbar im Menschenherzen wirkt. Der „Christus für uns" wurde ihm bedeutungslos gegenüber dem „Christus in uns". Dippel gelangte damit zu der – ähnlich bei den Quäkern begegnenden – Anschauung von der Universalität des Wortes Gottes, das nicht nur bei den Christen, sondern auch bei Juden, Heiden und Türken wirkt, wenn sie nur der Welt absterben und durch Geduld in guten Werken ein unvergängliches Wesen suchen.

Die Rechtfertigungslehre, die er nur in ihrer orthodox-forensischen Form zur Kenntnis nahm, hielt er für falsch und ersetzte sie durch eine mystisch-spiritualistische Gerechtmachungslehre. Stand Dippel mit der Ersetzung der Rechtfertigung durch die Wiedergeburt in der Tradition Jakob Böhmes, so ging er darüber hinaus, indem er die dogmatischen Voraussetzungen der orthodoxen Rechtfertigungslehre, die Lehre von der *stellvertretenden Genugtuung Christi,* angriff. Dippels Revision der überkommenen Lehre vom Heilswerk Christi, seine Kritik an der Satisfaktionslehre, hat von allen seinen Heterodoxien den meisten Anstoß erregt. Für Dippel war die Satisfaktionslehre die Frucht einer Überfremdung des ursprünglich christlichen, ganz von der Liebe bestimmten Gottesbegriffs durch heidnisch-jüdische Vorstellungen. Schon zu Lebzeiten als frecher Religionsspötter und „Haupt der neuern Schwärmer und Indifferentisten" verschrieen[32]

32 J.G. Walch, Historische und Theologische Einleitung in die Religionsstreitigkeiten der Evang.-luth. Kirche, Bd. 2, Jena 1733ff, Ndr. Stuttgart 1972ff, 718.

und noch bis in jüngste Zeit als „Spötter und Freigeist aus dem Pietismus“ angesehen[33], hat Dippel erst durch Emanuel Hirsch eine glanzvolle theologische Rehabilitierung erfahren.[34]

Im kämpferischen Eifer gegen das Babel des orthodoxen Kirchentums wird Dippel noch übertroffen von dem fast gleichaltrigen *Ernst Christoph Hochmann von Hochenau* (1669/70–1721). Hochmann hat nicht mit der Feder des Publizisten, sondern mit dem mündlichen Wort der Predigt gekämpft. Neben einigen Briefen, Sendschreiben und einem im Gefängnis verfaßten Glaubensbekenntnis hat er nichts Schriftliches hinterlassen. Im Pietismus verkörpert er am reinsten den Typ des – im 18. Jahrhundert in England bei John Wesley und George Whitefield begegnenden – *Erweckungspredigers,* der auf Missionsreisen durch die Lande zieht, unter freiem Himmel das Volk mit der Gewalt seiner Stimme fesselt. In der Indifferenz gegenüber Kirche und Dogma und in der Ablehnung jeder Gemeindebildung mit Dippel einig, zeitweilig mit ihm in enger Kampfgemeinschaft gegen die Orthodoxie streitend, hat Hochmann, der „Bahnbrecher des Separatismus“ (H. Renkewitz), nicht nur beim Adel und beim Bürgertum, sondern bis in die unteren Schichten des Bauern- und Handwerkerstandes Anhänger gefunden. Hat der Literat Dippel die Unkirchlichkeit der deutschen Aufklärung vorbereitet, so gehen von Hochmann starke religiöse Impulse aus über Tersteegen und die Herrnhuter Brüdergemeine zur Erweckungsbewegung des 19. Jahrhunderts, auch auf das pietistische Freikirchentum.

Ernst Christoph Hochmann von Hochenau, 1669/70 in Lauenburg/Elbe geboren, aufgewachsen in Nürnberg, lernte als Jurastudent in *Halle/Saale* bei Christian Thomasius die aufklärerischen Ideen der Toleranz und Gewissensfreiheit kennen, auf die er sich in Verfolgungszeiten später berufen hat. In studentischen Kreisen Halles um

---

33 M. SCHMIDT, Der Pietismus als theologische Erscheinung. Ges. Studien zur Geschichte des Pietismus II, Göttingen 1984, 134; ähnlich E. BEYREUTHER, Geschichte des Pietismus, Stuttgart 1878, 299; anders A. RITSCHL, Geschichte des Pietismus, Bd. 2, Bonn 1880-1886, Ndr. Berlin 1966, 337. W. BENDER, Johann Konrad Dippel, Bonn 1882, verstand den Begriff, „Freigeist“ in positivem Sinne.

34 E. HIRSCH, Geschichte der neuern evangelischen Theologie im Zusammenhang mit den allgemeinen Bewegungen des europäischen Denkens, Bd. 2, Gütersloh ^{5}1975, 277ff.

August Hermann Francke erlebte er 1693 – mitten in der von den Visionen ekstatischer Frauen aufgewühlten Gärungszeit des hallischen Pietismus – seine Bekehrung, nach der er sich „sofort fast als ein Trunkener“ (A.H. Francke) zeigte. Zum kirchlichen Pietismus Franckes und seiner Freunde früh auf Distanz gehend, fand er bald Anschluß bei Johann Wilhelm Petersen, dessen Glauben an den nahen Anbruch des Tausendjährigen Reiches er sich vollständig zu eigen machte, dem er später auch in der Lehre von der Allversöhnung folgte. Die *chiliastische Erwartung* des Tausendjährigen Reiches wurde die Triebfeder der Predigttätigkeit, die Hochmann nach seinem Jurastudium als Laienprediger aufnahm. In Frankfurt am Main und in Laubach/Hessen, Zentren des frühen Pietismus, verkündete Hochmann seit 1699 den nahen Anbruch des Tausendjährigen Reiches und rief zum Auszug aus Babel, zur Trennung der wahren, in der geistigen Nachfolge Christi lebenden Christen von dem dem Untergang geweihten Babel der Konfessionskirchen auf. Den hessischen Juden verkündete Hochmann 1699 die Ankunft des Messias, ohne seine chiliastische Botschaft mit einer Bekehrungsforderung zu verbinden.[35] Berleburg, Biesterfeld, zuletzt für lange Jahre seine „Eremitage Friedensburg“ in *Schwarzenau/Wittgenstein* wurden Ausgangsorte für ausgedehnte Predigtreisen, die ihn Jahr für Jahr bis in die Schweiz (1699 nach Bern) und in die Niederlande, nach Prag und in seine fränkische Heimat, besonders in die reformierten Gebiete Nordwestdeutschlands und der Pfalz führten. Hochmann hat durch seine Predigt einem vielerorts durch Mennoniten, Labadisten und Pietisten bereits vorbereiteten, latenten *Separatismus* zum offenen Ausbruch verholfen. Seine Ablehnung von Kanzelpredigt und Kindertaufe, dazu Pazifismus, Verwerfung des Eides und der Todesstrafe, zogen ihm Verfolgungen durch kirchliche Gremien und noch mehr durch die weltlichen Obrigkeiten zu. Dreißigmal kam er in Haft. Er hat diese Strafen, ohne zu widerstreben, erduldet. Gemeinden hat er nicht gegründet, Riten und äußere Formen seinen Anhängern nicht vorgeschrieben. Wie Dippel ging es ihm um ein innerliches Geistchristentum. „Es ist gewißlich jetzund die Zeit, daß die Menschen-

35 H. SCHNEIDER, Ein „Schreiben an die Juden“, Unitas Fratrum 17 (1985), 68–77.

satzungen müssen verleugnet, und Gott im Geist und in der Wahrheit muß gedienet werden."[36]

In seinem 1702 während der Haft in Detmold verfaßten „Glaubens-Bekenntnis"[37] hat Hochmann als sein einziges Interesse bekundet, Gottes „inwendige Wirkung zu erfahren". Er hat alles „Disputiren" und „Critisiren" der Glaubenswahrheiten verworfen. Nur die religiöse Erfahrung ist ausschlaggebend, jeder rationale Diskurs wird abgelehnt. Anders als Dippel hat Hochmann keine theologischen Auseinandersetzungen mit der Orthodoxie geführt und auch keine heterodoxen Sonderlehren entwickelt. Die Geschichte der Dogmatik kann Hochmann übergehen, doch hat die Geschichte der Ethik von ihm Notiz zu nehmen. Neben der Ablehnung des Kriegsdienstes, der Todesstrafe und des Eides, womit Hochmann in eigentümliche Nähe zu den Quäkern kommt, hat er, angeregt durch Beschäftigung und Auseinandersetzung mit der von Johann Georg Gichtel vermittelten böhmistischen Eheanschauung, eine eigentümliche *Ehelehre* entwikkelt, die die Mitte hält zwischen der rigorosen Ablehnung der Ehe bei den Böhmisten und der im kirchlichen Pietismus festgehaltenen reformatorischen Eheauffassung. Ausgehend von dem Grundsatz „wie die Menschen sind, so sind auch ihre Ehen" unterscheidet Hochmann[38], vom Unvollkommenen zum Vollkommenen aufsteigend, fünf verschiedene Arten der Ehe: 1. die tierisch-bestialische Ehe, in der die Menschen nur durch den Geschlechtstrieb vereinigt sind; 2. den ehrbaren und moralischen Ehestand, wie er bei den Römern und Juden gesetzlich geregelt war, jedoch unrein, weil nur im Blick auf das Irdische geschlossen, auch nicht unauflösbar; 3. die christliche Ehe, in der Mann und Frau sich unauflösbar in derjenigen Liebe vereinigen, in der Christus seine Gemeinde liebt (Eph 5,25), und in der Kinder unter dem Vorbehalt des Tobias (Tob 8,9) erzeugt werden; 4. die jungfräuliche Ehe, in der nach urchristlichem (von Gottfried Arnold in der „Ersten Liebe" beschriebenen) Weise zwei Personen sich

---

36 H. RENKEWITZ, Hochmann von Hochenau (1670–1721), Witten ²1969 254.

37 Text bei H. RENKEWITZ, Hochmann von Hochenau (1670–1721), Witten ²1969, 403ff.

38 Vgl. den dem Detmolder Glaubensbekenntnis beigegebenen Artikel „Vom Ehestand", bei H. RENKEWITZ, Hochmann von Hochenau (1670–1721), Witten ²1969, 407ff.

zu einer rein geistigen Gemeinschaft verbinden; 5. die Ehe, in der eine einzelne Seele sich Gott zu eigen gibt, indem sie sich als Braut dem Seelenbräutigam Christus verlobt. Diesem vollkommensten Stand der Ehe ist die Verheißung gegeben, geistliche Kinder zu zeugen. Kehrt der radikale Pietismus hier zum – nicht als kirchliches Gebot, sondern als Frucht des Geistes (1. Kor 7,23ff) angesehenen – mittelalterlichen Zölibat zurück, so steht dem gegenüber Hochmanns zukunftsweisende Forderung, für alle nicht unter wahren Christen geschlossenen Ehen die Ziviltrauung einzuführen.

5. Die philadelphische Bewegung

Der radikale Pietismus hat, abgesehen von der Herrnhuter Brüdergemeine, zu keiner dauerhaften religiösen Gemeinschaftsbildung geführt. Während im angelsächsischen Raum seit dem 17. Jahrhundert durch Separation von der Staatskirche ständig neue religiöse Gemeinschaften und, seit der Toleranzakte von 1689, neue Kirchen entstehen (Presbyterianer, Kongregationalisten, Quäker, Baptisten, Methodisten), war unter den staatskirchlichen Verhältnissen Deutschlands, der Schweiz und der skandinavischen Länder religiösen Bewegungen, die sich von den lutherischen oder reformierten Staatskirchen trennten, das Recht zu eigener Gemeinde- oder Kirchenbildung versagt. Nach dem kurzen Intermezzo des Frankfurter Saalhofkreises, einer Vorform radikalpietistischer Gemeinschaftsbildung, haben Johann Wilhelm Petersen, Gottfried Arnold und Johann Konrad Dippel nicht daran gedacht, ihre Anhänger in feste Gemeinden zu sammeln. Sie haben sich mit Lesergemeinden begnügt, allenfalls mit offenen Freundeskreisen. Auch Hochmann von Hochenau widerstrebte jeder festen Gemeindebildung.

Seit Ende des 17. Jahrhunderts hat sich für die radikalen Pietisten der Name *„Stille im Lande“* eingebürgert. In Christian Scrivers „Seelenschatz“[39] waren die auserwählten „Kinder Gottes“ in Anlehnung an Psalm 35,20 die „Stillen im Lande“ genannt worden, die sich durch einfältigen Glauben ohne Vernunftgrübeln, durch unauffälliges Wohltun, demütige Ergebung in Leiden und durch friedfertiges, allem

39 Seelenschatz, Teil I, Magdeburg und Helmstedt 1675, 20. Predigt.

weltlichen Treiben fernbleibendes Leben auszeichnen. Die beiden Petersens und Gottfried Arnold verwandten den Begriff für die unter der Masse der äußerlich getauften Namenschristen verborgenen, vom Heiligen Geist gesalbten, wahren Christen. Schon früh bestritt die lutherische Orthodoxie Gottfried Arnold das Recht, den Begriff „Stille im Lande" für die Pietisten in Anspruch zu nehmen[40]. Valentin Ernst Loescher wollte ihn für die unter fremdgläubiger Obrigkeit lebenden Lutherischen reserviert haben. Doch hat sich der Name im 18. Jahrhundert immer mehr durchgesetzt. Als Selbstbezeichnung für die sich vom weltlichen Leben, auch vom offiziellen Kirchentum in die Sphäre privater häuslicher Religionsausübung zurückziehenden Frommen bleibt er treffendes Kennzeichen für die separatistischen Pietisten bis zur Erweckungsbewegung des 19. Jahrhunderts. Den sich vom verderbten Kirchentum separierenden „Stillen im Lande" gab ein Gefühl der Zusammengehörigkeit und ein neues Selbstbewußtsein der um 1700 im radikalen Pietismus sich ausbreitende *philadelphische Gedanke.* Der aus der Tradition Jakob Böhmes stammende, in der mittelalterlich-franziskanischen Idee einer endzeitlichen Geistkirche vorbereitete Gedanke einer philadelphischen Gemeinde der Endzeit lag den mancherlei Plänen zur Gründung überkonfessioneller Sozietäten während des ganzen 17. Jahrhunderts zugrunde (Paul Felgenhauer, Johann Permeier). Er fiel vor allem in England auf fruchtbaren Boden (vgl. die Benennung der pennsylvanischen Hauptstadt „Philadelphia" 1680). Die englische Mystikerin *Jane Leade* (1624–1704) gründete 1694 in London die „Philadelphian Society" zur Förderung und zur Sammlung aller „Kinder Gottes", die sich vom Babel der zerspaltenen und zerstrittenen Kirchentümer getrennt hatten.[41] Als überkonfessionelle Sozietät, verbunden durch innerlich-mystische Jesusliebe und wechselseitige Bruderliebe ihrer Mitglieder, sollte die Sozietät die Gemeinde von Philadelphia (nach Apk 3,7–14) als die in den Wirren der Endzeit allein dem Herrn treue Gemeinde darstellen.

---

40 Vgl. das Kapitel „Von der Benennung der Stillen im Lande und Verborgenen des Herrn insgemein" in: Wahre Nothwendigkeit des Kirchen- und Abendmahl-Gehens ... den Quedlinburgischen Gemeinden gründlich fürgestellet von dem ordentlichen Predigt-Ampt daselbst, Quedlinburg 1701.

41 N. THUNE, The Behmenists and the Philadelphians. A contribution to the study of English Mysticism in the 17th and 18th centuries, Diss. Uppsala 1948.

Von seinem Verständnis der ecclesiola in ecclesia her hatte sich Spener allen überkonfessionellen Sozietätsplänen widersetzt, auch keinen Zusammenhang zwischen der Gemeinde von Philadelphia aus Apk 3 und der Gegenwart gesehen.[42] Mit Spener und Francke blieben die Vertreter des kirchlichen Pietismus, aber auch Gottfried Arnold, zur philadelphischen Sozietät in Distanz.[43] Dagegen bei dem Ehepaar Petersen, den Verehrern der Jane Leade, fiel der Philadelphia-Gedanke auf fruchtbaren Boden. Beide traten, wenn auch wohl nur kurzzeitig, der „Philadelphischen Sozietät" bei, deren Agent Dittmar 1705 Deutschland bereiste und unter den radikalen Pietisten Mitglieder warb. Anders als die englischen Philadelphier, die sich 1702 zu einer statutenmäßig organisierten Glaubensgemeinschaft fortbildeten, wobei sie ihren Mitgliedern ein böhmistisches Glaubensbekenntnis verbindlich machten, blieben die deutschen Philadelphier ohne festen organisatorischen Zusammenhalt.

Vor allem in Hessen fanden die philadelphischen Ideen zahlreiche Anhänger. Zwei Schüler Undereycks, *Henrich Horche* (1652–1729), Pfarrer und Professor in Herborn, und *Johann Henrich Reitz* (1655–1720), Hofprediger der Grafen Solms-Braunfels, erblickten 1697 in den Visionen des Balthasar Christian Klopfer Vorzeichen des nahen, für die Jahrhundertwende erwarteten Tausendjährigen Reiches. Sie riefen zum Auszug aus Babel und zur Bildung philadelphischer Kreise auf. Horche hat nach seiner Amtsentsetzung eine Zeit lang, zusammen mit dem aus Bern wegen chiliastischer Predigt vertriebenen Schweizer *Samuel König* [44] (1671–1750), philadelphische Kreise im Raum um Eschwege gegründet.[45] Später in Kirchhain bei Marburg lebend, gab er eine „Mystische und profetische Bibel" (1712) heraus, das Hohelied Salomos und die Johannesoffenbarung als die biblischen Hauptbücher ansehend. Die philadelphische Idee von der sich vom Babel der konfessionellen Kirchentümer trennenden überkon-

---

42 Letzte Theol. Bedenken 1, 269 (1681).

43 Anders, aber unrichtig, M. SCHMIDT in den Artikeln „Philadelphia" und „Pietismus" in RGG³.

44 Über ihn R. DELLSPERGER, Die Anfänge des Pietismus in Bern, Göttingen 1984.

45 Die Rede von „philadelphischen Gemeinden" ist mißverständlich, vgl. H. RENKEWITZ, Hochmann von Hochenau (1670–1721), Witten ²1969, 92.

fessionellen Gemeinde der im Geist verbundenen wahren Christen hat im radikalen Pietismus weite Verbreitung gefunden, z.B. bei Ernst Christoph Hochmann von Hochenau.[46] Auch Zinzendorf stand bei Gründung seiner Brüdergemeine unter dem Einfluß der Philadelphia-Idee.

In der Geschichte der philadelphischen Bewegung hat es an losen *Gruppenbildungen,* an zeitweiligen Aktionsgemeinschaften radikaler Pietisten nicht gefehlt. Bei der so genannten „Kirchenrevolution in Laubach", dem 1699/1700 am Hof des Grafen Ernst Friedrich von Solms-Laubach und der Gräfin Benigna unternommenen Versuch, das alte Kirchenwesen abzuschaffen und ein überkonfessionelles Geistchristentum ohne festes Predigtamt und Kindertaufe einzuführen, waren direkt oder indirekt eine beträchtliche Zahl philadelphisch gesinnter Pietisten beteiligt: außer dem Ehepaar Petersen, das im Mai 1699 in Laubach weilte, auch Johann Konrad Dippel, der Schweizer Samuel König aus Bern, Ernst Christoph Hochmann von Hochenau, schließlich der Laubacher Hofprediger Marquard.[47] Man erwartete für das Jahr 1700 den Anbruch des Tausendjährigen Reiches, zerstreute sich aber, nachdem in Laubach wie bald darauf auch in Berleburg die chiliastischen Erwartungen enttäuscht wurden.

In der Grafschaft *Ysenburg-Büdingen* und den beiden Grafschaften *Sayn-Wittgenstein,* der nördlichen mit der Residenz Berleburg und der südlichen mit der Residenz Laasphe, fanden radikale Pietisten dank der Toleranzpolitik reformierter Landesherren, die ihre vom Dreißigjährigen Krieg noch immer entvölkerten Länder „peuplieren" wollten, Zuflucht und Bleibe. Graf Ernst Casimir von Ysenburg-Büdingen erließ 1712 ein in der Geschichte der religiösen Toleranz in Deutschland bahnbrechendes Edikt, das auch Separatisten „vollkommene Gewissensfreiheit" garantierte. Das Edikt entstammte der Feder des reformeifrigen lutherischen Rates Otto Heinrich Becker, der seinerseits auf einem Toleranzgutachten Speners fußte. In der wittgensteinschen Exulantenkolonie Schwarzenau zählte man 1710 bereits dreihundert Separatisten; in der Residenz Berleburg waren es kaum weniger – in diesen Zwerggrafschaften überwogen die Zuwan-

46 H. RENKEWITZ, Hochmann von Hochenau (1670–1721), Witten ^{2}1969, 97ff.

47 Nicht jedoch, wie früher angenommen, Gottfried Arnold, vgl. H. SCHNEIDER, ThZ 41 (1985), 435f.

derer mancherorts an Zahl die landsässige Bevölkerung. Während sich in Schwarzenau religiöse Einzelgänger wie der prophetische Frankfurter Schustergeselle Johann Maximilian Daut und der ein mönchisches Eremitenleben führende Mystiker Charles Hector de Marsay (1688–1753) niederließen, sammelten sich die Philadelphier in *Berleburg,* das unter dem toleranten und frommen Grafen Casimir von Sayn-Wittgenstein-Berleburg (1712–1741) jahrzehntelang ein Sammelplatz des radikalen Pietismus wurde. Der aus Straßburg stammende Buchdrucker Johann Jacob Haug verlegte 1722 seinen radikalpietistischen Bücherverlag von Idstein nach Berleburg, das nun zum Zentrum radikalpietistischer Buchproduktion wurde.[48] Hier erschienen die gesammelten Werke von Johann Konrad Dippel und von Pierre Poiret (1646–1719), dem von Descartes herkommenden Mystiker und Verehrer der Antoinette Bourignon. Hier gab der Arzt Johann Samuel Carl (1676–1757) die „Geistliche Fama“ heraus, die erste pietistische Zeitschrift, von 1730 bis 1744 in 31 Einzelstücken erschienen – ein Organ, das den verstreuten Philadelphiern bis hinüber nach Pennsylvanien das Gefühl der Zusammengehörigkeit vermittelte. Hier erschien schließlich die *Berleburger Bibel* (8 Bde., 1726–1742), nach Arnolds Kirchen- und Ketzerhistorie das bedeutendste literarische Werk des radikalen Pietismus, besorgt von dem aus Straßburg vertriebenen ehemals lutherischen Theologen Johann Friedrich Haug (1680–1753) und einer Reihe von Mitarbeitern, darunter dem Frühaufklärer Johann Christian Edelmann. Die Berleburger Bibel bedeutet keine neue Stufe in der Geschichte der Bibelauslegung: sie hält fest an der orthodoxen Inspirationslehre, sogar in der Ausdehnung auf die hebräischen Vokalzeichen, ja sie kehrt zur vorreformatorisch-mittelalterlichen Hermeneutik des vierfachen Schriftsinnes zurück, wenn sie neben dem wörtlichen, aus dem Urtext zu erhebenden Sinn der Schrift einen geistlich-moralischen und einen geheimen geistlichen Sinn statuiert, letzteren noch einmal unterschieden in einen typologisch-allegorischen und einen auf die Vereinigung der Seele mit Gott gerichteten mystischen Sinn. Das verstreute Gedankengut des radikalen Pietismus, die Sophienspekulation Jakob Böhmes, die Kritik an der forensischen Rechtfertigungslehre und das

48 Eine Titelliste der Berleburger Drucke bei SCHRADER, Literaturproduktion und Büchermarkt des radikalen Pietismus, 201–221.

Wertlegen auf Wiedergeburt und mystische Vereinigung mit Gott, die chiliastische Reichserwartung und die Apokatastasis panton, vor allem der Gedanke von der in der Endzeit sich sammelnden philadelphischen Gemeinde nach Apk 3 – dies alles wird in der Berleburger Bibel gebündelt zu einer radikalpietistischen biblischen Theologie. Die Glut des radikalpietistischen Chiliasmus ist verglommen, wenn auch nicht ausgegangen; die Grundstimmung ist die einer quietistischen Mystik, die sich eng an die Schriften der Frau von Guyon (1648–1717) anlehnt.

6. Radikalpietistische Gemeinden

Die von Jean de Labadie nach seinem Ausschluß aus der reformierten Kirche gebildete Hausgemeinde, die nach ihrer Emigration im westfälischen Stift Herford ihr Pfingsten erlebte, verstand sich als die vor dem Ende der Welt wiederhergestellte Jerusalemer Urgemeinde, mit der die in der Diaspora lebenden versprengten Christen durch Korrespondenz Verbindung aufnehmen sollten. Der Gedanke einer endzeitlichen Zionsgemeinde kehrt wieder im radikalen Pietismus des 18. Jahrhunderts, der es in vier Fällen zu beachtlichen Gemeindebildungen gebracht hat: 1. bei der Buttlarschen Kommune, 2. bei den Neutäufern, 3. bei den Inspirierten, 4. bei der Ellerschen Zionsgemeinde in Ronsdorf.

Die Buttlarsche Kommune

Die Buttlarsche Kommune, in der Literatur meist „Buttlarsche Rotte“ genannt, war eine in ihrer Blütezeit ca. 70 Personen zählende, in kommunistischer Gütergemeinschaft lebende Gruppe, benannt nach *Eva von Buttlar* (1670–1721). Die ihren früh angetrauten, ungeliebten Ehemann nach zehnjähriger kinderloser Ehe verlassende Eva von Buttlar war durch den Gothaer Rektor Gottfried Vockerodt dem kirchlichen Pietismus im Sinne August Hermann Franckes nahe gekommen, dann aber in Hessen unter den Einfluß Henrich Horches und seiner philadelphischen Verkündigung geraten. Durch Horche lernte sie die Gedankenwelt der englischen Böhmisten John Pordage und

Jane Leade kennen. Indem sie die Sophiaspekulation und den Mythos vom androgynen Urmenschen übernahm und mit dem philadelphischen Liebesgedanken vermischte, gelangte sie zu bizarren Folgerungen für das Gemeinschaftsleben. In der um 1700 von ihr in *Allendorf/ Werra* zusammen mit etlichen Erweckten, darunter fünf Schwestern von Calenberg, gegründeten Sozietät ließ sie sich als „himmlische Sophia" verehren. Zusammen mit dem Theologiestudenten Justus Gottfried Winter als Gottvater und dem Medizinstudenten Johann Georg Appenfeller als dem Sohn suchte sie die himmlische Trinität als dritte Person der Gottheit irdisch zu verkörpern. Alles Geistige ins Leibliche ziehend, den Glauben – Gedanken von John Pordage mißverstehend – mit der sinnlichen Begierde identifizierend, wurde der Philadelphia-Gedanke ins Sexuelle übertragen und nach der Einführung des urchristlichen Liebeskusses der geschlechtliche Umgang unter den Mitgliedern der Gemeinschaft zur Glaubenspraxis erklärt: „daß sie concubitum promiscuum und die fleischliche Vermischung als etwas heiliges statuirten", bekannte Winter in einer Verteidigungsschrift.[49] Durch den leiblichen Eingang in den Schoß der „Mutter Eva" als dem Teich Bethesda sollten die Gemeindemitglieder die Entsühnung am Glied des Sündenfalls vollziehen. In der geschlechtlichen Vereinigung erlebte man die Wiederherstellung des androgynen Schöpfungszustandes.

Aus dem hessischen Allendorf 1702 vertrieben, gelangte die Buttlarsche Kommune nach einigen Irrfahrten in die Grafschaft Wittgenstein, wo man, nach kurzem Aufenthalt in Glashütte, auf einem gräflichen Hof in *Sassmannshausen* Zuflucht fand. Von den im Wittgensteinschen lebenden Separatisten mit Mißtrauen und Ablehnung beobachtet, von Hochmann von Hochenau wegen ihrer „gantz viehischen, ja gantz Sodomitischen Wege" bekämpft und als Nikolaiten verdammt[50], aber auch nicht ohne Fürsprecher – der sie vor dem Kammergericht verteidigende Dr. Georg Friedrich Vergenius aus Wetzlar fand nichts Unordentliches bei ihnen – sind die Mitglieder der „Sassmannshäuser Sozietät", nachdem man ihren Lebenswandel ausspioniert, sie gefangen und vor Gericht gestellt hatte, 1705 aus dem Wittgensteinschen entflohen. Die in Köln von Eva von Buttlar ge-

---

49 E. Bauer, JWKG 71 (1978), 172.

50 H. Renkewitz, Hochmann von Hochenau (1670–1721), Witten ^{2}1969, 191.

sammelten Reste der Gruppe sind zum Katholizismus übergetreten. In der Paderborner Exklave Lügde bei Pyrmont, wo Eva von Buttlar den zwölf Jahre jüngeren Appenfeller heiratete, wiederholte sich die Aufrichtung des „neuen himmlischen Reichs" im Gewand katholischer Zeremonien. Nach der erneuten Verhaftung 1706 hat sich die Kommune aufgelöst, ihre Mitglieder fanden ins bürgerliche Leben zurück.

Blieb die Buttlarsche Kommune ein ephemeres, von den eigenen Mitgliedern überlebtes Phänomen, so haben zwei Gemeindebildungen des im Wittgensteinschen angesiedelten radikalen Pietismus dauerhaftere Gestalt gewonnen, freilich um den Preis der Auswanderung nach Nordamerika: die *Neutäufer* und die *Inspirierten* .

Die Schwarzenauer Neutäufer

Seitdem Gottfried Arnold in seiner „Ersten Liebe" die Erwachsenentaufe als die bei den ersten Christen übliche Praxis geschildert hatte, gehörte die Kritik an der Kindertaufe zum Arsenal radikalpietistischer Kirchenkritik. Gleichwohl haben Arnold, Dippel und Petersen niemals an die Einführung der Erwachsenentaufe gedacht. Auch Hochmann von Hochenau, der seine Kritik an der Kindertaufe mit der Lehre von der Geisttaufe der Erwachsenen verband, wollte die unter seinen Anhängern debattierte Wassertaufe der Erwachsenen nicht vollziehen. Der Spiritualismus der radikalen Pietisten ließ für eine Erwachsenentaufe keinen Platz.

Ein *pietistisches Täufertum* entstand 1708 in Schwarzenau in der Grafschaft Sayn- Wittgenstein im Kreis der Anhänger Hochmann von Hochenaus, der selbst zu dieser Zeit in Nürnberg im Gefängnis saß.[51] *Alexander Mack* (1679–1735), einer der engsten Anhänger Hochmanns, ließ sich zusammen mit sieben Brüdern in der Eder bei Schwarzenau durch Untertauchen taufen. Durch Los hatte man entschieden, wer von ihnen im Namen der allgemeinen Kirche denjenigen taufen sollte, der wiederum alle anderen zu taufen hatte. Die Erwachsenentaufe fand bald Nachahmung bei anderen Separatisten.

---

51 Donald F. DURNBAUGH, European Origins of the Brethren, Elgin/Illinois 1958.

Gegen den Widerstand von Hochmann von Hochenau, der sich über der Tauffrage mit Alexander Mack entzweite, breitete sich die Täuferbewegung weiter aus, zunächst in Ysenburg-Büdingen, bald bis in die Pfalz und in die Schweiz, bis zum Niederrhein und nach Westfriesland. Alexander Mack, aus Schriesheim/Bergstraße stammend, mag durch mennonitische Einflüsse aus der Pfalz oder der Schweiz (einer der ersten acht Getauften stammte aus der Schweiz) berührt worden sein. Doch spricht die Praxis des Untertauchens eher für Einflüsse aus den Niederlanden. Vor der Verfolgung flüchteten die Neutäufer unter Führung von Peter Becker und Alexander Mack nach *Pennsylvanien.* Aus ihrer Mitte kam Georg Conrad Beissel (1691–1768), der, nach seiner Taufe jahrelang ein Einsiedlerleben führend, die Klostergemeinschaft Ephrata gründete. Die *Neutäufer,* in Amerika als Gemeinschaft der German Baptists konstituiert, leben als „Church of the Brethren" bis in die Gegenwart weiter.

Die Inspirierten

Umgibt die Ursprünge der pietistischen Neutäufer historisches Dunkel, so liegen die Anfänge der einige Jahre später entstehenden *Inspirationsgemeinden* der Wetterau in hellerem Licht.[52] Die Spuren führen zurück nach England. Im englischen Exil war um 1700 unter den aus Frankreich vertriebenen Hugenotten die camisardische Prophetie, die Gabe der Weissagung gegen das „Babel" Frankreich und die große Hure des Papsttums, nicht erstorben; sie wurde unter den veränderten äußeren Verhältnissen und auch durch die Berührung mit Randgruppen des englischen Dissent (Quäker) weitergebildet zu einer jegliches Staatskirchentum verurteilenden chiliastischen Prophetie. Die Inspirierten erlebten, den frühen Quäkern ähnlich, nach konvulsivischen Zuckungen trancehafte Zustände, in denen sie „Aussprachen" empfingen, die eigens von Schreibern als göttliche Offenbarungen aufgezeichnet und verbreitet wurden.

52 Grundlegend immer noch M. Goebel, Geschichte der wahren Inspirationsgemeinden von 1688–1850, ZHTh (1854–1857). Zur Forschungslage s. H. Schneider, PuN 9 (1984), 118ff.

Aus der Londoner Gemeinde des Refuge 1707 ausgeschlossen und auch von der anglikanischen Kirche verstoßen, zunächst in England, Schottland und den Niederlanden missionierend, begab sich eine kleine Gruppe Inspirierter – Elie Marion und Jean Allut zusammen mit ihren Schreibern Facio und Portales – in den Jahren 1711–1713 auf zwei große Missionsreisen, die durch weite Teile Deutschlands, auch nach Polen, Böhmen und bis nach Rom führten. Bei den französisch-reformierten Gemeinden einkehrend, aber meist abgewiesen, fanden die *Inspirierten* in Berlin und in Halle in pietistischen Zirkeln Sympathisanten, nach ihrer Abreise auch Nachfolger. In Berlin empfing der Schneidermeister Johann Michael Bolich Ende 1714 „Aussprachen". In Halle/Saale folgte Anfang 1715 die junge Marie Elisabeth Matthes, Tochter eines Famulus am hallischen Waisenhaus, um die sich ein Kreis von ca. dreißig Personen sammelte, in dem man im Februar 1715 ein Liebesmahl feierte. Von der Kanzel und in gedruckten Schriften haben Johann Porst in Berlin, August Hermann Francke und Joachim Lange in Halle/Saale die „neue Prophetie" bekämpft. Sie fand jedoch in Halle bei dem deshalb abgesetzten reformierten Prediger Knaut auch einen Fürsprecher.

Durch obrigkeitliche Edikte des Landes verwiesen, suchten die Inspirierten, darunter eine Gruppe hallischer Studenten (Brüder Pott), Zuflucht in der toleranten Wetterau. Ende 1715 wurde in Himbach in der Grafschaft Ysenburg die erste inspirierte Gebetsgemeinschaft gegründet. Vor allem aus Württemberg und Franken strömte eine größere Zahl von Separatisten in die Grafschaften Ysenburg und Hanau, um sich den Inspirierten anzuschließen. Schon 1716 kam es unter ihnen zu einer Spaltung. *Eberhard Ludwig Gruber* (1665–1728)[53], ein aus dem württembergischen Pfarrdienst entlassener Separatist und ehemaliger Tübinger Stiftsrepetent, gab als Leiter der Gebetsgemeinschaft der sich ausbreitenden Bewegung durch Einrichtung des Ältestenamtes feste Gemeindeformen. Die sich der Einführung der Gemeindezucht Widersetzenden wurden als „falsche Inspirierte" ausgeschieden. Ihnen gegenüber bezeichneten sich Gruber und seine Anhänger als die „wahren Inspirierten".

---

53 Bibliographie bei G. MÄLZER, Die Werke der württembergischen Pietisten, Nr. 877–889, vgl. jedoch die erheblichen Korrekturen von H. SCHNEIDER, PuN 9 (1984), 143, Anm. 285.

Zu den acht Offenbarungsträgern, die die wahren Inspirierten in ihrer wenige Jahre dauernden Blütezeit (1714–1719) als „Werkzeuge Gottes" anerkannten[54], zählte der aus Oberwälden bei Göppingen stammende Pfarrerssohn und Sattler *Johann Friedrich Rock* (1678–1749).[55] Rock, der auf jahrelanger Wanderschaft als Sattlergeselle 1701 in einem pietistischen Konventikel in Berlin seine Bekehrung erlebte und zusammen mit Gruber 1706 in die Grafschaft Ysenburg kam, hat die 1714 empfangene Gabe der Inspiration als einziger unter den „acht Werkzeugen Gottes" lebenslang behalten. Die ihm zuteil gewordenen „Bezeugungen des Herrn" wurden in *Jahrbüchern der wahren Inspirationsgemeinschaften* aufgezeichnet. Nach dem Tod Grubers wurde Rock 1728 Leiter der wahren Inspirationsgemeinden. Auf seinen 94 Reisen, die ihn teils in die nähere Umgebung der Wetterau, dann vor allem nach Württemberg, auch in die Schweiz, ins Elsaß und nach Schlesien (bis nach Breslau) führten, hat er die verstreuten Inspirationsgemeinden geistlich betreut. Von Zinzendorf für lange Jahre umworben und als Frommer ohne Falsch und Tadel erkannt, kam es später zwischen beiden zum Bruch. Nach dem Tod von Rock verglühte das Feuer der Inspirationsgemeinden, bis es in der Erweckung des 19. Jahrhunderts noch einmal zu neuer Glut angefacht wurde. Die Auswanderung von ca. 1000 Inspirierten nach Nordamerika in den Jahren 1842ff. führte zur Errichtung der nach Hoheslied 4,8 benannten *Amana Church Society* im Staate Iowa, die sich in Resten bis zur Gegenwart hält.

Die Zionsgemeinde in Ronsdorf

Die von *Elias Eller* (1690–1750) gegründete *Zionsgemeinde* in Ronsdorf bei Elberfeld steht trotz auffälliger Ähnlichkeiten in keinem erkennbaren historischen Zusammenhang mit den Inspirationsgemeinden der Wetterau. In einem der seit dem Auftreten Hochmann von Hochenaus entstandenen Elberfelder Konventikel, zu dem der Kaufmann Elias Eller mit seiner Frau und der Prediger Daniel Schleier-

54 Meistens Handwerker und zwar Strumpfweber, unter ihnen ein Sohn von Gruber, auch eine Frau (Ursula Meyer).

55 Bibliographie bei G. MÄLZER Nr. 2478–2494.

macher, der Großvater des bekannten Theologen, gehörten, empfing um 1725 die junge Bäckerstochter *Anna vom Büchel* (1702–1743) Auditionen, in denen die nahe Ankunft des Tausendjährigen Reiches angesagt und zur „Versiegelung" der Erwählten der Endzeitgemeinde aufgerufen wurde. Ob diese „Einsprachen" aufgeschrieben und in der so genannten „Hirtentasche" gesammelt wurden, wie zeitgenössische Berichte melden, läßt sich mit Sicherheit nicht mehr ausmachen. Eller heiratete nach dem Tod seiner Frau 1734 Anna vom Büchel. Seit 1737 zogen unter Anführung Ellers die Anhänger der Anna vom Büchel nach *Ronsdorf* und gründeten dort eine durch wirtschaftliche Tüchtigkeit bald zu Reichtum und Ansehen kommende Gemeinde. Die als „Zionsmutter" verehrte Anna vom Büchel besaß die höchste Autorität in der Gemeinde, Eller war Kirchmeister und Schleiermacher der Prediger. Man behielt den Zusammenhang mit der reformierten Generalsynode, übte keine Kritik an der reformierten Lehre, suchte sogar für die durch Zuzug bald zahlenmäßig stark anwachsende Gemeinde Prediger aus den reformierten Nachbargemeinden. Als Eller nach dem Tod der „Zionsmutter" die Leitung der Gemeinde für sich beanspruchte, kam es zum Zerwürfnis mit dem Prediger Schleiermacher, der schließlich aus Ronsdorf vertrieben wurde. Nach Ellers Tod wurde die Gemeinde Ronsdorf von den reformierten Synoden ausgeschlossen. Sie erfreute sich jedoch staatlicher Anerkennung, wurde 1765 auch wieder in die reformierte Synode aufgenommen. Das Bild Elias Ellers und der Gemeinde Ronsdorf, jahrhundertelang nach dem Modell der Buttlarschen Kommune entworfen, ist erst in jüngster Zeit von den entstellenden Übermalungen zeitgenössischer Polemik befreit worden.[56]

---

56 K. GOEBEL (Hg.), Von Eller bis Dürselen, SVRKG 64, Köln 1981.

VI. Nikolaus Ludwig Graf von Zinzendorf und die Brüdergemeine[1]

Aalen, Leiv: Die Theologie des jungen Zinzendorf, Berlin/Hamburg 1966. – Baldauf, Ingeborg: Das Archiv der Brüder-Unität in Herrnhut, Unitas Fratrum 8 (1980), 3–34. – Beck, Hartmut: Brüder in vielen Völkern. 250 Jahre Mission der Brüdergemeine, Erlangen 1981. – Bettermann, Wilhelm: Theologie und Sprache bei Zinzendorf, Gotha 1935. – Beyreuther, Erich: Studien zur Theologie Zinzendorfs, Neukirchen-Vluyn 1962. – Ders.: Die große Zinzendorf-Trilogie, Marburg ^{2}1988. – Bintz, Helmut (Hg.): N.L. v. Zinzendorf, Texte zur Mission, Hamburg 1979. – Dithmar, Christiane: Zinzendorfs nonkonformistische Haltung zum Judentum, Heidelberg 2000. – Dose, Kai: Die Bedeutung der Schrift für Zinzendorfs Denken und Handeln, Diss. theol. Bonn 1971. – Eberhard, Samuel: Kreuzes-Theologie. Das reformatorische Anliegen in Zinzendorfs Verkündigung, München 1937. – Erbe, Hans-Walter: Zinzendorf und der fromme hohe Adel seiner Zeit, Leipzig 1928, Ndr. Hildesheim 1975. – Ders.: Herrnhaag. Eine religiöse Kommunität im 18.

1 Die seit 1962 erscheinende Zinzendorf-Reprintausgabe im Verlag G. Olms/ Hildesheim, besorgt von Erich Beyreuther und Gerhard Meyer, hat die weitverstreuten *gedruckten* Quellen für Zinzendorf und die Brüdergemeine einschließlich vieler Antizinzendorfiana in reichem Maße zugänglich gemacht. Ein Reprint der gedruckten Schriften kann jedoch eine kritische Ausgabe nicht überflüssig machen, die das – größtenteils im Unitätsarchiv in Herrnhut liegende – handschriftliche Material (Briefe, Reiseberichte, Tagebücher, Jüngerhaus-Diarium, ungedruckte Reden, Instruktionen, Synodalprotokolle u.a.) heranziehen und in charakteristischer Auswahl herausgeben wird. Eine solche kritische Zinzendorfausgabe befindet sich in Vorbereitung (vgl. D. Meyer, Zum Programm einer zehnbändigen Zinzendorf-Ausgabe, PuN 12 [1986], 145–161). Eine Sammlung ausgewählter Quellentexte bei H.Chr. Hahn/H. Reichel, Zinzendorf und die Herrnhuter Brüder. Quellen zur Geschichte der Brüder-Unität von 1722 bis 1760, Hamburg 1977 (dazu ergänzend die Rezension von H. Schneider, PuN 5 [1979], 253–258). Einen vorzüglichen Schlüssel für den Zugang zu Quellen und Literatur bildet: D. Meyer, Bibliographisches Handbuch zur Zinzendorf-Forschung, Düsseldorf 1987. Die Schriften Zinzendorfs werden im Folgenden mit den Kurztiteln und der Numerierung genannt, die dieses Bibliographische Handbuch zur Zinzendorfforschung (= BHZ) im „Teil A Schriften Zinzendorfs“ (= BHZ A) angibt.

Jahrhundert, Hamburg 1988. – ERBE, Hellmuth: Bethlehem, Pa. Eine kommunistische Herrnhuter Kolonie des 18. Jahrhunderts, Stuttgart 1929, Ndr. Hildesheim 1975. – JANNASCH, Wilhelm: Erdmuthe Dorothea Gräfin von Zinzendorf, Herrnhut 1915, Ndr. Hildesheim 1973. – MEYER, Dietrich: Der Christozentrismus des späten Zinzendorf, Bern/Frankfurt a.M. 1973. – DERS.: Nikolaus Ludwig Graf von Zinzendorf (1700–1760), in: H. Fries/G. Kretschmar (Hg.), Klassiker der Theologie, Bd. 2, München 1983, 22–38. – DERS. (Hg.): Bibliographisches Handbuch zur Zinzendorf-Forschung, Düsseldorf 1987. – DERS.: Zinzendorf und die Herrnhuter Brüdergemeine: 1700–2000, Göttingen 2000. – MOTEL, Heinz: Zinzendorf als ökumenischer Theologe, Herrnhut 1942. – MÜLLER, Joseph Theodor: Zinzendorf als Erneuerer der alten Brüderkirche, Leipzig 1900, Ndr. Hildesheim 1975. – NIELSEN, Sigurd: Der Toleranzgedanke bei Zinzendorf, 3 Bde., Hamburg 1952–60. – REICHEL, Gerhard: August Gottlieb Spangenberg. Bischof der Brüderkirche, Tübingen 1906, Ndr. Hildesheim 1975. – DERS.: Die Anfänge Herrnhuts, Herrnhut 1922. – REICHEL, Jörn: Dichtungstheorie und Sprache bei Zinzendorf, Berlin/Zürich 1969. – RENKEWITZ, Heinz: Im Gespräch mit Zinzendorfs Theologie, Hamburg 1980. – RITSCHL, Albrecht: Geschichte des Pietismus, Bd. 3, Bonn 1886, Ndr. Berlin 1966, 193–459. – RUH, Hans: Die christologische Begründung des ersten Artikels bei Zinzendorf, Zürich 1967. – SCHNEIDER, Hans: Nikolaus Ludwig von Zinzendorf, in: Orthodoxie und Pietismus (Gestalten der Kirchengeschichte 7, hg.v. M. Greschat), Stuttgart 1982, 347–372. – DERS.: Die Anfänge der Herrnhuter in der Wetterau (im Erscheinen). – UTTENDÖRFER, Otto: Alt-Herrnhut, 2 Bde., Herrnhut 1925/26, Ndr. Hildesheim 1984. – DERS.: Zinzendorf und die Mystik, Berlin 1950. – WEIGELT, Horst: Die Beziehungen zwischen Ludwig Friedrich zu Castell-Remlingen und Zinzendorf sowie ihr Briefwechsel, Neustadt/Aisch 1984. – WETTACH, Theodor: Kirche bei Zinzendorf, Wuppertal 1971. – WOLLSTADT, Hanns-Joachim: Geordnetes Dienen in der christlichen Gemeinde. Dargestellt an den Lebensformen der Herrnhuter Brüdergemeine in ihren Anfängen, Göttingen 1966. – ZIMMERLING, Peter: Gott in Gemeinschaft. Zinzendorfs Trinitätslehre, Gießen 1991.

Die Brüdergemeine ist die bedeutendste religiöse Gemeinschaftsbildung, die das Zeitalter des Pietismus hervorgebracht hat. Neben dem württembergischen Pietismus ist sie die einzige religiöse Formation des Pietismus, die eine vom 18. bis zum 20. Jahrhundert reichende kontinuierliche Geschichte aufzuweisen hat. Auch wenn die Brüdergemeine ihre historischen Anfänge in die vorreformatorische Zeit zurückdatieren kann, kommt die Erneuerung der alten böhmisch-mährischen Brüderunität durch den Grafen Zinzendorf einer Neuschöpfung nahe. Nikolaus Ludwig Graf von Zinzendorf (1700–1760), eine der originalsten Gestalten der Kirchengeschichte, hat sich zwar als Überwinder des Pietismus verstanden. Doch können er und die Herrnhuter Brüdergemeine nicht aus der Geschichte des Pietismus herausgelöst werden.

Das philadelphische Streben des jungen Zinzendorf

Nikolaus Ludwig Graf von Zinzendorf, am 26. Mai 1700 in Dresden geboren, entstammte einem seines protestantischen Glaubens wegen aus seiner Heimat emigrierten niederösterreichischen Adelsgeschlecht. Die Familie war eng mit dem Spenerschen Pietismus verbunden.[2] Der Vater, Georg Ludwig von Zinzendorf (1662–1700), kursächsischer Minister, gehörte zu den entschiedensten Fürsprechern Speners im Geheimen Rat des Kurfürsten. Die Mutter, Charlotte Justine geb. von Gersdorf (1675–1763), heiratete 1704 in zweiter Ehe den preußischen Generalfeldmarschall Dubislav Gneomar von Natzmer, Freund des Freiherrn von Canstein und Mittler zwischen dem Soldatenkönig und dem hallischen Pietismus.[3]

Nach dem frühen Tod des Vaters und der Wiederverheiratung seiner Mutter wuchs der junge Zinzendorf bei der Großmutter auf deren Gut Großhennersdorf bei Zittau/Oberlausitz auf. *Henriette Katharina von Gersdorf* (1648–1726) war eine der gebildetsten Frauen ihrer Zeit, eine deutsche Anna Maria van Schurman, wegen ihrer Kenntnisse in den orientalischen Sprachen schon als Fünfundzwanzigjährige von Abraham Calov gerühmt, durch ihre religiösen Dichtungen nicht nur im Pietismus hochgeschätzt. Sie korrespondierte mit Leibniz und den Gelehrten der lutherischen Orthodoxie, war mit Spener und Francke befreundet, förderte auch radikale Pietisten wie Johann Wilhelm Petersen und Ernst Christoph Hochmann von Hochenau. Sie las Jakob Böhme, für dessen Rehabilitierung sich ihr Bruder, der Kammerpräsident von Friesen, bei Spener verwandt hatte,[4]

2 Vgl. Speners Gebet und Wunsch nach der Taufe des jungen Zinzendorf (Letzte Theologische Bedencken 1, 597ff).

3 S. oben S. 133.

4 SPENER, Letzte Theologische Bedenken 4, 671.

schätzte die Schriften der Jane Leade, Gründerin der philadelphischen Sozietät. Zinzendorf hat die überkonfessionelle, philadelphische Richtung seines religiösen Denkens stets auf seine Großmutter zurückgeführt. „Ich habe meine Principia von ihr her. Wenn sie nicht gewesen wäre, so wäre unsere ganze Sache nicht zustande gekommen ... Sie wußte keinen Unterschied zwischen der catholischen, lutherischen und reformierten Religion, sondern was Herz hatte und an sie kam, das war ihr Nächster“.[5] Andererseits ließ sie nicht nach, Speners und Franckes kirchliche Reformbemühungen tatkräftig zu unterstützen. Den zum überkonfessionellen philadelphischen Ideal in Spannung stehenden „Spiritus Speneri in plantandis in Ecclesia Ecclesiolas“ will Zinzendorf ebenfalls von der Großmutter empfangen haben.[6] Auf seine Frömmigkeit nahm die jüngere Schwester seiner Mutter, Henriette von Gersdorf (1686–1761), Einfluß. Zinzendorf will von ihr im täglichen Gebet den „Umgang mit dem Heiland“ gelernt haben.

Im Alter von zehn Jahren wurde Zinzendorf auf das *Pädagogium Regium nach Halle/Saale* gegeben, wo er sechs Jahre lang die aufs Praktische gerichtete, aber auch die musischen Fächer umfassende Erziehung eines jungen Adligen erhielt. Zu August Hermann Francke, der den Ranghöchsten unter seinen Zöglingen neben sich an der Tafel sitzen hatte, kam Zinzendorf in kein persönliches Verhältnis. Mit gleichaltrigen Freunden, von denen der reformierte Schweizer Friedrich von Wattewille (1700–1777) ihm lebenslang verbunden blieb, schmiedete er Pläne zur geistlichen Eroberung der Welt und gründete Sozietäten und Gesellschaften (Senfkornorden). Die bei Tisch vorgelesenen Missionsberichte der Ostindienmissionare, die er bei ihrem Aufenthalt in Halle auch persönlich kennenlernte, regten die Phantasie des jungen Zinzendorf an: „Wir werden uns sputen müssen, wenn wir an der kommenden missionarischen Eroberung der Welt noch beteiligt werden wollen“, äußerte er gegenüber einem seiner Freunde. Die auf Bekehrung drängende religiöse Pädagogik Halles trug an ihm keine Früchte. Daß er keine Bekehrung erlebte, hat man ihm später vorgeworfen.

---

5 Unitätsarchiv Herrnhut, R 2 A 39 b (10.6.1756), zit. nach O. UTTENDÖRFER, Zinzendorf und die Mystik, Berlin 1950, 23.

6 Naturelle Reflexionen 1747 (BHZ A 174), 157.

Entgegen seinen auf die Theologie gehenden Neigungen mußte Zinzendorf auf Wunsch der Familie ein *Jurastudium in Wittenberg* absolvieren, um sich auf den Staatsdienst vorzubereiten. Da er keine theologischen Vorlesungen hören durfte, studierte er selbständig die Schriften Luthers und Speners. Keineswegs abgestoßen von der Wittenberger Orthodoxie, wie eine Generation vor ihm der junge Gottfried Arnold, abgestoßen eher von der polemischen Schärfe des hallischen Pietisten Joachim Lange, suchte Zinzendorf die Gräben zwischen Pietismus und Orthodoxie zuzuschütten. Er gab erste Anstöße zu dem – dann ohne seine Vermittlungen zustande gekommenen, ergebnislosen – Einigungsgespräch des Dresdner Superintendenten Valentin Ernst Loescher mit den hallischen Theologen (Merseburger Religionsgespräch 1719). „Friedens-Gedanken an die streitende Kirche" – so der Titel der ersten, nicht zum Druck gekommenen Schrift des Wittenberger Studenten.

Die akademische *Bildungsreise* führte Zinzendorf 1719 bis 1720 nach den Niederlanden und nach Paris. Im Umgang mit reformierten und katholischen Christen sammelte er ökumenische Erfahrungen, die seine Ahnungen einer überkonfessionellen Herzensreligion bestätigten. In Paris knüpfte er enge freundschaftliche Bande zu dem dem Jansenismus nahestehenden Erzbischof von Paris, dem Kardinal Louis-Antoine de Noailles (1651–1729). Der katholische Erzbischof und der lutherische Pietist trafen sich in der gemeinsamen Jesusliebe, „da wir denn ein halb Jahr mit himmlisch vergnügten Herzen beisammen waren und uns nicht mehr besannen, was für einer Religion einer oder der andere wäre".[7] Nach seiner Rückkehr ließ Zinzendorf Johann Arndts „Wahres Christentum" ins Französische übersetzen und mit einer Widmung an den Kardinal drucken (1725). Zinzendorf blieb mit dem Kardinal bis zu dessen Tod in Briefwechsel. In der Gewißheit, daß die konfessionellen Unterschiede nicht bis zum „Herzen" dringen, hat Zinzendorf in seiner Frühzeit ein „Singe- und Betbüchlein" (1727) für katholische Christen herausgegeben, sich 1728 sogar in einem – nicht abgesandten, von Johann Georg Walch 1747 veröffentlichten – Brief an Papst Benedict XIII. gewandt.[8]

7 Naturelle Reflexionen, S. 12.

8 BHZ A 645.

Aus Zinzendorfs Verständnis der „Herzensreligion“ erklärt sich seine eigentümliche, vielen pietistischen Zeitgenossen unverständliche Vorliebe für das Standardwerk der französischen Frühaufklärung, das „Dictionnaire historique et critique“ (1695/1697) des Hugenotten Pierre Bayle, dessen engsten Freund, den Historiographen Jacques Basnage (1653–1723), Zinzendorf in Den Haag besuchte. Nächst der Bibel will Zinzendorf kein Buch mit größerem Vergnügen gelesen haben als den „Bayle“. Weit ist er davon entfernt, durch den religionskritischen, zum Atheismus tendierenden Rationalismus der westeuropäischen Frühaufklärung beirrt zu werden. Nicht der Gottesglaube, sondern der Atheismus entspricht nach Zinzendorf der natürlichen Anlage der menschlichen Vernunft. Alle Versuche, der Religion durch Gottesbeweise oder eine „natürliche Theologie“ einen Gewißheitsgrund zu geben, sind nach Zinzendorf Irrwege. Religion und rationales Denken liegen auf verschiedenen Ebenen. „Wer Gott im Kopfe weiß, der wird ein Atheist“. Der christliche Glaube, verstanden als Herzensreligion, liegt auf einer rational unangreifbaren Ebene des persönlichen *Umgangs mit dem Heiland.* „Ohne Jesus wäre ich Atheist“. Die radikale Unterscheidung zwischen Glauben und Wissen ist in Zinzendorfs Verständnis der Herzensreligion früh angelegt. Die Unterscheidung zwischen Glauben und Tun folgt erst später, im Laufe einer sich vom Heiligungsstreben des Pietismus lösenden Entwicklung. Ihn traf es ins Herz, als er 1719 in der Düsseldorfer Galerie vor Domenico Fetis Bild des gekreuzigten Jesus stand und die Inschrift las: „Das tat ich für dich. Was tust Du für mich?“

Nach der Rückkehr von der „Kavalierstour“ trat Zinzendorf im Herbst 1721 in *Dresden* als Hof- und Justizrat in den *kursächsischen Staatsdienst.* Zu seinen Aufgaben gehörte die Sorge für die im habsburgischen Schlesien unterdrückten Evangelischen, gegen deren nach der Altranstädter Konvention (Erlaubnis von „Gnadenkirchen“) aufblühendes religiöses Leben die Wiener Regierung mit harten Repressionen reagierte. Zinzendorf, der zwischen 1723 und 1727 wiederholt nach Schlesien reiste, auch in Prag vor dem Kaiser für die Evangelischen eintrat, war durch den staatlichen Verwaltungsdienst nicht ausgelastet. Er übernahm den nach dem Weggang der Frau von Hallart, einer Vertrauten August Hermann Franckes, verwaisten Dresdner Pietistenkonventikel. Jeden Sonntag hielt er in seinem Haus religiöse Reden, sammelte eine philadelphische Gemeinde von Pietisten, Separatisten und Gichtelianern. Zugleich wandte er sich an den größeren Kreis seiner Mitbürger im „Sokrates von Dresden“, einer 1725/26 von ihm anonym herausgegebenen Wochenschrift in der Art der modisch werdenden moralischen Wochenblätter.[9] Seine scharfe, satirische Kritik am orthodoxen Pfarrerstand, besonders das Enthüllen eines Briefes, in dem ein Pfarrer die für Amtshandlungen geforderten Gebühren einklagte, erregte Aufsehen. Zinzendorf kritisierte Staatskirchentum und geistlichen Stand, ohne sie mit Babel gleichzusetzen und zur Trennung aufzurufen. Vorbildlich war ihm die *philadelphische Schloßgemeinde in Ebersdorf/Thüringen,* die unter dem Einfluß Hochmann von Hochenaus über die Schranken eines konfessionellen Christentums, auch über den Streit der verschiedenen pietistischen Richtungen hinausgewachsen war. In diesem durch innige Jesusliebe geeinten „Philadelphia“ fand Zinzendorf seine Frau: Erdmuthe Dorothea von Reuß-Ebersdorf (1700–1756), mit der er sich 1722 zu einer „Streiterehe“ für den Heiland verband.

Gründung von Herrnhut

Auf seinem Gut *Berthelsdorf* bei Zittau/Oberlausitz, zwei Wegstunden von der böhmischen Grenze entfernt, hatte Zinzendorf 1722 die Ansiedlung von Glaubensflüchtlingen erlaubt, die der Religionsbedrückung in den habsburgischen Landen entflohen waren. Es handelte sich um eine Gruppe von deutschstämmigen Mähren aus den Dörfern um Fulnek. Angeführt wurden sie von *Christian David* (1691–1751), einem mährischen Zimmermann, der, katholisch aufgewachsen, zeitweilig dem Judentum zuneigend, 1717 in Görlitz eine pietistische Bekehrung erlebt hatte und seitdem als Fluchthelfer sich seiner bedrängten mährischen Landsleute annahm. Die mährischen Flüchtlinge waren Nachkommen der alten, aus der hussitischen Bewegung stammenden und in den Wirren des Dreißigjährigen Krieges zerschlagenen Brüderunität, hatten aber kaum noch ein Wissen um deren Eigenart und Tradition.

Die am Hutberg bei Berthelsdorf angelegte Siedlung – am 17. Juni 1722 fällte Christian David den ersten Baum zum Bau eines Hauses –

9 Zweite Auflage: Der Teutsche Sokrates, 1732 (BHZ A 109.2).

wuchs innerhalb von fünf Jahren auf nahezu dreihundert Personen an. Es kamen außer den Mähren auch Schwenckfelder aus Schlesien, dazu Pietisten, Separatisten, Lutheraner und Reformierte aus verschiedenen Teilen Deutschlands. Überwiegend waren es Handwerker, vereinzelt Adlige und Akademiker. *„Herrnhut"* – der Name taucht seit 1724 auf – war eine Handwerkerkolonie, was später auch für die Tochtergründungen Herrnhuts gilt und die Mobilität der Einwohner verständlich macht.

Durch die Predigten des Berthelsdorfer Pfarrers *Johann Andreas Rothe* (1688–1758), einem pietistischen Freund Zinzendorfs, mehr noch durch die oft vor mehr als tausend Zuhörern gehaltenen Predigten des wortgewaltigen *Johann Christoph Schwedler* (1672–1730) wurde Zinzendorfs Oberlausitzer Besitz zum Sammelplatz pietistisch Erweckter. Doch unter den Herrnhuter Siedlern kam es zu Spannungen und Auseinandersetzungen. Es zogen mährische Familien zu, in denen noch brüderisches Traditionsbewußtsein lebendig war. Sie wollten sich der lutherischen Ortsgemeinde nicht anschließen. Ein aus Ebersdorf zugewanderter Separatist erklärte die lutherische Kirche für Babel. Christian David separierte sich von der Gemeinde. Als Ortspfarrer Rothe der Streitereien und der Zersplitterung nicht mehr Herr wurde, nahm Zinzendorf Urlaub von seinem Dresdner Amt, um sich ganz der Arbeit an den Herrnhutern zu widmen. Durch sein intensives Bemühen um jeden einzelnen, durch den Einfallsreichtum seiner Ideen und nicht zuletzt durch das Charisma seiner Persönlichkeit konnte er in kurzer Zeit unter den Ansiedlern Frieden stiften, ja sie zu einer engen Gemeinschaft zusammenschmieden. Aus konfessioneller Zersplitterung und separatistischem Chaos gelang die Bildung der überkonfessionellen *Brüdergemeine*.

Zinzendorf gab am 12. Mai 1727 Herrnhut eine Verfassung, die den Dorfordnungen der Oberlausitz nachgebildet war.[10] In den für alle Herrnhuter verbindlichen *„Herrschaftlichen Geboten und Verboten"*[11] stellte er Herrnhut von aller Leibeigenschaft und Dienstbarkeit frei und schrieb weitgehende Selbstverwaltung durch das Amt der Ältesten vor. Daneben legte er zur freiwilligen Unterschrift Statuten

---

10 J.Th. Müller, Zinzendorf als Erneuerer der alten Brüderkirche, Leipzig 1900, 106ff.

11 BHZ A 623.

für einen „Brüderlichen Verein“ vor, die in 42 Artikeln die Regeln eines christlichen Gemeindelebens enthielten[12]. Danach bildete Herrnhut „eine für Brüder und um der Brüder willen errichtete Anstalt“, deren Hauptzweck „die Gewinnung der Seelen zu Christo“ sei. Das Zusammenleben solle *„nach Art der ersten Gemeine“* in der Bruderliebe und in der christlichen Freiheit erfolgen. Deutlich die Anklänge an Gottfried Arnolds „Erste Liebe oder Abbildung der ersten Christen“, die Zinzendorf zuvor in Dresdner Erbauungsversammlungen besprochen hatte. Das allgemeine Priestertum soll in der Gemeinde verwirklicht werden nach dem Vorbild von 1. Kor 14 („Die die Gabe dazu empfangen haben, sollen reden, die anderen aber richten“). Es werden in der Gemeinde eine Reihe von Laienämtern eingerichtet: das Ältestenamt, das Amt der Lehrer, Ermahner, Krankenwärter. Tägliche religiöse Versammlungen sind vorgesehen, das Bilden von Kleinkreisen wird empfohlen. Eine Liebe und Geduld übende Gemeindezucht an den Strauchelnden wird vorgeschrieben, gleichzeitig werden Anstalten zur Förderung der Frommen im religiösen Wachstum vorgesehen. Der philadelphische Grundzug klingt durch im Verbot jedes konfessionellen Haders und in der Bestimmung, daß die Herrnhuter „in beständiger Liebe mit allen Brüdern und Kindern Gottes in allen Religionen stehen“ sollen.

Mit den *Statuten der Brüdergemeine,* die bis zum Sommer 1727 von nahezu allen Herrnhuter Ansiedlern unterschrieben wurden, war die Form für eine Gemeinschaft geschaffen, die mit ihren Ämtern und Einrichtungen ein selbständiges religiöses Leben führte, ohne doch von der lutherischen Kirche separiert zu sein. Man nahm am sonntäglichen Gottesdienst in Berthelsdorf teil, ließ vom Ortspfarrer Abendmahl und Taufe spenden. Zinzendorf, der in Dresden eine philadelphische Gemeinde gesammelt hatte, lenkte auf Speners Idee einer „ecclesiola in ecclesia“ zurück. Eine Abendmahlsfeier vom 13. August 1727, gehalten von Pfarrer Rothe in Berthelsdorf, brachte ein überwältigendes Gemeinschaftserlebnis, in dessen Gefolge die zuvor zerstrittenen Herrnhuter in herzlicher Liebe zueinander fanden. Zinzendorf und die Herrnhuter haben später in dieser Abendmahlsfeier ein neues Pfingsten, die Geburtsstunde der „Brüdergemeine“ erblickt.

---

12 BHZ A 624.

Von einer Erneuerung der alten *böhmisch-mährischen Brüderunität* war in den Statuten von 1727 nicht die Rede. Die mährischen Exulanten hatten kaum noch ein Wissen von ihren religiösen Traditionen. Zinzendorf wurde erst nachträglich, durch die von Johann Franz Buddeus 1702 herausgegebene „Historia Fratrum Bohemorum" des Johann Amos Comenius, auf die Nähe der Herrnhuter Statuten zu den Ordnungen der böhmischen Brüder aufmerksam. Die Mähren erfüllte es mit Stolz, in dieser Tradition zu stehen. Man ergriff die Chance, die Herrnhuter durch Identifizierung mit der von Luther wegen ihrer Kirchenzucht gelobten Brüderunität vor der Verketzerung durch die lutherische Orthodoxie zu bewahren. Im *„Notariatsinstrument"* von 1729[13] erklärten die Mähren, die alte Brüderunität erneuert zu haben nicht als eine sektiererische Gemeinschaft, sondern als ein „Kirchlein in der Kirche". Man bekenne sich zur Augsburgischen Konfession, halte sich zur lutherischen Ortsgemeinde in Berthelsdorf, wolle nur die brüderische Tradition einer strengen Kirchenzucht beibehalten. Der hier erstmals laut werdende Anspruch, die alte mährische Brüderunität erneuert zu haben, sollte das Konzept der „ecclesiola in ecclesia" später sprengen.

Das in der Herrnhuter Gemeine seit 1727 aufbrechende *religiöse Leben* war von einzigartiger Lebendigkeit und Vielseitigkeit. Neben dem sonntäglichen Gottesdienst und der Abendmahlsfeier in Berthelsdorf hielt man in Herrnhut eigene Versammlungen. Zinzendorf, anders als die hallischen Pietisten mit reichem liturgischen Sinn begabt, erdachte eine Fülle von neuen gottesdienstlichen Formen: die *Fußwaschung,* das *Liebesmahl,* die *Ostermorgenfeier* auf dem Gottesacker, die anfangs täglich gehaltenen *abendlichen Singstunden.* In einer Singstunde (3. Mai 1728) kam der Brauch auf, eine Losung für den nächsten Tag auszugeben, die von den Ältesten in die Häuser der Kranken und Alten getragen wurde. Anfangs eine kurze Liedstrophe, wurden daraus die für ein ganzes Jahr ausgewählten biblischen *„Losungen"* (erstes gedrucktes Losungsbuch 1731).

Am folgenreichsten für das innere Leben der Gemeine war die Aufgliederung der Gesamtgemeine in Kleingruppen, die sogenannten *„Banden"*. Bei einer ersten Begehung hatte Zinzendorf die Vereinzelung der Herrnhuter Ansiedler in ihren Häusern am meisten er-

13 BHZ A 652.

schreckt. In Anlehnung an das ursprüngliche Konzept der Spenerschen Collegia pietatis, vertrauliche Freundschaften zur wechselseitigen Förderung im geistlichen Wachstum zu stiften, schlug er die Bildung von „Banden" oder Freundeskreisen vor. In den „Banden" sammelten sich, je nach Neigung und Stand der religiösen Entwicklung, acht bis zehn Brüder oder Schwestern. Jede Bande – auf Trennung der Geschlechter wurde streng geachtet – wählte ihren Bandenleiter, diese wiederum kamen zu wöchentlichen Besprechungen bei Zinzendorf zusammen. Bereits 1730 bestanden in Herrnhut dreißig Banden, ihre Zahl stieg bis 1734, als die Gemeine siebenhundert Personen zählte, auf einhundert Banden an. Später, als man sich vom pietistischen Heiligungsstreben abwandte, wurden die Banden abgelöst durch die *„Chöre"*, die sich nach Alter und Lebensstand zusammensetzten. Es gab Chöre für Kleinkinder, Knaben, Mädchen, junge Männer, junge Frauen, Ehechöre, Witwerchöre, Witwenchöre. Größere Chöre wurden wiederum in Klassen aufgeteilt, z.B. die weiblichen Glieder des Ehechores in Klassen für Schwangere, Stillende, jüngere Frauen mit Kindern und ältere Frauen. Diese Kleingruppen sollten die individuelle geistige und religiöse Entwicklung eines jeden Gemeinegliedes fördern und zugleich den inneren Zusammenhalt der Gemeine stärken – eine für die damalige Zeit einzigartige Lösung des Problems „Individuum und Gemeinschaft". Ein wesentlicher Teil des geistig-religiösen Lebens der Gemeine hat sich in diesen Banden und Chören vollzogen. Die Chöre hatten ihre eigenen täglichen Andachten, ihre eigenen liturgischen Formen (Chorlitaneien). Sie feierten ihre eigenen Feste, pflegten Dichtung und Musik. Die Chöre der unverheirateten und verwitweten Brüder und Schwestern lebten in Wohngemeinschaften (Chorhäusern) zusammen. Die Gemeine saß im sonntäglichen Gottesdienst nach Chören getrennt. Noch die Gräber auf dem „Gottesacker" – nicht mit kostbaren Grabsteinen, sondern einfachen, gleichen Steinplatten bedeckt – wurden getrennt nach den Chören angelegt.

Das Diasporawerk der Brüdergemeine

Herrnhut wurde bald Ausgangspunkt einer regen und weiten *Diasporatätigkeit.* Man versuchte, mit erweckten Christen an anderen Orten in Verbindung zu treten, eine „Kette" der Kinder Gottes in aller Welt zu bilden. Zinzendorf knüpfte an die philadelphische Bewegung an, trat in die Fußspuren von Hochmann von Hochenau (gest. 1721) und Johann Wilhelm Petersen (gest. 1726) und besuchte Kreise erweckter Christen, die sich in den verschiedensten Teilen Deutschlands, der Niederlande und der Schweiz gebildet hatten, meist in bewußter Distanz zur Kirche.

Es gelang binnen weniger Jahre, ein dichtes Netz von Freundeskreisen, Schwester- und Tochtergemeinen nicht nur über Deutschland, sondern auch über die Schweiz, die Niederlande, Dänemark, die skandinavischen und baltischen Länder und selbst Rußland zu ziehen. Bereits bestehende religiöse Gruppen suchte man sich zu assoziieren. Eine erste erfolgreiche Assoziation vollzog sich mit der pietistischen Studentengemeine an der Universität Jena, die, anfangs unter dem Einfluß des Gichtelianers Johann Otto Glüsing (1676–1727) dem Separatismus zuneigend, von Zinzendorf 1728 für die herrnhutische Richtung gewonnen wurde. Nach Auflösung der Jenaer Gemeine 1742 erhielt Herrnhut eine Reihe akademisch qualifizierter Mitarbeiter, die für den Aufbau eines theologischen Seminars in Barby nützlich waren. Der Leiter der Jenaer Studentengemeine, Magister August Gottlieb Spangenberg, leitete später lange Jahre die pennsylvanische Tochtergemeine Bethlehem, ehe er Zinzendorfs Nachfolger in der Leitung der Gesamtgemeine wurde.[14]

Größere Erfolge waren der Diasporaarbeit erst beschieden, als Zinzendorf, aus Kursachsen ausgewiesen, den Schwerpunkt der Gemeine nach Westdeutschland verlegte. Zweimal, 1732 und 1736, hatten sächsische Untersuchungskommissionen Herrnhut inspiziert. Nach der zweiten Untersuchung kam Zinzendorf durch die Flucht einer Ausweisung zuvor. Nun bildete er zusammen mit seinem engsten Mitarbeiterkreis eine „Pilgergemeine", die auf ihrer Wanderschaft ständig neue Stützpunkte errichtete. Zinzendorf wählte sich anfangs die Ronneburg bei Büdingen als neues Standquartier. Die tolerante Religionspolitik der Grafen von Ysenburg und Büdingen, die die nordöstlich von Frankfurt am Main gelegene *Wetterau* schon längst zu einem Refugium der Pietisten gemacht hatten, entband ihn von Rücksichtnahmen, wie er sie in Herrnhut auf die lutherische Landeskirche

---

14 S. unten S. 202.

nehmen mußte. So entwickelte sich in den Brüdergemeinen auf *Schloß Marienborn* und in *Herrenhaag,* einer bis 1750 auf tausend Mitglieder anwachsenden Kolonie, ein reges Gemeindeleben mit eigenen Gottesdienstformen und Gemeinordnungen. Aus separatistischen Kreisen war der Zustrom stark. Vereinzelt schlossen sich auch Juden aus dem hessischen Raum um Frankfurt der Brüdergemeine an.

Zinzendorf brach zu weiten *Evangelisationsreisen* auf, die ihn nach Riga und Reval, in der Folgezeit nach Amsterdam und London, nach Westindien und nach Pennsylvanien, häufig in die Schweiz, auch nach Schlesien und – zunächst inkognito, seit 1747 auch wieder offiziell – nach Sachsen und nach Herrnhut führten. Fast überall bildeten sich Tochtergemeinen nach dem Vorbild Herrnhuts, oder es entstanden Freundeskreise und Sozietäten, zusehends auch in England, wohin Zinzendorf in den späteren Jahren seines Lebens den Schwerpunkt seines Wirkens verlegte. Seine in Erbauungsversammlungen oder auf Synoden der Gemeine gehaltenen Reden wirkten durch den Buchdruck weit über den Raum der Gemeine hinaus. Die „Berliner Reden“ (1738)[15], Zinzendorfs verbreitetstes Werk, wurden ins Englische, Französische, Niederländische und Tschechische übersetzt. Neben Zinzendorf trieben auch die Herrnhuter Brüder intensive Diasporaarbeit. Im Baltikum fanden sie Zugang zu den einfachen Volksschichten, so daß hier, wo das Luthertum die Religion der deutschen städtischen Oberschicht war, die Brüdergemeine weiten Anhang unter Esten und Letten fand.[16] Manche Verbrüderungen und Assoziationen lösten sich wieder auf. Gerade die Trennungen und Entzweiungen lassen den eigenen Weg erkennen, den Zinzendorf mit der Brüdergemeine ging.

Bereits 1730 war Zinzendorf von Herrnhut aus in die Zentren des *separatistischen Pietismus* in den westdeutschen Grafschaften Wittgenstein und Ysenburg gereist, wo man ihn freundlich aufnahm. In der ersten Nummer der „Geistlichen Fama“, der 1730 von Johann Samuel Carl herausgegebenen Zeitschrift des separatistischen Pietismus, erschien eine lobende Schilderung Herrnhuts. In Berleburg gelang es Zinzendorf kurzfristig, die unterschiedlichsten Köpfe und

---

15 BHZ A 130.

16 G. PHILIPP, Die Wirksamkeit der Herrnhuter Brüdergemeine unter den Esten und Letten zur Zeit der Bauernbefreiung, Köln 1974.

Gruppen des zersplitterten pietistischen Separatismus nach Herrnhuter Vorbild zu einer organisierten Gemeine zusammenzuführen. Zinzendorf bewog die Berleburger Separatisten zur Annahme von Statuten, die mit ihrer Fülle von Gemeineämtern der Herrnhuter Ordnung nachgebildet waren. Selbst der Individualist Johann Konrad Dippel[17] ließ sich vom Charme des Grafen gefangen nehmen und nahm das Amt eines Ermahners an. Aber das Band zu Herrnhut wurde von den Berleburgern schnell wieder gelöst. Die Separatisten waren nicht bereit, sich Herrnhut unterzuordnen. Zwischen der quietistischen Mystik der Madame de Guyon, die bei den Berleburger Separatisten gepflegt wurde, und dem aktivistisch-missionarischen „Streitertum" der Herrnhuter gab es keine dauerhafte Gemeinschaft. Ähnliches wiederholte sich mehrmals. In Amsterdam ließ sich der greise Sozinianer Samuel Crell, der einst gegen Spener geschrieben hatte, zur Übersiedlung nach Herrnhut bewegen, zog sein Begehren aber bald wieder zurück.

Längerfristig war die Assoziation zwischen Herrnhut und den *wahren Inspirationsgemeinden* der Wetterau. Einig im Hauptziel, die apostolische Gemeinde wiederherzustellen, ließ Zinzendorf die ihm fremde Inspirationsgabe gelten, stellte seine Kritik an der Verwerfung der Wassertaufe und der Suspendierung des Abendmahls bei den Inspirierten zurück: „Die Inspirations-Gemeinde steht der unseren in allen Stücken ganz gleich, als wenn wir's abgeredet hätten." Zwischen Zinzendorf und Johann Friedrich Rock[18], dem Führer der Inspirierten, entwickelte sich für Jahre ein Verhältnis wechselseitiger Wertschätzung. Man besuchte sich gegenseitig in den Gemeinden. Der Bund mit den Inspirierten zerbrach, je mehr sich Zinzendorf vom Pietismus abkehrte und Luther zuwandte. Nach sechs Jahren brüderlicher Vereinigung hat Zinzendorf seine Wertschätzung Rocks widerrufen, ihn als falschen Propheten verdammt und zwischen Herrnhut und den Inspirierten einen scharfen Trennungsstrich gezogen.

Große Hoffnungen setzte Zinzendorf auf eine Verbindung mit den *württembergischen Pietisten,* von denen Einzelne wie Friedrich Christoph Oetinger und Friedrich Christoph Steinhofer (1706–1761) sich früh zur Herrnhuter Gemeine gesellt hatten. Das von Oetinger veran-

---

17 S. oben S. 162ff.
18 S. oben S. 179.

laßte Verständigungsgespräch zwischen Zinzendorf und Johann Albrecht Bengel, das 1733 in Denkendorf stattfand, scheiterte jedoch an unüberbrückbaren Differenzen in der Schriftauslegung. War Zinzendorf schon früh skeptisch gegenüber dem Chiliasmus und der Allversöhnungslehre eines Johann Wilhelm Petersen, so konnte er für Bengels heilsgeschichtliche Berechnungen kein Verständnis aufbringen. „Faule Pfarrer kann er machen, sonst nichts" – so Zinzendorfs Urteil über Bengels Berechnung der noch weit ausstehenden Tausend Jahre. Der die Welt für Christus erobernde Reichsgraf und der das Geheimnis der Heilsgeschichte enträtselnde schwäbische Bibelforscher konnten nicht zueinander finden. Zinzendorf hat in Bengel später seinen schärfsten und weitblickendsten theologischen Widersacher gefunden.[19]

Auch die schon in die Reifezeit der Brüdergemeine fallende Verbindung mit *John Wesley* (1703–1791), dem Begründer der methodistischen Erweckungsbewegung, war nur kurzfristig. Auf seiner Überfahrt nach Amerika 1735 war John Wesley in engen Kontakt mit Herrnhutern gekommen. Unter herrnhutischem Einfluß stand seine Bekehrung beim Hören von Luthers Römerbriefvorrede in einer Versammlung in der Aldersgatestreet in London (24. Mai 1738), nach welcher er nach Deutschland reiste, um Zinzendorf und Herrnhut kennen zu lernen. Schon nach drei Jahren kam es zum Bruch. Unüberbrückbare Unterschiede in der Frage der Heiligung und des Gesetzes führten nach einem Gespräch zwischen Zinzendorf und John Wesley 1741 zur Entzweiung. Die in London und Bristol von Herrnhuter Brüdern und methodistischen Anglikanern gemeinsam betriebene Evangelisation trennte sich. In den methodistischen Erweckungsfeldzügen und den vor Zehntausenden gehaltenen Predigten auf freiem Feld konnte Zinzendorf keine Veranstaltungen im Sinne des „Heilandes" sehen: „Denn wenn schon zehn tausend und zwanzig tausend zusammen lauffen, wie bey den letzten Englischen und Americanischen erwekkungen, das ist ein Mob, das ist mehr ein erbares spiel, als ein hören; denn von den zwanzig tausend hören doch kaum der dritte theil, die andern sind für die lange weile da, nihil agendo".[20] Bleibende Ähnlichkeiten zwischen der Brüdergemeine und der methodisti-

19 Vgl. unten S. 219.

20 Zeister Reden, 1747 (BHZ A 175), 188.

schen Bewegung, sowohl im inneren Aufbau der Gemeine wie im Verhältnis zur Staatskirche, erinnern an die zeitweilige Verbrüderung.

Die Herrnhuter Mission

Herrnhut wurde bald Ausgangspunkt einer regen und weitgespannten *Missionstätigkeit.* Die Brüder, als Handwerker um ihres Erwerbs willen das Land durchziehend, hielten anfangs in den Dörfern der Oberlausitz gut besuchte Erbauungsstunden. Bald klagten orthodoxe Geistliche über schlechten Kirchen- und Abendmahlsbesuch. Vereinzelt ließ man die brüderischen Wanderprediger gerichtlich verfolgen. Zinzendorf gab dem Wander- und Missionstrieb der Brüder deshalb eine neue Richtung. Er lenkte ihn auf die seit seiner hallischen Zeit ihm ans Herz gewachsene *„Heidenmission"*. Bei einem Besuch in Kopenhagen, wo er zwei grönländischen Eskimos und einem Schwarzen aus dem westindischen St. Thomas begegnete, faßte er den Plan, in den dänischen Kolonialgebieten Mission zu treiben. Der Bericht des nach Herrnhut mitgenommenen ehemaligen schwarzen Sklaven Anton über das Schicksal seiner versklavten Brüder gab den entscheidenden Anstoß. Von der Gemeine am 21. August 1732 durch das Los bestimmt, zogen der Schwabe Leonhard Dober und der Mähre David Nitschmann als erste Brüdermissionare nach Westindien. Im folgenden Jahr brachen Christian David[21] und zwei Brüder nach Grönland auf. Seitdem zogen Brüdermissionare, einfache, ungebildete Handwerker, in viele Weltteile, bis zu Zinzendorfs Tod in 28 Missionsgebiete auf fast allen Erdteilen.

Anfangs wie die Missionare der Dänisch-hallischen Mission nur mit Freylinghausens „Grundlegung der Theologie" ausgerüstet, erhielten die Brüdermissionare später mit Zinzendorfs Missionsinstruktionen eine eigenständige brüderische Missionstheologie und Missionsstrategie. Nicht die Bekehrung ganzer Völkerschaften, nicht die „Nationalbekehrung" sollte das Ziel der Herrnhuter Mission sein, sondern nur, wer die Taufe begehre, solle getauft werden. Die *Gewinnung von „Erstlingen"* unter den Völkern sei für die gegenwärtige Weltzeit bis zum Tag der Wiederkunft Christi genug. Unter schweren

---

21 S. oben S. 187.

Opfern an Menschenleben haben die Brüdergemeinmissionare in vielen Weltteilen dauerhafte Missionsfelder angelegt, mit der Folge, daß sich der Schwerpunkt der Brüdergemeine allmählich nach Übersee verschob. Zinzendorf sah dies voraus: „Vielleicht wenn alle die Lande, darinnen die Christen itzo wohnen, ganz wieder zu Heidenthum worden sind: alsdenn wird die stunde von Africa, Asia und America kommen"[22]. Zweimal hat Zinzendorf selbst Missionsgebiete visitiert; 1738/39 reiste er nach dem westindischen St. Thomas, während seines Nordamerika-Aufenthaltes 1741–1743 trieb er Indianermission an den Irokesen.

Die Entwicklung zur Freikirche

Die Entwicklung der Brüdergemeine zu einer eigenen *Sonderkirche,* von Zinzendorf nicht gewollt, war auf Dauer nicht aufzuhalten. Lange Zeit suchte Zinzendorf, Speners Modell der ecclesiola in ecclesia folgend, die Brüdergemeine der lutherischen Kirche zu inkorporieren. Die Tübinger theologische Fakultät befürwortete gutachtlich die Inkorporation der mährischen Brüder in die lutherische Kirche. Zinzendorf bemühte sich, den württembergischen Theologen Friedrich Christoph Steinhofer als lutherischen Pfarrer für Herrnhut zu bekommen. Als der Plan fehlschlug, legte er selbst im April 1734 in Stralsund ein theologisches Examen ab und ließ sich am 19. Dezember des gleichen Jahres in Tübingen in den geistlichen Stand aufnehmen.

Auf dem Missionsfeld, wo die Anlehnung an die lutherische Kirche fehlte, ergaben sich jedoch Probleme, die weitergehende Lösungen erforderten. Die Brüdermissionare mußten selbst taufen und Abendmahl feiern, wozu ihnen eine geordnete Vollmacht fehlte. Daniel Ernst Jablonski (1660–1741), Bischof des nach Polen emigrierten Zweigs der Böhmischen Brüder, machte den Vorschlag, den Herrnhuter Brüdern das *Bischofsamt* und die apostolische Sukzession zu vermitteln. Der Herrnhuter Zimmermann David Nitschmann (1697–1772) wurde 1735 von Jablonski in Berlin zum mährischen Bischof geweiht. Zwei Jahre später ließ sich auch Zinzendorf von Jablonski zum Bischof weihen. Um die presbyterial-synodale Verfas-

22 Zeister Reden, 1747 (BHZ A 175), 189.

sungsstruktur der Gemeine nicht zu verändern, wurde das neue Bischofsamt dem Amt des Gemeinältesten untergeordnet.

Zinzendorf widersetzte sich lange dem Streben der mährischen Brüder nach Errichtung einer eigenen Kirche. Es erregte ihn aufs höchste, daß die Brüder während seines Amerika-Aufenthaltes 1742 ohne sein Wissen vom preußischen Staat ihre Gemeinschaft als vierte Konfession neben Lutherischen, Reformierten und Katholiken öffentlich anerkennen ließen (Generalkonzession zu den Etablissements der mährischen Brüder 25. Dezember 1742). Um den überkonfessionell-philadelphischen Charakter der Brüdergemeine zu erhalten, entwickelte Zinzendorf, Gedanken des Tübinger Theologen Christoph Matthäus Pfaff aufgreifend, seine *„Tropenidee"*. Danach gibt es innerhalb der einen ökumenischen Kirche Jesu Christi verschiedene Erziehungsweisen („tropoi paideias"), deren sich Gott bedient, um die Menschen zur Seligkeit zu führen. Die großen christlichen Konfessionskirchen mit ihren Bekenntnissen sind solche „Tropen". Die Brüdergemeine, die sich auf kein eigenes Bekenntnis gründet, gehört nicht in die Reihe der Tropen. Sie ist ein Abbild der ökumenischen Kirche Jesu Christi. Jedes Glied einer Konfessionskirche kann in der Brüdergemeine Mitglied sein, ohne seinen „Tropus" aufzugeben. Faktisch umfaßte die Brüdergemeine drei Tropen: den reformierten, den lutherischen und den mährischen Tropus. Grundsätzlich war sie aber für andere Tropen offen. Gelegentlich hat Zinzendorf mit dem Gedanken eines judenchristlichen Tropus gespielt, dem die Einhaltung des mosaischen Gesetzes erlaubt sein sollte. Mit der Tropenidee hat Zinzendorf das philadelphische Ideal in die nun zur eigenen Kirchengemeinschaft gewordene Brüdergemeine hineinretten wollen. Die Gemeine sollte ein Modell der ökumenischen Christenheit sein. Die Wahl des Heilands zum Generalältesten der Brüdergemeine im Herbst 1741 in London muß vor dem Hintergrund dieses philadelphisch-ökumenischen Gemeinbegriffs gesehen werden; sie bedeutet nicht die exklusive Beanspruchung des Heilands für eine Sekte.

Die Blut- und Wundentheologie

Neben der äußeren Entwicklung der Brüdergemeine zur pietistischen Freikirche gab es eine bewegte innere Geschichte, die Zinzendorf und die Gemeine in eine allmählich immer größere Distanz, schließlich in Gegensatz zum Pietismus brachte. In der sogenannten *„Sichtungszeit“* (1743–1750) ist dieser Gegensatz bis ins äußerste Extrem getrieben worden. Von Pietismus und Orthodoxie gleichermaßen bekämpft – im Jahrzehnt zwischen 1740 und 1750 erschienen über zweihundert Streitschriften gegen oder für die Herrnhuter[23] – bildete die Brüdergemeine eine eigentümliche „Heilandsreligion“ aus, die sie von Orthodoxie, Pietismus und Aufklärung gleichermaßen unterschied und in eine auffällige Nähe zur Theologie Luthers brachte.

Zinzendorfs eigene Religiosität war seit früher Kindheit geprägt durch die „Heilandsreligion“. Die Gestalt des Erlösers, der freundschaftliche „Umgang mit dem Heiland“, mit dem er als Kind oft stundenlang geredet haben will[24], steht lebenslang im Mittelpunkt seiner Religion.[25] Diese Heilandsfrömmigkeit wurzelt in der Gebets- und Andachtssprache der mittelalterlichen Jesusmystik, die in der lutherischen Kirche – eher und kräftiger in der lutherischen Orthodoxie als im Spener-Franckeschen Pietismus – schon längst rezipiert und ihm im Hause seiner Großmutter durch die mit ihm betende Tante Henriette von Gersdorf vermittelt worden war. Das in der Kindheit dominierende Gefühl freudiger Beseligung beim Umgang mit dem Heiland wurde jedoch in dem Maße zurückgedrängt, in dem Zinzendorf durch Lektüre Johann Arndts, Speners und anderer pietistischer Schriften in das pietistische Vollkommenheitsstreben und in eine Heiligungsfrömmigkeit hineinwuchs. In den Vordergrund trat jetzt der Ernst der Nachfolge, das Gefühl schuldhafter Versäumnisse gegenüber den Erwartungen des Heilands. Für die durch Arndts „Wahres Christentum“ und den hallischen Pietismus geprägte Lebensphase Zinzendorfs ist charakteristisch seine Betroffenheit vor dem Düssel-

23 Die Einzeltitel erfaßt im Bibliographischen Handbuch zur Zinzendorf-Forschung, Teil B „Streitschriften“.

24 Kinderreden (BHZ A 212), 441f.

25 Noch der späte Zinzendorf erinnert sich „mehr als fünfzig Jahre mit dem Heiland gleichsam leibhaftig umgegangen zu sein“ (vgl. D. MEYER, Der Christozentrismus des späten Zinzendorf, Bern/Frankfurt a.M. 1973, 11).

dorfer Ecce-Homo-Bild[26] – kein Bekehrungserlebnis, wie zuweilen angenommen, sondern Ausdruck einer spannungsvollen Unausgeglichenheit von Heilandsliebe und pietistischer Nachfolgeforderung.

In die Jahre 1729–1733 fällt Zinzendorfs Ablösung vom pietistischen Heiligungsstreben. In den Anfängen der Auseinandersetzung zwischen Halle und Herrnhut sprach 1729 der Sorauer Pfarrer Johann Mischke, ein Schüler August Hermann Franckes, Zinzendorf die Gotteskindschaft ab, weil er keine *Bekehrung* und keinen *Bußkampf* erlebt habe. Zinzendorf wurde dadurch zu einer langanhaltenden Auseinandersetzung mit dem Franckeschen Pietismus genötigt. An dessen Ende gelangte er zu einer völligen Ablehnung des Bußkampfes und jeder Bekehrungsmethodik. Der wahre Bußkampf sei allein der, „den der Heyland, das Gotteslamm, für uns alle ausgestanden hat zu einem Mal".[27] Mit der Abkehr vom Bekehrungspietismus näherte sich Zinzendorf wieder dem traditionellen Luthertum. „Mit der lutherischen Religion haben wir eigentlich keinen Streit, aber vom Pietismo sind wir direkt das Oppositum".[28] Zinzendorfs Abkehr vom Pietismus geht so weit, daß er auf dem Hirschberger Synodus vor Arndts „Wahrem Christentum" warnte und den Verdacht aussprach, Johann Arndt gehöre zu den falschen Lehrern der Kirche.[29]

In die Auseinandersetzung mit dem hallischen Pietismus griff ein die Auseinandersetzung mit dem radikalen Pietisten Johann Konrad Dippel, der die lutherische Rechtfertigungslehre und die Lehre von der stellvertretenden Genugtuung Christi bestritt, folglich nicht mehr dem Tod Christi, sondern allein seinem vorbildhaften Leben Heilsbedeutung zuschrieb.[30] Zinzendorf, mit Dippel zunächst einig in der Kritik an einer unfruchtbaren Orthodoxie, beschäftigte sich nach der persönlichen Begegnung in Berleburg (1730) mit der neutestamentlichen Lehre von der Erlösung. Dabei wurde ihm die zentrale Bedeutung des Kreuzestodes Jesu als Lösegeld für unsere Sünde und Grund

26 Vgl. oben S. 186.

27 Eine Predigt von dem Buß-Kampffe, Sieben letzte Reden vor der Abreise nach Amerika, 1743 (BHZ A 150), 117.

28 H.Chr. Hahn/H. Reichel, Zinzendorf und die Herrnhuter Brüder. Quellen zur Geschichte der Brüder-Unität von 1722 bis 1760, Hamburg 1977, 122.

29 W. Bettermann, Theologie und Sprache bei Zinzendorf, Gotha 1935, 27. Vgl. O. Uttendörfer, Zinzendorf und die Mystik, Berlin 1950, 19.

30 Siehe oben S. 165.

unserer Rechtfertigung bewußt. In der Auseinandersetzung mit Dippel wurde Zinzendorf klar, daß der radikale mystische Pietismus direkt in die moralistische Aufklärung führen konnte. Nun trat der Tod Christi in den Mittelpunkt seiner Christusanschauung und schob den Nachfolgegedanken an den Rand. Die kirchliche Lehre von der stellvertretenden Genugtuung und von der Alleinwirksamkeit der Gnade wurde für Zinzendorf wesentlich und unaufgebbar. Er griff über den Pietismus und die Orthodoxie zurück auf Luther, dessen Rechtfertigungslehre und dessen Theologie des Kreuzes nun für Zinzendorf vorbildlich wurden.

Seit der Auseinandersetzung mit dem hallischen Pietismus und mit Johann Konrad Dippel wußte sich Zinzendorf vom pietistischen Heiligungsstreben geschieden und zurück zur *lutherischen Rechtfertigungslehre* geführt. Auf den Februar 1734 datiert er die Hinwendung Herrnhuts zur „Blut- und Wundenlehre". „1734 wurde das Versöhn-Opfer Jesu unsere eigne und öffentliche und einzige Materie, unser Universal wider alles Böse in Lehr und Praxis".[31] Eine Liedstrophe „Laß uns in deiner Nägel Mal erblicken unsere Gnadenwahl" aus einem Lied von Martin Behm[32] soll in einem Herrnhuter Gottesdienst zu diesem „Durchbruch" in der Gemeine verholfen haben. Mit der Hinwendung zur „Blut- und Wundenlehre" erhielt die herrnhutische Frömmigkeit ihr charakteristisches, vom Nachfolgeernst des Pietismus unterschiedenes Gepräge.

Zinzendorf repristinierte mit der „Blut- und Wundenlehre" nicht einfach Luthers Theologie des Kreuzes und die reformatorische Relation von „Wort und Glaube". Er schuf eine durchaus eigenständige, lutherisch neugestaltete Form der Mystik des „Umgangs mit dem Heiland", wie die zeitweilig dem barocken Manierismus verhaftete Frömmigkeitssprache Herrnhuts zeigt. Das beseligende Gefühl, den Heiland gegenwärtig zu haben, führte in den Jahren 1743 bis 1749 in der Gemeine Marienborn zu bizarren Übersteigerungen. Während Zinzendorf meist auf Reisen war, wurde unter seinem Sohn Christian Renatus (1727–1752) ein grotesker *Blut- und Wundenkult* getrieben. Die gottesdienstlichen Versammlungen wurden zu theaterähnlichen Festen ausgestaltet mit Instrumentalmusik, Kantatenaufführungen,

---

31 ZINZENDORF, Hauptschriften, Ergänzungsband V1I, Vorrede.

32 „O Jesu Christ, meines Lebens Licht", Strophe 11.

Illuminationen und herumgetragenen Andachtsbildern. Um mit Paulus „Narren in Christo" zu sein, gründete man einen „Närrchen-Orden". In barocker Verspieltheit wurde ein Kult um die Seitenhöhle Christi getrieben. Als „Kreuzluftvögelein" nisteten die Gläubigen im „Seitenhöhlchen" (Wundenlitanei). Der Karfreitag wurde „Seitenhöhlchens Geburtstag". Zinzendorf selbst wurde nicht müde, in immer neuen Wortschöpfungen und übersteigerten Bildern der Gemeine die Nähe ihres Freundes und Bräutigams spürbar zu machen. Die Tradition der erotischen Jesusmystik wurde von Zinzendorf, Gedanken Hochmanns aufnehmend und abwandelnd, weitergebildet zu einer „Ehereligion". Der eheliche Verkehr zwischen Mann und Frau sollte als Vollzug der Vereinigung Christi mit seiner Braut begriffen werden. Ein Regierungswechsel in Büdingen machte dem Spuk des übersteigerten Blut- und Wundenkults ein Ende. Zinzendorf hat diese enthusiastische Periode der Gemeine rückschauend und distanzierend die „Sichtungszeit" (nach Lk 22,31) genannt.

Der späte Zinzendorf, im letzten Lebensjahrzehnt viel in *London* lebend, hat wieder eine nüchternere religiöse Sprache gefunden und, an der „Herzensreligion" festhaltend, von der herrnhutischen „Heilandsfrömmigkeit" sich vorsichtig distanziert. „,Unser Heiland' ist ein von den Pietisten herübergenommenes Wort, das auch nicht aufhören wird: wir werdens 1000 mal sagen, wenn wir von seinen Wunden reden. Aber in vita communi ist es nicht convenient; und gefällt mir der Apostel ihr ,unser Herr' viel besser".[33]

Nach dem Tod seiner Frau Erdmuthe Dorothea ging Zinzendorf 1757 eine zweite Ehe ein mit Anna Nitschmann (1715–1760), Schwesternälteste und schon langjährige Begleiterin Zinzendorfs auf seinen Reisen. Zinzendorf starb 1760 in Herrnhut. Auf dem Herrnhuter Gottesacker hat er sein Grab zwischen beiden Frauen. Nachfolger in der Leitung der Gemeine wurde *August Gottlieb Spangenberg* (1704–1792), langjähriger Leiter der Brüdergemeine Bethlehem in Pennsylvanien. In seiner großen Zinzendorf-Biographie[34] hat Spangenberg für die Brüdergemeine das Bild Zinzendorfs festgehalten,

33 Jüngerhausdiarium 16.9.1758, zit. nach D. MEYER, Der Christozentrismus des späten Zinzendorf, Bern/Frankfurt a.M. 1973, 63.

34 A.G. SPANGENBERG, Leben des Herrn Nikolaus Ludwig Grafen von Zinzendorf und Pottendorf, 8 Teile, 1772–1775 (Ndr. Hildesheim 1971).

manche Unebenheiten verklärend und vieles übergehend. In seiner „Idea Fidei Fratrum" (1779) hat Spangenberg der Brüdergemeine eine Dogmatik geschrieben, die Zinzendorfs Gedanken ähnlich in das traditionelle Lehrsystem einpaßt, wie das hundert Jahre zuvor Robert Barclay mit den Anschauungen des George Fox getan hatte. Die Rede von Christus als Schöpfer und Amtsgott, vielen anstößig und mit der traditionellen Rede von Gottvater als dem Schöpfer schwer zu vereinbaren, hat Spangenberg behutsam mit der kirchlichen Trinitätslehre in Einklang gebracht. „Seine milde Ausgeglichenheit und biblizistische Theologie verdrängten freilich mit Zinzendorfs Sonderbarkeiten auch dessen Originalität" (W. Jannasch). Die Lieder des Grafen bearbeitete Christian Gregor (1723–1801), um sie für den Gemeingesang brauchbar zu machen. So ist Zinzendorfs Gedankenwelt nur in verkirchlichter Form innerhalb der Gemeine weitertradiert worden.

VII. Der württembergische Pietismus

1. Die Anfänge des württembergischen Pietismus

Württemberg ist das Land, in dem der Pietismus am festesten und dauerhaftesten Wurzeln geschlagen hat. Die von Spener empfohlenen Erbauungsversammlungen sind – einmalig in der Kirchengeschichte – durch das Pietistenreskript von 1743 ein fester Bestandteil der württembergischen Kirchenverfassung geworden. Durch Johann Albrecht Bengel, den Klosterpräzeptor von Denkendorf, ist die Erwartung der Tausend Jahre von Apk 20 in ein Konzept biblisch-heilsgeschichtlicher Theologie eingefügt worden. Friedrich Christoph Oetinger, der „Urschwabe, zum Himmelreich gelehrt", hat den Pietismus mit philosophischer Spekulation vermählt. Pietistischer Geist hat seit dem späten 17. Jahrhundert zunehmend Besitz von der württembergischen Kirche ergriffen, freilich erst nach langen heftigen Kämpfen und im 18. Jahrhundert noch nicht im gleichen Maße wie seit der Erweckung des 19. Jahrhunderts.

Für und wider Johann Arndts „Wahres Christentum"

Nirgendwo innerhalb der lutherischen Orthodoxie erfuhr Johann Arndts „Wahres Christentum" schärfere Kritik als bei den *Tübinger Theologen.* In der Zeit der christologischen Kontroverse mit der Gießener lutherischen Orthodoxie errichteten sie eine zweite Front gegen Johann Arndt und jede Form christlicher Mystik. Zwei Jahre nach Arndts Tod veröffentlichte *Lukas Osiander II.* ein gegen das „Wahre Christentum" Arndts gerichtetes „Theologisches Bedenken".[1] Unmittelbarer Anlaß war die Verbreitung des Arndtschen

1 Theologisches Bedencken vnd christliche Treuhertzige Erinnerung, welcher Gestalt Johann Arndten genandtes Wahres Christenthumb nach Anleitung deß H. Worts Gottes vnd der reinen Evangelischen Lehr vnd Bekendtnüsse anzusehen, Tübingen 1623.

Erbauungsbuches bei den in Württemberg bis in die Zeit des Dreißigjährigen Krieges regsamen Schwenckfeldern. Osiander wollte das „Wahre Christentum" eher ein „wahres Taulertum" genannt wissen. Papistische, calvinistische, flacianische, besonders weigelianische und schwenckfeldische Irrlehren seien in Arndts Buch aufgenommen. Durch die beigefügten Gutachten seiner Fakultätskollegen machte Osiander seine Kritik zur Stellungnahme der gesamten Tübinger theologischen Fakultät.

In den durch Osianders Attacke ausgelösten literarischen Kontroversen um Arndts „Wahres Christentum" fanden die Tübinger Theologen keine Unterstützung beim Stuttgarter Hof. Osiander wurde es von der Zensur untersagt, auf die Gegenschriften der Arndtverteidiger zu antworten. Doch in Tübingen war fortan für die Gedanken Johann Arndts kein Raum. Der Jurist und Rosenkreuzer *Christoph Besold* (1577–1638), der in seiner Bibliothek eine große Zahl der Arndtschen Streitschriften sammelte, soll zu seiner Konversion zum Katholizismus auch durch die Arndtgegnerschaft der Tübinger Theologen bewogen worden sein. *Johann Valentin Andreae* (1586–1654), unter den württembergischen Theologen der ersten Jahrhunderthälfte der entschiedenste Anhänger Arndts, blieb zeitlebens in Distanz zur Tübinger Fakultät. Andreae gab bereits 1615 einen Extrakt aus dem „Wahren Christentum"[2] heraus und widmete dem Andenken Arndts seine Campanellas „Sonnenstaat" nachgebildete Sozialutopie „Christianopolis".[3] Gleichzeitig mit Osianders „Bedenken" verfaßte er seinen „Theophilus", eine in Dialogform gehaltene Kirchenreformschrift, in der Arndt gegen jeden Heterodoxieverdacht in Schutz genommen wird. Andreae konnte diese Schrift jedoch erst 1649 zum Druck geben. *Ludwig Friedricb Gifftheil* (1595–1661), Pfarrerssohn aus Heidenheim, einer der heftigsten Kirchenkritiker in der Zeit des Dreißigjährigen Krieges aus dem Lager des mystischen Spiritualismus, Verfasser einer großen Zahl apokalyptischer Warnschriften an die kriegführenden Fürsten und ihre Theologen, stieg 1635 mit einem Dolch auf die Kanzel der Tübinger Stiftskirche, um Lukas Osiander zu töten. Im ganzen 17. Jahrhundert ist Arndts „Wahres Christentum", das im deutschen und außerdeutschen Luthertum an mehr als

---

2 J.V. ANDREAE, Christianismus genuinus ... Johannis Arndt, Straßburg 1615.

3 J.V. ANDREAE, Reipublicae Christianopolitanae descriptio, Straßburg 1619.

zwei Dutzend Orten nachgedruckt wurde, in Württemberg und im übrigen süddeutschen Raum nicht zum Druck gekommen.

Ludwig Brunnquell und seine Freunde

Die ersten württembergischen Pietisten – nimmt man den Begriff im engeren Sinn – waren Ludwig Brunnquell und seine Freunde, von denen Johann Jakob Zimmermann und Eberhard Zeller näher bekannt sind. Sie teilten mit Brunnquell das Schicksal der Amtsenthebung und Landesverweisung. Als Jakob-Böhme-Anhänger gehören die ersten württembergischen Pietisten ins Lager des radikalen Pietismus.

Ludwig Brunnquell (1631–1689), seit 1655 Diakon in Großbottwar, seit 1663 Pfarrer in Löchgau, war Anhänger Jakob Böhmes und wegen des Verdachts des Chiliasmus wiederholt vom Stuttgarter Konsistorium verwarnt worden. Während des Türkenkriegs verfaßte er 1663 ein Mahnschreiben „De bello“, in dem er – beeindruckt durch die von Comenius unter dem Titel „Lux in tenebris“ veröffentlichten chiliastischen Weissagungen Christoph Kotters und der Christiane Poniatovia – vor der Beteiligung Württembergs am Türkenzug warnte. Nachdem er vor dem Konsistorium seinen Chiliasmus widerrufen hatte, bekräftigte er ihn nach einigen Jahren erneut in einer Schrift „De peccato in spiritum sanctum“ (1675). Brunnquell erklärte es für eine Sünde wider den heiligen Geist, wenn man den Weissagungen der heutigen Propheten nicht glaube. Als solche Weissagungen nannte er den baldigen Untergang des Papsttums, die Zerstörung des römischen Reiches, eine glückselige Zeit für die Kirche noch vor dem Jüngsten Tag. Nach längeren Verhandlungen vor dem Stuttgarter Konsistorium, bei denen er geloben mußte, seine chiliastischen und böhmistischen Meinungen nicht mehr zu verbreiten, wurde Brunnquell 1679 seines Pfarramtes enthoben.

Brunnquell, eine noch weithin im historischen Dunkel liegende Gestalt des frühen Pietismus, hat 1677 auf Anfrage eines seiner Freunde ein ausführliches Gutachten über Speners Pia Desideria erstellt, das er wie seine übrigen Texte nur handschriftlich verbreitete. Darin begrüßt er, daß ein so hochgestellter Theologe auf eine „Reformation“ dränge, besonders lobt er die Forderung nach Ausübung des königlichen Priestertums und die Erkenntnis der bevorstehenden Bekehrung der Juden und des größeren Falls Babels. Doch habe Spener der Kirche Christi „einen köstlichen Edelstein zur probe dargestellet, der ... noch nicht auspolirt“ sei. Es sei ein Fehler, wenn Spener auf Besserung des *Lebens* dränge, ohne die Mängel in der *Lehre* aufzudecken. Die Abweichung der Prediger vom Gotteswort sei der größte Schaden. Brunnquell kritisiert die lutherische Rechtfertigungslehre: auf die „Erkenntnis und Übung der Wiedergeburt“ komme alles an! Auch sei es ein Fehler, wenn Spener die lutherische Kirche von Babel ausnehme. „Es besehe Herr Spener, ob nicht im heutigen Luthertum...ein eigentliches Antichristentum sei“. Es ist der im radikalen Pietismus eingenommene Standpunkt der „Unparteilichkeit“, der hier erstmals gegen Speners Programm einer Reform der lutherischen Kirche geltend gemacht wird. Brunnquell wurde nach seiner Entlassung zum Theoretiker des pietistischen Separatismus in seiner Schrift „Beynahe gantz aufgedeckter Anti-Christ, oder unvorgreifliches Bedencken über die Frage: Ob die Evangelische Kirche mit recht Babel und Antichristisch zu schelten, von welcher außzugehen seye“.[4] Spener, der Brunnquell hochschätzte und sich von ihm zum Gevatter bitten ließ, hat – ohne wohl von der Verfasserschaft Brunnquells zu wissen – diese Schrift ausführlicher Widerlegung für wert gehalten.[5]

Zum Kreis der engeren Freunde und Schüler Brunnquells gehörte *Johann Jakob Zimmermann* (1644–1693)[6], Diakon in Bietigheim, als Mathematiker und Astronom am Stuttgarter Hof geschätzt, 1686 amtsenthoben und landesverwiesen wegen Verbreitung chiliastischer Anschauungen. Zimmermann, „mehr zur Mathematik als zur Theologie geneigt“[7], errechnete bei der Kometenerscheinung von 1680 das nahe Ende der Welt und den Anbruch des Millenniums in seiner „Cometo-Scopia“ (1681). Mit Beihilfe und auf Veranlassung von Brunnquell verfaßte er eine „Mutmaßliche Zeitbestimmung göttlicher Gerichte über das Europäische Babel und Antichristentum jetziger Seculis“ (1684).

---

4 Gedruckt ohne Verfasserangabe bei PH.J. SPENER, Theologische Bedenken 1, 341–352. Handschriftlich mit der Angabe Brunnquells als Verfasser im Nachlaß Johann Jakob Schütz, Senckenbergbibliothek Frankfurt a.M., M 330.

5 S. oben S. 98f.

6 Bibliographie bei MÄLZER, Die Werke des württembergischen Pietismus.

7 F. FRITZ, Konventikel in Württemberg, BWKG 50 (1950), 106.

Der Magister *Eberhard Zeller* (gest. nach 1692), Sohn des Hofpredigers Christoph Zeller, hielt seit 1684 in Göppingen Privatversammlungen. Trotz Bittschriften seiner Gemeinde wurde er 1685 wegen Konventikeltum aus dem Amt entlassen. Die von Zimmermann und Zeller eingerichteten Konventikel, die ersten nachweisbaren pietistischen Konventikel in Württemberg, wurden, wie ähnliche Konventikel, die 1685/86 für Stuttgart und Calw genannt werden, vom Stuttgarter Konsistorium verboten.

Während Brunnquell nach seiner Entlassung in dem reichsritterschaftlichen Flehingen im Kraichgau eine Pfarrstelle fand, gingen Johann Jakob Zimmermann und Eberhard Zeller nach Frankfurt a.M. zu Johann Jakob Schütz. Kurzzeitig Mathematiker in Heidelberg, zog Zimmermann nach Hamburg, wo er in den pietistischen Unruhen literarisch hervortrat. Zimmermann verteidigte die Anschauungen Jakob Böhmes gegen den Frankfurter Pfarrer Johann Christoph Holtzhausen und den Hamburger Pfarrer Abraham Hinckelmann. Im chiliastischen Streit trat er gegen die Orthodoxie an die Seite von Johann Wilhelm Petersen. Als man dem Separatisten eine Professur am Hamburger Gymnasium verweigerte, entschloß er sich zur Auswanderung nach Pennsylvanien, starb jedoch vor der Einschiffung in Rotterdam. Auch Zeller wandte sich nach Hamburg, wo ihn der Spener-Freund Johann Winckler zeitweilig in sein Haus aufnahm. Zeller hielt in Hamburg Konventikel und gab Kindern religiöse Unterweisungen, womit er dem jungen August Hermann Francke bei dessen Hamburger Aufenthalt entscheidende Anstöße für sein späteres pädagogisches Wirken gab. Trotz seiner Kritik an der lutherischen Rechtfertigungslehre blieb er in der Kirche, nahm später eine Pfarrstelle in Wallau in der Herrschaft Epstein unweit Frankfurt am Main an.

Das Eindringen des Spenerschen Pietismus in die württembergische Kirche

Die Tübinger Fakultät verharrte in ihrer Ablehnung der Arndtschen Frömmigkeitsrichtung. Die von Spener während seines württembergischen Aufenthaltes 1662 geknüpften und in der Folgezeit durch Briefwechsel bewußt gepflegten Verbindungen zur Tübinger Fakultät haben diese nicht für den Pietismus gewonnen. Der Spener am nächsten stehende Balthasar Raith (1616–1683), Professor für Altes Testament und Magister domus des Stifts, der einzige in Speners Pia Desideria zitierte Tübinger Theologe, beschränkte seine Zustimmung zu den Pia Desideria auf die Bemerkung, Spener habe die Reformideen Theophil Großgebauers aufgenommen. Tobias Wagner (1598–1680) und Johann Adam Osiander (1622–1697) waren fixiert auf die Auseinandersetzung mit dem westeuropäischen Atheismus und dem kirchenkritischen Spiritualismus. Zwar lobte die Fakultät 1677 Speners Vorschlag akademischer Collegia pietatis. Doch es blieb beim Lob. Die von Repetenten im Tübinger Stift gehaltenen Erbauungsversammlungen waren bis zu Bengels Zeit eine sporadische, immer wieder einschlafende Einrichtung. Außerhalb der theologischen Fakultät gewann Spener dagegen früh Gesinnungsfreunde, neben dem Juristen *Johann Andreas Frommann* (1626–1690), der die Pia Desideria begrüßte, vor allem den Mediziner *Johann Conrad Brotbeck* (1620–1677), der das Freudenchristentum der „Geistlichen Schatzkammer" des Prätorius-Statius[8] in Württemberg heimisch zu machen suchte.

Dagegen nahm Spener erfolgreich Einfluß auf das *württembergische Kirchenregiment.* Hatte das Stuttgarter Konsistorium gegen die ersten Pietisten mit dem Mittel der Amtsenthebung und der Landesverweisung reagiert, so ging man gegen Ende des Jahrhunderts zu größerer Duldsamkeit über. Gesinnungsfreunde Speners, die ihn seit Jahren kannten und sich in wichtigen Fragen brieflichen Rat bei ihm holten, besetzten zeitweilig Schlüsselstellungen des Kirchenregiments. *Johann Georg von Kulpis* (1652–1698), seit 1686 Vizedirektor, seit 1694 Direktor des Konsistoriums, und *Johann Andreas Hochstetter* (1637–1720), seit 1689 als Generalsuperintendent von Bebenhausen rangerster Geistlicher Württembergs, konnten im Synodus, im höchsten Beratungsorgan über kirchliche Angelegenheiten, eine Reformpolitik im Sinne Speners einleiten. Ein von Kulpis entworfenes Edikt „Über die Pietisterey" von 1694 kam, verglichen mit gleichzeitigen Pietistenedikten anderer deutscher Länder, fast einem Toleranzedikt gleich. Zwar wurden die „Collegia pietatis", die Hochstetter zwei Jahre zuvor im Synodus als Mittel der Kirchenreform vorgeschlagen hatte, nicht erwähnt. Aber die Verurteilung des

8 Vgl. oben S. 31f.

pietistischen Chiliasmus wurde aufgehoben. Die Hoffnung einer „mercklichen verbesserung der Kirche Gottes“ vor dem Ende der Welt solle nicht als schädliche Ketzerei verschrieen werden. Es sei unverwehrt, „modeste voneinander zu dissentiren“. Die Möglichkeit neuer Prophetie wurde eingeräumt, wenn auch maßgebend allein die Heilige Schrift bleibe. Die Schriften der Mystiker, die in den wichtigsten Artikeln mit der evangelischen Lehre übereinstimmen, dürften mit Vorsicht gelesen werden. Von der Lektüre der Schriften Jakob Böhmes sei abzuraten, wenngleich das Urteil über sie dem Gericht Gottes überlassen werde.

Mit dem Edikt von 1694 hat das Stuttgarter Konsistorium gegen den Willen der Tübinger Fakultät eine *Öffnung zum Pietismus* im Sinne Speners durchgesetzt. *Johann Wolfgang Jäger* (1647–1720), seit 1678 Professor in der philosophischen, seit 1690 in der theologischen Fakultät, außerdem Kanzler der Tübinger Universität, anerkannte das pietistische Frömmigkeitsstreben Arndts und Speners, blieb aber bei scharfer Ablehnung des Konventikeltums und des Chiliasmus, kritisierte außerdem Speners Milde gegenüber Jakob Böhme. Jäger schrieb 1697 dem Konsistorium, er bemühe sich, daß „die Theologi Tubingenses und die zu Stuttgardt nicht möchten in ein Schisma zerfallen“.[9]

Die von Hochstetter, dem „schwäbischen Spener“, angeführte pietistische Fraktion erhielt 1699 Verstärkung durch die Berufung von *Johann Reinhard Hedinger* (1664–1704) zum Hofprediger bei Herzog Eberhard Ludwig. Hedinger, einst weltfreudiger Kavalier, der als Reisebegleiter zweier württembergischer Prinzen das halbe Europa bereist hatte, nach einer schweren Krankheit in Berlin unter dem Einfluß Speners zum Pietisten gewandelt, bezog in Stuttgart, eindeutiger als zuvor während seiner dreijährigen Professur in Gießen, pietistische Positionen, die ihn in die Nähe des radikalen Pietismus führten. Mit seiner freimütigen, auch die Person des Herzogs nicht verschonenden Predigt am Hofe vorerst unangefochten, zog sich Hedinger den Unwillen der Orthodoxie zu mit der Herausgabe einer deutschen Bibel (Stuttgart 1704) und eines deutschen Neuen Testaments (Stuttgart 1704). In der Nachfolge von August Hermann Franckes „Ob-

9 H. LEHMANN, Pietismus und weltliche Ordnung in Württemberg vom 17. bis zum 20. Jahrhundert, Stuttgart 1969, 38.

servationes biblicae" (1695) unterzog Hedinger Luthers Bibelübersetzung einer durchgehenden Revision, außerdem schlug er in den Randglossen deutliche kirchenkritische und chiliastische Töne an. Hedingers Stuttgarter Bibel, der Johann Arndts „Informatorium biblicum" und Caspar Hermann Sandhagens „Zeit-Ordnung" beigefügt waren, bedeutete nichts weniger als eine Ersetzung der Lutherbibel durch eine pietistische Bibel. Ein Sturm der Entrüstung erhob sich weit über Württemberg hinaus in der gesamten lutherischen Orthodoxie. Zwar fand die Hedingerbibel weite Verbreitung. Doch der kirchliche Pietismus hat seit den Wirren um die Hedingerbibel von einer Revision der Lutherbibel Abstand genommen. Die 1710 gegründete hallische Bibelanstalt blieb beim Luthertext. Johann Albrecht Bengel hat seine Übersetzung des Neuen Testaments bewußt als Ergänzung, nicht als Revision der Lutherbibel verstanden.

Der Kampf um die Collegia pietatis

Das Pietistenedikt von 1694 hatte den pietistischen Chiliasmus toleriert, von den Konventikeln aber geschwiegen. Zu Beginn des 18. Jahrhunderts erhob sich eine neue und breite Welle der zuvor nur sporadischen Erbauungsversammlungen. Der Heilbronner Sporergeselle *Johann Georg Rosenbach* (1678–1747), von dem Erlanger Notar Johann Adam Raab bekehrt und in ein breites, von Tauler über Molinos bis zu Jakob Böhme und dem Quäker William Barclay reichendes Spektrum spiritualistischer und mystischer Autoren eingewiesen, bereiste seit 1703 das Land. Als von Gott berufener Bußprediger forderte er zu Bußkampf und Bekehrung auf. Rosenbach fand Anhang bei Professoren, Pfarrern und den Tübinger Stiftsrepetenten. Im Stuttgarter Haus von Johann Reinhard Hedinger hielt Rosenbach Erbauungsversammlungen, Johann Andreas Hochstetter lud ihn an seinen Tisch. Zu Rosenbachs Freunden zählte Eberhard Ludwig Gruber, Pfarrer in Hofen, der 1706 aus dem Amt entlassen zu den Separatisten in die Wetterau ging. Bietigheim, Heilbronn, Göppingen, Esslingen, Stuttgart, Herrenberg und Calw wurden Zentren separatistischer Konventikel. In Stuttgart sammelten sich die Pietisten im Haus von *David Wendelin Spindler,* Präzeptor am Stuttgarter Gymnasium, und im Garten der Witwe des Konsistorialdirektors

Kulpis, bei der Johann Wilhelm Petersen während seines Stuttgarter Besuchs 1705 Unterkunft fand. Seit 1703 bildeten sich auch Konventikel in Tübingen, ausgehend von sonntäglichen „Privatkonventen" dreier Stiftsrepetenten in Weingärtnerhäusern. Die Tübinger Collegia pietatis kamen im Stuttgarter Konsistorium zur Verhandlung. Hedinger sprach sich bedingungslos für deren Erlaubnis aus, Prälat Hochstetter unter der Bedingung geistlicher Aufsicht und ohne Anwesenheit von Weibspersonen. Angesichts der Bedenken von Johann Wolfgang Jäger wurden Versammlungen nur erlaubt, wenn sie unter der Leitung von Repetenten in der Spitalkirche stattfänden.

Collegia pietatis im Lande waren weiterhin umstritten. Ein Edikt von 1703 verurteilte, im Sinne Jägers, den Enthusiasmus der Antoinette Bourignon, Pierre Poirets und Gottfried Arnolds, sowie Johann Wilhelm Petersens „Ewiges Evangelium". Im Gegenzug erwirkten Hochstetter und Hedinger ein Reskript vom 17. Januar 1705, das den Pfarrern gestattete, zu bestimmten Zeiten „Privatinformation" zu geben, wenn dies verlangt werde. Wieder schärferen Ton schlug an das Edikt vom 12. August 1706 „gegen die hin und wieder in und außer Landes umschwärmende sogenannte Pietisterey", das alle separatistischen Konventikel strikt verbot. Als angesichts separatistischer Unruhen, die 1710 in Stuttgart ausbrachen, die Forderung nach noch schärferem Vorgehen erhoben wurde, konnte Hochstetter durchsetzen, daß ein Edikt vom 14. Januar 1711 nur den hartnäckigen Separatisten mit Ausweisung drohte, dagegen gegen die Irrenden „Milde, Geduld und sanftmütige Belehrung" vorschrieb. Nachdem eine Untersuchungskommission 1713 die Zentren des Separatismus in Calw und Herrenberg visitiert hatte, unterbreitete Hochstetter den noch weitergehenden Vorschlag, Konventikel überhaupt zu tolerieren. Bei den Separatisten handele es sich, wie die Untersuchung ergeben habe, trotz irriger Lehre um friedfertige, gottesfürchtige, fleißige und dem Land keinen Schaden bringende Leute. Ein den radikalen Pietismus tolerierendes Edikt konnte Johann Wolfgang Jäger, der gegen Hochstetter beim Herzog intrigierte, verhindern.

Nachdem man viele Jahre nach dem Edikt von 1711, das Hochstetter eine „Goldene Regel" nannte, verfahren war, kam es zur endgültigen Regelung durch das von Herzog Karl Friedrich erlassene Reskript vom 10. Oktober 1743. Es entstammte der Feder des Konsistorialpräsidenten *Georg Bernhard Bilfinger* (1693–1750), der als

Schüler Christian Wolffs bereits jenseits der Fronten von Pietismus und Orthodoxie stand. Das Reskript erinnert anfangs an frühere Verordnungen, besonders an das Reskript von 1706 mit seinem Verbot aller separatistischen Konventikel, als dessen Wiederholung und zeitgemäße Anpassung es sich versteht. Es ermahnt zum Besuch des sonntäglichen Gottesdienstes und zur Hausandacht. Doch seien „besondere Versammlungen verschiedener Personen zu allerhand geistlichen Übungen" erlaubt, wenn aller Anschein einer öffentlichen Separation oder heimlichen Trennung vermieden werde. Der Pfarrer oder an seiner Statt der Lehrer solle die Leitung haben; zumindest sollten dem Pfarrer solche Versammlungen angezeigt werden. Separatisten seien nicht zuzulassen, Ortsfremde sollten nicht ohne Vorwissen des Pfarrers teilnehmen. Die Zahl der Teilnehmer solle 15 Personen nicht übersteigen. Nur die Lutherbibel und kirchlich approbierte Bücher dürften gelesen werden. Es dürften Kollekten eingesammelt, aber keine Liebesmahle gehalten werden.

Das *Pietistenreskript von* 1743 ist kein religiöses Toleranzedikt, aber ein Schritt zu größerer religiöser Freiheit. Es beendete den Zustand der Rechtsunsicherheit, der jahrzehntelang den Pietismus bedroht hatte. Schon 1734 hatten der Landschaftskonsulent *Johann Jakob Moser* (1701–1785) und der Tübinger Kanzler *Christoph Matthäus Pfaff* (1686–1760) in Rechtsgutachten für die Anerkennung der Konventikel plädiert. Nun waren sie in die württembergische Kirchenverfassung fest eingefügt. Die Zeit der Auseinandersetzung war beendet. Der Pietismus fand in der verkirchlichten Form, die das Reskript von 1743 festschrieb, endgültig sein Heimatrecht in der württembergischen Kirche.

2. Johann Albrecht Bengel und der schwäbische Biblizismus

ALAND, Kurt: Bibel und Bibeltext bei August Hermann Francke und Johann Albrecht Bengel, in: ders. (Hg.), Pietismus und Bibel, Witten 1970, 89–147. – BAUCH, Hermann: Die Lehre vom Wirken des Heiligen Geistes im Frühpietismus, Hamburg 1974 (zu Bengel 58–98). – BRECHT, Martin: Die Hermeneutik des jungen Johann Albrecht Bengel, BWKG 66/67 (1966/67), 52–64 (= Ges. Aufsätze, Bd. 2, 273–285). – DERS.: Johann Albrecht Bengels Theologie der Schrift, ZThK 64 (1967), 99–120 (= Ges. Aufsätze, Bd. 2, 273–285). – DERS.: Bibelmystik. Johann Albrecht Bengels Verhältnis zur Schrift und zur Mystik, BWKG 73/74 (1973/74), 4–21 (= Ges. Aufsätze, Bd. 2, 253– 272). – DERS.: Johann Albrecht Bengels Lehre vom Blut Jesu Christi, BWKG 73/74 (1973/74), 22–46 (= Ges. Aufsätze, Bd. 2, 308–334). – DERS.: Art. „Johann Albrecht Bengel", in: TRE 5 (1980), 583–589. – DERS.: Johann Albrecht Bengel, in: Orthodoxie und Pietismus (Gestalten der Kirchengeschichte 7, hg.v. M. Greschat), Stuttgart 1982, 317–329. – BURK, Johann Christian Friedrich: Dr. Johann Albrecht Bengel's Leben und Wirken meist nach handschriftlichen Materialien, Stuttgart 1831. – DERS.: Dr. Johann Albrecht Bengel's literarischer Briefwechsel, Stuttgart 1836. – HERMANN, Karl: Johann Albrecht Bengel. Der Klosterpräzeptor von Denkendorf, Stuttgart 1937, Ndr. Stuttgart 1987. – KÖSTER, Beate: „Das Wort Gottes reichlicher unter uns bringen". Geschichte, Verbreitung und Gestalt der Lutherbibel bei J.A. Bengel, in: Die neue Lutherbibel, Stuttgart 1984, 155–169. – MÄLZER, Gottfried: Bengel und Zinzendorf, Witten 1968. – DERS.: Johann Albrecht Bengel, Stuttgart 1970. – MAIER, Gerhard: Die Johannesoffenbarung und die Kirche, Tübingen 1981 (zu Eschatologie und Apokalypse bei Bengel 393–440). – REISS, Heinrich: Das Verständnis der Bibel bei Johann Albrecht Bengel, Diss. theol. Münster 1952. – SAUTER, Gerhard: Die Zahl als Schlüssel zur Welt. Johann Albrecht Bengels „prophetische Zeitrechnung" im Zusammenhang seiner Theologie, EvTh 26 (1966), 1–36.

Leben und Wirken

Johann Albrecht Bengel (1687–1752) steht nicht, wie Arndt, Spener und Francke, am Anfang einer historischen Periode des Pietismus, sondern *in der Mitte* des württembergischen Pietismus. In ihm wird der Gegensatz zwischen Orthodoxie und Pietismus, wie er um 1700 in dem Gegenüber von Johann Andreas Hochstetter und Johann Wolfgang Jäger sichtbar wird, auf einer höheren Ebene aufgehoben, einer Ebene, in die auch das Erbe des radikalen Pietismus eingeht.

Johann Albrecht Bengel wurde am 24. Juni 1687 als Pfarrerssohn in Winnenden bei Stuttgart geboren. Die Familie gehörte zur württembergischen „Ehrbarkeit", der Reformator Johannes Brenz zählte zu seinen Vorfahren. Bengels Kindheit war von den Franzoseneinfällen der Jahre 1692 und 1693 überschattet. Nach dem frühen Tod des Vaters, der als Klosterpräzeptor von Bebenhausen wohl schon vom Geist des Spenerschen Pietismus berührt worden war, wuchs Bengel im Hause des Präzeptors David Wendelin Spindler auf, eines Freundes seines Vaters, mit dem er über Marbach und Schorndorf 1699 nach *Stuttgart* kam. Spindlers Stuttgarter Haus war Versammlungsort der radikalen Pietisten. Die zehn Jahre, die der junge Bengel im Umkreise Spindlers verbrachte, müssen ihn mit den chiliastisch-apokalyptischen Anschauungen des radikalen Pietismus vertraut gemacht haben, um derentwillen Spindler schließlich 1710 aus seinem Schulamt entlassen wurde. Das Stuttgarter Konsistorium hat Spindler wiederholt ermahnt, statt der Johannesapokalypse mehr in den Evangelien zu lesen.

Nach dem Besuch des Stuttgarter Gymnasiums, das ihm die Grundlagen für eine solide sprachliche, historische und naturwissenschaftliche Bildung vermittelte, wurde Bengel 1703 in das *Tübinger Stift* aufgenommen. Er trieb gründliche mathematische und naturwissenschaftliche Studien und erwarb 1704 den philosophischen Magistergrad mit einer Disputation über das Lösegeld. Seine philosophischen Studienjahre fallen in das Interregnum zwischen der Herrschaft des Aristotelismus und dem Aufkommen der Wolffschen Philosophie. Anders als einige Jahre später Friedrich Christoph Oetinger hat Bengel zur Philosophie kein inneres Verhältnis gewonnen.

Bengel nahm sein Studium auf, als mit den Repetentenstunden eine „starke geistliche Erweckung" im Tübinger Stift begann. Unter den Professoren stand ihm am nächsten *Andreas Adam Hochstetter* (1668–1717), der Sohn Johann Andreas Hochstetters, nach dem Tod von Christoph Reuchlin (gest. 1707) der einzige Vertreter des Pietismus an der Tübinger Universität. Hochstetter, der als Student im Hause Speners in Dresden gelebt hatte und für die Collegia pietatis eintrat, beriet Bengel in allen Studienangelegenheiten, förderte ihn auch später auf seinem Weg ins kirchliche Amt. Bengel blieb nach Abschluß seines Theologiestudiums (1707) im Stift, um – zeitweise als Stiftsrepetent – die für eine wissenschaftliche Laufbahn üblichen weiterführenden Studien zu treiben. Gelegentlich versah er auswärtige Vikariate und Predigtaufträge. Als Hochstetter als Oberhofprediger nach Stuttgart berufen wurde, folgte ihm Bengel 1712 auf ein Stuttgarter Vikariat und half ihm bei der im Jahr der Eröffnung des Stuttgarter Waisenhauses herausgegebenen Armenbibel (Biblia Pauperum, Tübingen 1712).

Die Nähe zum pietistisch gesinnten Hochstetter war kein Hindernis für ein gründliches Theologiestudium bei Johann Wolfgang Jäger, Repräsentant einer sich aus naturrechtlichen und föderaltheologischen Ansätzen erneuernden Orthodoxie, der trotz Sympathien für Speners Reformbestrebungen den Pietismus wegen Chiliasmus, Neigung zur Mystik und Konventikeltum ablehnte. Bengels jahrelanges Studium bei Jäger, in manchem dem Studium Speners bei Johann Conrad Dannhauer vergleichbar[10], führte ihn zu gründlicher Beschäftigung mit der Mystik eines Pierre Poiret und der Madame de Guyon. Bengels Disputation „De Theologia mystica“ (1707) nahm Jäger in sein „Examen Theologiae mysticae veteris et novae“ (1709) auf. Jäger zog ihn zur Mitarbeit an seiner Kirchengeschichte des 17. Jahrhunderts heran, in der reiches zeitgenössisches Quellenmaterial zu Mystik, Quietismus, Chiliasmus und separatistischen Strömungen zusammengetragen wurde. Jäger regte ihn auch an zur Auseinandersetzung mit Spinoza, dessen Philosophie Bengel, wie damals üblich, als atheistisch verurteilte.

Bevor Bengel die Stelle eines Präzeptors an der niederen Klosterschule in Denkendorf antrat, unternahm er eine achtmonatige *Studienreise* (6. März–1. November 1713), die ihn u.a. nach Nürnberg, Jena, Halle/Saale, Leipzig, Gotha, Gießen, Frankfurt a.M. und Heidelberg führte. Bengel interessierte sich für das Schulwesen, agierte auch für die württembergische Kirche in Sachen Pietismus. In Leipzig besuchte er den Perückenmacher Johann Tennhardt (1661–1720), einen radikalpietistischen Mystiker, dessen Einfluß auf die Calwer Separatisten gerade aufgedeckt worden war und der kurze Zeit nach Bengels Besuch in Stuttgart auftauchte, wo man ihn bat, die Calwer Separatisten zum Kirchenbesuch zu bewegen.[11] Eine Woche hielt er sich bei den Gießener pietistischen Theologen Johann Heinrich May und Johann Christian Lange auf. In Frankfurt a.M. wurde er durch den Schulrektor Johann Jakob Schudt, den besten Judenkenner unter den Lutherischen („Jüdische Merkwürdigkeiten“, 1714–17), zu einem Synagogengottesdienst ins Frankfurter Getto geführt. Er besuchte den Frankfurter Senior Johann Georg Pritius, der soeben ein Werk Speners zum Druck gab, das Bengel später als dessen bedeutendstes

10 Vgl. oben S. 70f.

11 Vgl. F. FRITZ, BWKG 51 (1951), 123ff.

angesehen hat: „Gerechter Eifer wider das antichristische Papsttum" (1713). In Heidelberg unterhielt er sich mit dem reformierten Theologen Ludwig Christian Mieg über Speners Erwartung der Judenbekehrung, den Fall des Papsttums und die Hoffnung besserer Zeiten.

In *Halle,* wo Bengel drei Monate blieb, war er beeindruckt von der „Harmonie" zwischen Francke und seinen Mitarbeitern im Waisenhaus und an der Theologischen Fakultät. Mit Francke, dem er einen Bericht über das Stuttgarter Waisenhaus überbrachte, kam er nicht in näheren Umgang, besuchte aber seine Predigten und Vorlesungen. Gründlich studierte er die Einrichtungen des Waisenhauses. Ihn verwunderte die jedes Konventikeltum hinter sich lassende Weite der mit aller Welt verbundenen hallischen Aktivitäten und der unter den Hallensern herrschende Gemeingeist. „Bis dahin war ich fast nur für mich allein ein Christ", schrieb er drei Wochen nach der Ankunft in Halle, „hier aber lerne ich einsehen, was es um die Gemeinschaft und die Verbindung der Heiligen ist". Bengel, der die hallische Bekehrungspädagogik nicht übernahm, ist Francke, der ihn 1717 auf seiner Reise nach Süddeutschland in Denkendorf aufsuchte, immer in Hochachtung verbunden geblieben. Erst in seinen späten Jahren hat sich Bengel, angesichts der Kritik der zweiten hallischen Generation an seiner theologischen Arbeit, vorsichtig vom hallischen Pietismus distanziert: „Die hallische Art ist etwas zu kurz geworden für den Geist der heutigen Zeit."

Im Dezember 1713 trat Bengel sein Präzeptoramt in *Denkendorf* an. Seine Antrittsrede „Über das Trachten nach Gottseligkeit als der sicherste Weg zur Gelehrsamkeit" (De certissima ad veram eruditionem perveniendi ratione per studium pietatis) läßt charakteristische Unterschiede zur hallischen Schule erkennen: Bengel kennt keinen Gegensatz zwischen Frömmigkeit und Gelehrsamkeit, sondern will beide in die rechte Zuordnung setzen. Tatsächlich hat Bengel, anders als Francke, keine neuen Erziehungsziele und keine pädagogischen Theorien aufgestellt. Er hat am alten humanistischen Bildungsideal festgehalten, lediglich heidnische Texte stärker durch christliche Texte ersetzt. Seine ersten wissenschaftlichen Veröffentlichungen waren Neueditionen lateinischer und griechischer Autoren zum Schulgebrauch.

Das Amt des Denkendorfer Präzeptors hat Bengel 28 Jahre hindurch versehen, 1729 von der Stelle des zweiten auf die des ersten

Präzeptors aufrückend. Er hat in Denkendorf zwölf Promotionen (Jahrgänge) künftiger Theologen auf Studium und Amt vorbereitet (insgesamt über dreihundert Schüler). Ähnlich wie August Hermann Francke hat er den größten Teil seiner Lebensenergie auf die Erziehung junger Menschen verwandt. Bengels Einfluß auf die kommende Generation württembergischer Pfarrer reicht weit über deren Schulzeit hinaus. Er hat den weiteren Lebensweg seiner Schüler liebevoll und sorgsam begleitet, wie aus seiner umfangreichen Korrespondenz – 2900 Briefe an ca. 250 Adressaten sind erhalten – hervorgeht. Bis in die konkreten Lebensentscheidungen hinein hat Bengel seinen Schülern seelsorgerlichen Rat und Ermahnung gegeben. Zu den durch Bengels Schule gegangenen Theologen gehören Universitätsprofessoren, Hofprediger und einfache Gemeindepfarrer. Die bedeutendsten von ihnen, sämtlich literarisch hervorgetreten, sind: *Jeremias Friedrich Reuß* (1700–1777), Hofprediger in Kopenhagen und zuletzt Professor in Tübingen, der Lieblingsschüler Bengels; *Philipp David Burk* (1714–1770), Bengels Schwiegersohn und Biograph; *Johann Christian Storr* (1712–1773), Pfarrer und Konsistorialrat in Stuttgart; *Johann Friedrich Flattich* (1713–1797), Pfarrer in Münchingen, ein mit Mutterwitz ausgestatteter Volkserzieher[12]; *Philipp Friedrich Hiller* (1699–1769), der schwäbische Paul Gerhardt, mit seinem oft aufgelegten „Geistlichen Schatzkästlein" der beliebteste Liederdichter des schwäbischen Pietismus. Zu Bengels Schülern gehört auch *Philipp Ulrich Moser* (1720–1792), der Lehrer des jungen Friedrich Schiller, der ihm in dem Pastor Moser in „Die Räuber" ein bleibendes literarisches Denkmal gesetzt hat. *Friedrich Christoph Oetinger* wurde als Tübinger Student früh in den Schülerkreis Bengels hineingezogen. Als Bengel 1741 Denkendorf verließ und Propst in Herbrechtingen bei Heidenheim wurde, ließen sich Oetinger, Burk und Hiller auf umliegende Pfarrstellen versetzen, um in seiner Nähe zu bleiben.

Ein akademisches Lehramt hat Bengel erhofft, aber nicht erlangt. Dreimal gab es eine Chance in Tübingen. Doch Bengel hoffte vergeblich. Einen Ruf nach Gießen nahm er nicht an. Erst in seinen letzten Lebensjahren stieg er zu höheren kirchlichen und weltlichen Würden

---

12 H. EHMER/CHR. DUNCKER (Hg.), Johann Friedrich Flattich – Briefe, Stuttgart 1997.

auf. Bengel wurde 1747 in den Größeren Ausschuß der Landschaft (Landtag) berufen. Ihm wurde 1749 die Prälatur Alpirsbach übertragen, was seine Übersiedlung nach Stuttgart nötig machte und ihm einen Sitz im Konsistorium einbrachte. Als Mitglied des Engeren Ausschusses der Landschaft ist Bengel am Ende seines Lebens mit Johann Jakob Moser, dem Rechtskonsulenten der Landschaft, zusammengeführt worden im Kampf für das alte, ständische Recht gegen den fürstlichen Absolutismus und die ausbeuterische und verschwenderische Mißwirtschaft des Ludwigsburger Hofes.

Bengels Biblizismus

Bengels literarisches Schaffen zeigt, nach den Texteditionen der frühen Denkendorfer Jahre, eine eigentümliche Konzentration auf die Bibel. Dogmatische, katechetische oder erbauliche Werke hat Bengel nicht verfaßt; Predigten hat er – abgesehen von einigen Leichpredigten – nicht zum Druck gegeben.[13] Die polemische Theologie ist nur mit einer innerpietistischen Kontroverse gegen Zinzendorf vertreten.[14] Bengels Veröffentlichungen gelten der Bibel, insbesondere dem Neuen Testament. Es geht ihm um den *Text,* die *Übersetzung* und die *Auslegung* der Bibel, schließlich um ihre Auswertung für *chronologische Berechnungen* zur Heilsgeschichte. Bengel erfüllt diejenige Forderung des pietistischen Reformprogramms, für die in Speners Pia Desideria ein Tübinger Theologe zitiert wurde: die Ersetzung der scholastischen Theologie durch eine rechte biblische Theologie.

Das Novum Testamentum Graecum. Schon zu Beginn seiner Studienzeit war Bengel durch die Varianten des neutestamentlichen Textes in Anfechtung geraten. Bereits als Tübinger Student plante er eine Ausgabe des Neuen Testaments. In Denkendorf begann er Handschriften und Drucke, die er sich von fernher ausleihen mußte, zu sammeln und zu vergleichen. Nachdem er in der Vorrede zu einer

---

13 Erst postum erschienen: Dr. Johann Albrecht Bengel's hinterlassene Predigten: Mit einem Bildnis des Verfassers. Zum erstenmal gesammelt und herausgegeben von Johann Christian Friedrich Burk, Reutlingen 1839.

14 J.A. BENGEL, Abriß der sogenannten Brüdergemeine, in welchem die Lehre und die ganze Sache geprüfet, das Gute und das Böse aber unterschieden, und insonderheit die Spangenbergische Declaration erläutert wird, Stuttgart 1751.

Chrysostomosausgabe (1725) seine Editionsgrundsätze bekannt gemacht hatte, erschien 1734 bei Cotta in Stuttgart das *Novum Testamentum Graecum,* eine Quartausgabe mit kritischem Apparat. Ihr ging eine Oktavausgabe ohne Apparat für den Handgebrauch der Pfarrer zur Seite.

Die Anzahl der von Bengel erreichten Handschriften und Drucke war bescheiden. Mit den gleichzeitigen Textforschungen Johann Jakob Wettsteins konnte er nicht Schritt halten. Auch behielt Bengel den Textus receptus bei und verwies nur im Apparat auf die Varianten. Lediglich bei der Johannesapokalypse zwang ihn der schlechte Überlieferungszustand zur stellenweisen Neukonstitution des Textes. Doch bei der Sichtung und Ordnung der Varianten gelangen ihm entscheidende Fortschritte. Bengel siebte in mühsamer Arbeit die echten Varianten aus der Masse der zufälligen Abschreibefehler heraus. Dann ordnete er die Varianten qualitativ in fünf Klassen. Er unterschied zwischen den (1.) für ursprünglich zu haltenden Lesarten, (2.) den zwar unsicheren, aber dem überkommenen Text überlegenen, (3.) den ihm gleichwertigen, (4.) den weniger sicheren und schließlich (5.) den zu verwerfenden Lesarten. Außerdem gelang ihm als erstem eine Durchdringung des Gesamtbestandes und eine Zuordnung der einzelnen Handschriften zu Textfamilien, mit Bengels Worten zu „Nationen". Bengel unterschied zwischen einer asiatischen und afrikanischen Nation, eine Unterscheidung, die sich im Fortgang der Forschung bewährt hat, freilich schon von Johann Salomo Semler durch die Hinzufügung einer dritten Textfamilie (westlicher Text) ergänzt werden mußte. Auch konnte Bengel die überkommenen Regeln der Textkritik schlüssig auf eine einzige reduzieren: Proclivi scriptioni praestat ardua (der eingängigeren Lesart ist die schwierigere vorzuziehen). In der Form „lectio difficilior potior" gilt sie noch in der textkritischen Forschung der Gegenwart. Der um die Feststellung eines zuverlässigen, der Offenbarung möglichst nahekommenden Textes besorgte pietistische Bibelforscher, der an der Verbalinspirationslehre zeitlebens festgehalten hat, wurde der *Vater der modernen Textkritik.*

Bibelübersetzung. Der Feststellung eines zuverlässigen griechischen Textes des Neuen Testaments sollte eine neue Übersetzung in die deutsche Sprache zur Seite gehen. Seine nach dem „revidierten Grundtext" vorgenommene Übersetzung, die nicht an die Stelle der

Lutherübersetzung treten sollte, sondern neben sie, hat Bengel erst kurz vor seinem Tod zum Druck gegeben. Die vielen seit August Hermann Franckes „Observationes biblicae“ im Pietismus hochschießenden neuen Übersetzungen[15] und die darüber entstandenen Wirren und Streitigkeiten hielten ihn vor der Veröffentlichung zurück. Bengels Übersetzung des Neuen Testaments erschien postum 1753, ohne größere Beachtung und Verbreitung zu finden.

Der Gnomon. Ursprünglich plante Bengel, der Textedition eine kontinuierliche Auslegung des Neuen Testaments beizufügen. Der Plan verselbständigte sich und kam zur Ausführung im *„Gnomon Novi Testamenti“* (Tübingen 1742). Bei Bengels Gnomon (= Zeiger, Fingerzeig) handelt es sich um eine versweise neue Übersetzung und folgende Erklärung sämtlicher neutestamentlicher Bücher in lateinischer Sprache. Sorgsame philologische Beobachtungen am Bibeltext und die Anwendung der Konkordanzmethode verbinden sich mit klarem historischen und theologischen Urteil und knappen praktisch-erbaulichen Anwendungen. Trotz aller zettelkastenartigen Formlosigkeit bildet Bengels Gnomon ein Kommentarwerk von imponierender innerer Geschlossenheit. Man muß den „Gnomon“ mit dem in barocke Weitschweifigkeit ausufernden deutschsprachigen Bibelwerk des hallischen Pietismus, mit Joachim Langes „Himmlisches Licht und Recht“ (8 Bde., 1726–1738) vergleichen, um zu verstehen, warum sich der Gnomon über Generationen hinweg bei der Predigtvorbereitung protestantischer Pfarrer bewährt hat. Häufig neu aufgelegt, von John Wesley schon im 18. Jahrhundert ins Englische übersetzt und für ein englisches Bibelwerk ausgewertet, seit dem 19. Jahrhundert auch in deutscher Übersetzung verbreitet, ist Bengels „Gnomon“ mit seiner „glücklichen Verbindung von Frömmigkeit und Wissenschaftlichkeit“ (M. Brecht) das klassische theologische Werk des württembergischen Pietismus geworden.

---

15 U.a. J.H. Reitz, Übersetzung des Neuen Testaments, Offenbach a.M. 1703 u.ö. (aufgenommen in die Biblia Pentapla, Wandsbek 1710f); Johann Reinhard Hedinger, Neues Testament Stuttgart 1704; Henrich Horche, Mystische und Profetische Bibel, Marburg 1712; Berleburger Bibel 1726ff; J. Kayser, Das Neue Testament nach dem Buchstaben und buchstäblichen Verstand des Grund-Textes übersezzet, 1735f; Zinzendorf, Abermaliger Versuch zur Übersetzung des Neuen Testaments, Büdingen 1739.

Bengel und die Johannesoffenbarung

Keinem anderen biblischen Buch hat Bengel ähnliche Aufmerksamkeit und Fleiß gewidmet wie der Johannesoffenbarung. Er sah in ihr das wichtigste biblische Buch. Hier sprachen nicht die Propheten und Apostel, sondern der erhöhte Herr selbst. Auch wenn die Johannesoffenbarung nicht, wie die Evangelien und Paulusbriefe, die allen Menschen notwendige Erkenntnis des *Heils* enthielt, so doch die Erkenntnis der *Heilsgeschichte,* die Gott seinen vertrauten Kindern mitteilen wollte, um sie in den Wirren der Endzeit im Glauben festzumachen.

Anfangs näherte sich Bengel – vermutlich wegen der schlechten Textüberlieferung – der Johannesoffenbarung nur sehr zögernd. In Halle hatte er Paul Antons Auslegung von Kap. 13–16 gehört, sich nachträglich eine vollständige Abschrift der Apokalypsevorlesung Antons beschafft. Von Joseph Mede's „Clavis apocalyptica" (1627), dem Grundbuch des englischen Millenarismus des 17. Jahrhunderts, legte er sich 1718 eine Abschrift an.[16] Den Zugang zur Johannesoffenbarung öffnete ihm eine exegetische Entdeckung, die er 1724 machte. Bengel hat später von dieser Entdeckung in Worten gesprochen, die an Luthers Bericht von der Entdeckung der Glaubensgerechtigkeit erinnern.

Bengel machte die Entdeckung bei der Vorbereitung auf eine Predigt zum 2. Advent, an dem in der lutherischen Kirche traditionell über das Jüngste Gericht gepredigt wird. Ausgehend vom 21. Kapitel der Johannesoffenbarung, dem vom himmlischen Jerusalem handelnden Ewigkeitskapitel, verglich er die dort genannten Zahlen mit den Zahlen in Kapitel 13, das in der lutherischen Schriftauslegung auf das antichristliche Papsttum gedeutet wird. Dabei suchte er der Aufforderung „Wer Verstand hat, der überlege die Zahl des Tieres" (Apk 13,18) nachzukommen. Entgegen der im Pietismus verbreiteten, von der Kabbala angeregten Suche nach tieferer Bedeutung der biblischen Zahlen nahm Bengel die Zahl 666 im wörtlichen Sinn für Kalenderjahre, die die Dauer der Herrschaft des Papsttums anzeigen würden. Ihre Gleichsetzung mit den 42 Monaten von Apk 13,5, die ebenfalls die Dauer der Herrschaft des Tieres angeben, brachte ihn auf die Zahl

16 Bengels Manuskript ist vorhanden im Evangelischen Stift, Tübingen.

von $15^5/_7$ Jahren für einen prophetischen Monat. Mit Hilfe dieses *„apokalyptischen Schlüssels“* berechnete Bengel zunächst die 666 Jahre der Dauer der Herrschaft des Papsttums auf die Zeit von 1143 bis 1809. Er teilte diese Entdeckung alsbald seinem Lieblingsschüler Jeremias Friedrich Reuß mit: „Unter dem Beistand des Herrn habe ich die Zahl des Tieres gefunden.“ In der Folge machte er sich daran, mit Hilfe dieses „apokalyptischen Schlüssels“ auch die übrigen Zeitbestimmungen der Bibel zu errechnen. Allmählich erstand das Gerüst einer *biblischen Chronologie.* Zunächst vom Kommen Christi bis zum Weltende reichend, später, unter Einschluß alttestamentlicher Prophezeiungen hauptsächlich aus dem Buche Daniel, zu einer universalen Chronologie von der Erschaffung der Welt bis zum Jüngsten Tag ausgeweitet. In wiederholten Anläufen, unter mancherlei Retraktationen, berechnete Bengel sämtliche Daten der Heilsgeschichte von der Schöpfung bis zum Jüngsten Tag. In das Jahr 1836 und zwar auf den 18. Juni 1836 datierte er den Beginn der Tausend Jahre von Apk 20,2. Für unfehlbar gab er seine Entdeckung nicht aus: „Sollte das Jahr 1836 ohne merkliche Änderung verstreichen, so wäre freilich ein Hauptfehler in meinem System und man müßte eine Überlegung anstellen, wo er stecke.“ Bei aller Nüchternheit, durch die sich Bengel von anderen pietistischen Bibelauslegern unterschied, war er sich seiner Rolle als von Gott gebrauchtes Werkzeug zur Entschlüsselung der biblischen Geheimnisse wohl bewußt. Daß er der in Apk 14,9 geweissagte Engel sei, hat er selbst nie behauptet, die Vermutung jedoch nahegelegt und, als sie von seinen Anhängern ausgesprochen wurde, dem nicht widersprochen.[17]

Seit 1727 hat Bengel in einer Reihe von Aufsätzen über die Johannesoffenbarung und die biblische Zeitrechung seine apokalyptische Entdeckung vorgestellt und ausgewertet. Nach der zusammenhängenden Auslegung der Johannesoffenbarung im „Gnomon“ gab er am Ende der Denkendorfer Zeit einen ausführlichen deutschsprachigen Kommentar heraus: „Erklärte Offenbarung Johannis oder[18] vielmehr Jesu Christi durch die prophetischen Zahlen aufgeschlossen“ (Stuttgart 1740). Einige Jahre später schob er noch eine zweite Ausle-

17 Vgl. J.CHR.F. BURK, Dr. Johann Albrecht Bengel's Leben und Wirken meist nach handschriftlichen Materialien, Stuttgart ²1832, 502f.

18 In der Erstauflage „und“.

gung nach: „Sechzig erbauliche Reden über die Offenbarung Johannis oder vielmehr Jesu Christi" (Stuttgart 1747), erwachsen aus Erbauungsstunden in Herbrechtingen und angereichert durch Auseinandersetzungen mit abweichenden Auslegungen. Dazu kamen *chronologische Schriften:* der „Ordo temporum" (1741), eine Chronologie der gesamten Heilsgeschichte; der „Cyclus" (1745), eine Ausweitung der heilsgeschichtlichen zur kosmologischen Chronologie aufgrund der Berechnung der Umlaufzeiten der Gestirne; schließlich die „Welt-Alter" (1746), eine Apologie der heilsgeschichtlichen Chronologie gegen deren Bekämpfer.

Die Eigenart von Bengels Apokalypseauslegung liegt nicht in ihrem Chiliasmus, sondern in der konsequenten Anwendung der *heilsgeschichtlichen Methode,* mit der die Visionen der Johannesoffenbarung auf Vergangenheit, Gegenwart und unmittelbare Zukunft ausgelegt werden. Bengels „apokalyptische Entdeckung" hatte mit dem 20. Kapitel der Johannesoffenbarung, der Magna Charta des pietistischen Chiliasmus, unmittelbar nichts zu tun. Keinem Ausleger der Johannesoffenbarung hat sich Bengel so verwandt gefühlt wie *Luther,* in dessen Randglosse zu Apk 13,18 er seine Entdeckung nachträglich bestätigt fand. Entgegen der im Pietismus vordringenden *endgeschichtlichen* Auslegung der Johannesoffenbarung lenkte Bengel zu Luthers *kirchengeschichtlicher* Auslegung zurück und befolgte Luthers methodische Anweisung, die Visionen der Offenbarung mit der *vergangenen* Geschichte zu vergleichen. In den größten Partien liest sich Bengels Auslegung der Johannesoffenbarung wie ein historisches Kompendium. Über die traditionell lutherische Auslegung ging Bengel nur hinaus, indem er das Kapitel 20 mit Spener auf die Zukunft deutete, sodann, indem er von der Hoffnung auf *Judenbekehrung* her den kirchengeschichtlichen Rahmen der traditionellen Auslegung so erweiterte, daß auch die Geschichte des Judentums einbezogen wird. Bengel verfolgt die Erfüllung göttlicher Weissagungen in der Geschichte von Christen und Juden, weist auf die gegenwärtig und in naher Zukunft drohenden Gefahren hin, gibt aber nur schmale Ausblicke in die weitere Zukunft.

Den *pietistischen Chiliasmus,* dem er exegetisch sein Recht gab, hat er erheblich *korrigiert* und *relativiert.* Zunächst dadurch, daß der Anbruch der Tausend Jahre, von zeitgenössischen Pietisten durchweg in naher Zukunft erwartet, von Bengel ins nächste Jahrhundert verlegt wird, auf einen außerhalb der Lebenszeit seiner Zeitgenossen liegenden Termin. Sodann hat Bengel aus der mehrmaligen Erwähnung von tausend Jahren in Johannesoffenbarung Kapitel 20 auf zwei unterschiedliche, aufeinanderfolgende Jahrtausende geschlossen, so daß man zu Recht von einem Bengelschen *Dichiliasmus* redet. Diese Doppelung des „Millenniums" bedeutet nicht Steigerung, sondern Relativierung chiliastischer Hoffnung. Die von Spener erwarteten besseren Zeiten für die Kirche vor dem Jüngsten Tag werden von Bengel auf die ersten tausend Jahre eingeschränkt, wogegen für die zweiten tausend Jahre nur ein Herrschen Christi mit seinen Gerechten im Himmel angenommen wird, auf Erden aber ein nochmaliges Losbinden des Satans. Bengel setzt damit die altlutherische Anschauung von den „bösen letzten Zeiten" wieder ins Recht. Im Streit um die Auslegung von Lk 18,8 hat er der lutherischen Orthodoxie gegen Spener exegetisch Recht gegeben. Bengel kritisierte auch die im Pietismus aufgekommene Rede von einer zweifachen Wiederkunft Christi, einer ersten zur Aufrichtung des Tausendjährigen Reiches und einer zweiten zum Jüngsten Gericht. „Es gibt in der Tat nur *eine* herrliche Zukunft Christi, am Jüngsten Tag" (Gnomon zu Apk 19,11). Für den von ihm berechneten Millenniumsbeginn am 18. Juni 1836 erwartete Bengel eine besonders kräftige *Erscheinung* der Macht und Majestät Christi, ein Vorspiel seiner Wiederkunft zum Jüngsten Gericht, keine sichtbare Wiederkunft in Person. Mit Bedacht vermied er die Rede von einem „Tausendjährigen Reich Christi auf Erden", sprach stattdessen nur von den „tausend Jahren". Die zweite Vaterunserbitte „dein Reich komme" bezog er nicht, wie im radikalen Pietismus, auf ein künftiges, sondern mit Luther auf das mit Christus bereits gekommene Reich. So steht Bengels Apokalypseauslegung in einer eigentümlichen Zwischenstellung zwischen Orthodoxie und Pietismus. Der rechte Flügel seiner Schüler (Johann Christian Storr, Magnus Friedrich Roos) konnte wieder auf die Positionen der antichiliastischen Orthodoxie zurückgehen, ohne im übrigen Bengels heilsgeschichtliche Auslegung preiszugeben. Es ist Friedrich Christoph Oetinger gewesen, der Bengels heilsgeschichtliche Chronologie für eine pietistische Reich-Gottes-Erwartung, für die Hoffnung auf eine „Güldene Zeit" in Anspruch genommen hat.

3. Friedrich Christoph Oetinger und der spekulative Pietismus

AUBERLEN, Carl August: Die Theosophie Friedrich Christoph Oetingers nach ihren Grundzügen, (Tübingen 1847) Basel [2]1859. – BENZ, Ernst: Die christliche Kabbala, Zürich 1958. – BRECHT, Martin: Friedrich Christoph Oetinger 1702–1782, BWKG 82 (1982), 237–253. – BREYMAYER, Reinhard: Art. „Oetinger, Frédéric-Christophe", in: DSp 11 (1982), 682–685. – EHMANN, Karl Christian Eberhard: Friedrich Christoph Oetingers Leben und Briefe, als urkundlicher Commentar zu dessen Schriften, Stuttgart 1859. – FULLENWIDER, Henry F.: Friedrich Christoph Oetinger. Wirkungen auf Literatur und Philosophie seiner Zeit, Göppingen 1975. – GADAMER, Hans-Georg: Einleitung zum Neudruck von Fr.Chr. Oetinger: Inquisitio in sensum communem et rationem, Stuttgart-Bad Cannstatt 1964. – GAIER, Ulrich: Nachwirkungen Oetingers in Goethes „Faust", PuN 10 (1984), 90–123. – GROSSMANN, Sigrid: Friedrich Christoph Oetingers Gottesvorstellung, Göttingen 1979. – GROTH, Friedhelm: Die „Wiederbringung aller Dinge" im württembergischen Pietismus, Göttingen 1984 (zu Oetinger 89–146). – GUTEKUNST, Eberhard/ZWINK, Eberhard: Zum Himmelreich gelehrt. Friedrich Christoph Oetinger 1702–1782 (Ausstellungskatalog Württemb. Landesbibliothek), Stuttgart 1982. – HAUCK, Wilhelm-Albert: Das Geheimnis des Lebens. Naturanschauung und Gottesauffassung Friedrich Christoph Oetingers, Heidelberg 1947. – PIEPMEIER, Rainer: Aporien des Lebensbegriffs seit Oetinger, Freiburg i.Br./München 1978. – DERS.: Theologie des Lebens und Neuzeitprozesse: Fr.Chr. Oetinger, PuN 5 (1979), 184–217. – DERS.: Friedrich Christoph Oetinger, in: Orthodoxie und Pietismus (Gestalten der Kirchengeschichte 7, hg.v. M. Greschat), Stuttgart 1982, 373–390. – DERS.: Friedrich Christoph Oetinger – Distanz und Gegenwärtigkeit, PuN 10 (1984), 9–21. – ROESSLE, Julius: Friedrich Christoph Oetinger, der Theosoph des Schwabenlandes, Metzingen [3]1981. – SPINDLER, Guntram: Oetinger und die Erkenntnislehre der Schulphilosophie des 18. Jahrhunderts, PuN 10 (1984), 22–65. – DERS.: Friedrich Christoph Oetinger, in: Lebensbilder aus Schwaben und Franken, Bd. 16, Stuttgart 1986, 38–72. – WEYER- MENKHOFF, Martin: Christus, das Heil der Natur. Entstehung und Systematik der Theologie Friedrich Christoph Oetingers, Göttingen 1990.

Friedrich Christoph Oetinger (1702–1782), nach Johann Albrecht Bengel der bedeutendste Theologe des württembergischen Pietismus, gehört zu den eigenartigsten und faszinierendsten Gestalten des Pietismus. Mit Bengel zwischen Frömmigkeit und Gelehrsamkeit keinen

Gegensatz mehr kennend, geht Oetinger in seinem grenzenlosen Streben nach Wahrheit und Erkenntnis weit über Bengel hinaus. Bengel war Theologe der Heiligen Schrift. Oetingers System ist kein bloß theologisches, sondern ein *theosophisches* System. Auf Bengels heilsgeschichtlichem System fußend, nimmt Oetinger das Buch der Natur gleichwertig hinzu, überwindet das diskursive Denken durch die geheimnisvolle Wesensschau Jakob Böhmes und der Kabbala und erstrebt eine aus biblischem Geist gewonnene, Geschichte und Natur übergreifende *Ganzheitsschau* der Wirklichkeit. Was in den pietistischen Anfängen, in Arndts Entwurf seiner „Vier Bücher vom Wahren Christentum", im Ansatz aufschien, was dann durch die Dominanz des Ethischen im Spenerschen Pietismus wieder zurückgedrängt wurde, der Zug zur ganzheitlichen Erfassung der Wirklichkeit vom Begriff des „Lebens" her, das tritt am Ende des Pietismus bei Oetinger wieder auf den Plan.

Oetingers *äußerer Lebensweg* ähnelt demjenigen Bengels: ein Theologiestudium im Tübinger Stift von außergewöhnlicher Dauer, das normalerweise zu einem akademischen Lehramt hätte führen müssen; der Ausbruch aus der Enge Württembergs durch die akademische Bildungsreise – bei Oetinger drei Reisen; schließlich der Eintritt ins kirchliche Amt, das über Jahrzehnte pflichttreu und unauffällig versehen wird; am Ende des Lebens die Berufung in kirchenleitende Stellungen und in die württembergische Landschaft (Landtag).

Doch Oetingers *innere Entwicklung* – von ihm selbst in der „Genealogie der reellen Gedanken eines Gottesgelehrten"[19] beschrieben – zeigt mit ihren extremen Spannungen und Schwankungen wenig Ähnlichkeit mit der gradlinigen Entwicklung Bengels. In Göppingen 1702 als Sohn eines Stadtschreibers geboren, in seiner Jugend unter strenger Erziehung, Prügelstrafe und ständigem Zwang zum Auswendiglernen leidend, ist dem jungen Oetinger pietistischer Geist erstmals auf den Klosterschulen begegnet. Zuerst in Blaubeuren, wo ihn August Hermann Francke bei seinem württembergischen Besuch 1717 mit seinen Ansprachen und Predigten „tief gerührt" hat, dann in Bebenhausen, wo ihm der alte Prälat Johann Andreas Hochstetter

19 Postum herausgegeben von J. HAMBERGER, Stuttgart 1845 (Neudruck Metzingen 1961).

nahe kam. Unter dem Einfluß Hochstetters erlebte der vielseitig interessierte, allen Wissensstoff gierig in sich hineinschlingende Oetinger durch Gebetserhörung eine „Erweckung", die ihm weltliches Leben und zeitweilig alle Gelehrsamkeit verleidete, ihm vor allem die Gewißheit gab, Theologe zu werden. Früh kam Oetinger mit dem radikalen Pietismus in Berührung. Ein knappes Jahr stand er im Banne der *Inspirierten,* deren verfolgte Gemeinden ihm der Urgemeinde näher zu stehen schienen als die sie verfolgende Amtskirche. Oetinger löste sich aus dieser Verstrickung, da ihm die „neuen Propheten", deren Selbstverständnis er aus Johann Friedrich Rocks „Geist der wahren Inspiration" (1719) erhob, einer Prüfung an der Heiligen Schrift und dem, was dort über die Propheten zu lesen war, nicht standhielten. Erfahrungen des Lebens an der Bibel auf ihren Wahrheitsgehalt überprüfen – dieser methodische Grundzug seines Denkens ist früh bei Oetinger erkennbar.

Als Tübinger Student warf sich Oetinger nun doch auf die zunächst für unnötig gehaltene *Philosophie.* Unter der Anleitung von Georg Bernhard Bilfinger eignete er sich das System des Nicolas Malebranche an, eine die cartesianische Unterscheidung von Geist und Materie variierende, stark von Augustin beeinflußte idealistische Philosophie. Er studierte auch die Monadologie von Leibniz und die neue Metaphysik von Christian Wolff. Sein auf Malebranche gebautes philosophisches System und sein metaphysischer Gottesbegriff zerbrachen ihm, als er, vermittelt durch den Tübinger Pulvermüller Johann Kaspar Obenberger, das Schrifttum *Jakob Böhmes* kennenlernte. Die Begegnung mit Jakob Böhme wurde schicksalhaft für Oetinger. Oetinger lernte, Gott nicht als jenseitiges, über der Welt schwebendes Wesen zu denken, sondern als in der Welt wirkende schöpferische Lebenskraft. Ihm wurde klar, daß Böhmes Reden von Gott der biblischen Rede von Gott viel gemäßer war als der transzendente Gottesbegriff der zeitgenössischen idealistischen Philosophie. Oetinger hat seitdem mit dem System Malebranches radikal gebrochen, auch die Philosophie von Leibniz und Christian Wolff als dem biblischen Gottesverständnis unangemessen abgelehnt. Bis ans Ende seines Lebens ist er Jakob Böhme für die Anleitung zur „lebendigen Erkenntnis" Gottes dankbar gewesen. Erst in seinen letzten Lebensjahren hat Oetinger in manchem „die Theologie dieses Mannes ins Reine" bringen wollen.

Nach dem Jakob-Böhme-Erlebnis wandte sich Oetinger einer Aufgabe zu, die bereits Philipp Jakob Spener als Desiderat formuliert hatte, ohne sie selbst lösen zu können: *die dem Reden der Propheten und Apostel zugrunde liegenden Begriffe* aufzufinden, um die die biblische Offenbarung verstellende aristotelische Metaphysik durch eine *„Philosophia sacra"* zu ersetzen. Um die Grundbegriffe der Apostel zu finden, studierte Oetinger jahrelang die *Kirchenväter,* vom Hirt des Hermas über Origenes bis zu Augustin, ihre Schreibweise einerseits mit der heutigen Redeweise, andererseits mit der der Propheten, Apostel und Jesu vergleichend. Dabei kam er – Harnacks dogmengeschichtliches Konzept antizipierend – zu der Erkenntnis, daß die biblischen Grundbegriffe zusehends von der Philosophie der Griechen verderbt worden waren. Sodann warf er sich, um die der Bibel zugrundeliegende „Philosophia sacra" unmittelbar zu erkennen, auf das Studium der *rabbinischen Schriften* und der *Kabbala.* Er begab sich nach Frankfurt a.M. zu Christian Fende, dem kabbalistisch beeinflußten Schüler von Johann Jakob Schütz. Von der Tochter von Schütz erhielt er die „Kabbala denudata" Christian Knorr von Rosenroths zum Geschenk. Im Frankfurter Getto nahm er Unterricht bei dem gelehrten Kabbalisten Coppel Hecht. Dieser zeigte ihm die Übereinstimmung Jakob Böhmes mit der Kabbala, wies ihn auch auf die jüdische Denk- und Schreibart des Apostels Paulus hin, die ein Christ wohl kaum ganz verstehen könne.

Derart in seinem Suchen nach den Begriffen Jesu und der Apostel bestärkt, versuchte Oetinger für sein Projekt einer *„Philosophia sacra"* im Pietismus Anhang zu finden. Bei den Separatisten in Berleburg wurde er jedoch von den Streitereien um die Lehre Johann Konrad Dippels, in Schwarzenau von der Schwärmerei des Herrn von Marsay für die Mystik der Frau von Guyon abgeschreckt. Obwohl selbst zum Separatismus neigend, trat er zu den westdeutschen Separatistenzentren in keine nähere Verbindung. Als er in der Jenaer Gemeinde der Erweckten vortrug, wie wenig philosophische Begriffe zum Verständnis der Bibel beitragen und wie nötig die Erkenntnis der Grundbegriffe der Apostel sei, erntete er nur Kopfschütteln und fand einzig bei August Gottlieb Spangenberg Verständnis. In Halle/Saale, wo er Vorlesungen über die „Philosophia sacra" aus der Heiligen Schrift, hauptsächlich aus den Sprüchen Salomos hielt, konnte er sich neben dem jungen Siegmund Jakob Baumgarten, der soeben ein neues Bündnis zwischen Theologie und Wolffscher Philosophie schloß, nicht behaupten. Endlich wandte er sich nach Herrnhut zu Zinzendorf. Zwar mußte er feststellen, daß die Herrnhuter Gemeine mehr auf den Liedern des Grafen als auf der Heiligen Schrift stand. Doch fanden Zinzendorf und Oetinger aneinander Gefallen. Oetinger blieb in Herrnhut und verfaßte hier seine erste Schrift „Aufmunternde Gründe zur Lesung der Schriften Jakob Böhmes" (1731).

Oetinger ist *Zinzendorf* über Jahre hinaus eng verbunden geblieben. Als Zinzendorf 1733 nach Württemberg kam, vermittelte Oetinger, inzwischen wieder Repetent im Tübinger Stift, das Treffen mit Johann Albrecht Bengel, in dessen Schülerkreis er durch Vermittlung von Jeremias Friedrich Reuß getreten war, begleitete auch den Grafen nach Denkendorf. Auf einer zweiten Studienreise wieder in Herrnhut, erteilte Oetinger Zinzendorf Unterricht in Griechisch und Hebräisch, wirkte mit bei der Übersetzung des Neuen Testaments und schrieb eine Apologie des Herrnhuter Gesangbuchs gegen einen orthodoxen Zittauer Prediger. Bald merkte er jedoch, daß ihre Interessen in völlig verschiedene Richtungen auseinander liefen. „Der Herr Graf hatte einen Plan, die halbe Welt Christus zu unterwerfen, und darauf war er viel zu sehr aus, als daß ihn die Heilige Schrift in ‚mäßiger' Erkenntnis aus seiner Plänemacherei hätte herausführen können."[20] Enttäuscht verließ er Herrnhut. Zinzendorf suchte ihn vergeblich zu erneuter Rückkehr zu bewegen: „Wir wollen mehr Respect vor Ihrem Charisma der Schriftauslegung haben, haben Sie mehr Respect vor unsern Gaben der Gemeinschaft."[21] Oetinger hat sich später in mehreren Schriften kritisch mit Zinzendorf auseinander gesetzt. Gegen Zinzendorfs Zerstückelung der Bibel in einzelne Sprüche hat er mit Bengel die Ganzheit der Heiligen Schrift betont und die Notwendigkeit, sie im Zusammenhang zu verstehen.[22]

Jahrelanges Herumreisen, das ihn bis zu den Gichtelianern nach Amsterdam führte, endete in der ernüchternden Erkenntnis, daß es für sein Projekt einer „Philosophia sacra" nirgendwo Interesse gab. Unsicher, ob er sich je auf den Kirchendienst einlassen könnte, wandte sich Oetinger dem Studium der Medizin zu, zuerst in Leipzig und

---

20 F.CHR. OETINGER, Selbstbiographie, Metzingen 1961, 66.

21 Zinzendorf am 13. August 1735 an Oetinger.

22 F.CHR. OETINGER, Etwas Gantzes vom Evangelio, Tübingen 1739.

Halle, dann bei dem zu den Inspirierten gehörenden Dr. Johann Philipp Kämpf in Bad Homburg, einem zweifelhaften, der Scharlatanerie verdächtigen Heilpraktiker, der sich anheischig machte, auch Tote sechs Stunden nach ihrem Ableben wieder lebendig zu machen. Dem Stuttgarter Konsistorium, dem er längst verdächtig war, überließ er die Entscheidung über seine Zukunft. Als man ihn ohne Antwort ließ, entschloß er sich doch zum *Pfarramt.* Er heiratete 1738 und nahm die kleine Pfarrei *Hirsau* im Schwarzwald an.

Seitdem verläuft Oetingers Leben in den geordneten Bahnen eines württembergischen Pfarrers. Sonntag für Sonntag bestieg er die Kanzel, hielt regelmäßig katechetische Übungen, Kinderlehre, nahm an Erbauungsversammlungen teil. Seine Predigten, teilweise bereits von ihm selbst zum Druck gegeben, bemühen sich um Anschaulichkeit und Verständlichkeit, überfordern jedoch die Fassungskraft der Predigthörer. Von der Pfarrei Schnaitheim bei Heidenheim, die ihn für einige Jahre in die Nähe Bengels brachte, ging er 1746 nach Walddorf, wurde 1752 Dekan in Weinsberg, 1759 Dekan in Herrenberg, schließlich 1765 Prälat in Murrhardt. Hier starb er 1782, nachdem er bereits die letzten Jahre in geistigem Dämmerzustand verbracht hatte. Die Kanzel hatte er zuletzt Ostern 1778 betreten.

Mit den unruhigen Wanderjahren und dem Eintritt ins kirchliche Amt war Oetingers geistige Entwicklung nicht abgeschlossen. Sein Streben nach einer „Philosophia sacra“ hat er weiterverfolgt, nun aber unter stärkerer Einbeziehung der Naturwissenschaften. In Walddorf begann Oetinger, sich ein chemisches Laboratorium einzurichten und zu experimentieren. Die von Westeuropa vordringende mechanistische Naturwissenschaft ablehnend, suchte er Anschluß an die Tradition der Alchemie, beschaffte sich die Schriften von Paracelsus, Johann Baptist van Helmont, aber auch von Isaac Newton, dessen die Theologie respektierender Naturlehre er vor der Leibnizschen Philosophie den Vorzug gab. Begierig sammelte er alle Nachrichten über naturwissenschaftliche Experimente und Entdeckungen, bis hin zu Magnetismus und Elektrizität. „Die Chemie und die Theologie sind bei mir nicht zwei, sondern ein Ding.“

Oetingers Streben nach dem „Ganzen“ der Wirklichkeit führte schließlich über die Natur hinaus ins Übernatürliche. In Hirsau war Oetinger mit dem Schulrektor Schill bekannt geworden, einem Anhänger der Allversöhnungslehre der Jane Leade und der damit verbundenen Anschauung vom „mittleren Reich", dem jenseitigen Geisterreich. Schill behauptete, mit den Geistern der Verstorbenen in Umgang zu stehen und von ihnen Näheres über den keineswegs glücklichen Zustand im Geisterreich zu hören. Viele Jahre später, in Herrenberg während einer schweren Krankheit dem Tode nahe, fand Oetinger die Berichte Schills in den „Arcana Coelestia" des Emanuel Swedenborg beglaubigt. Nun machte er sich, von Freunden unterstützt, an eine Übersetzung Swedenborgs und an eine Herausgabe der „historischen Nachrichten aus dem Geisterreich". Erweitert durch ähnliche Zeugnisse anderer, gab er heraus: „Swedenborgs und anderer irdische und himmlische Philosophie, zur Prüfung des Besten ans Licht gestellt von Friedrich Christoph Oetinger" (1765). Auch trat er mit Swedenborg in Briefwechsel. Doch nach anfänglicher Faszination kam es zum Bruch. Zunächst überzeugt, in Swedenborg einen Bundesgenossen im Kampf gegen die Aufklärung gefunden zu haben, erkannte Oetinger zusehends in Swedenborgs spiritualistischer, „metaphorisch-hieroglyphischer" Schriftauslegung nur eine Variante des von ihm bekämpften aufklärerischen Rationalismus. Oetinger hat schließlich in mehreren Schriften Swedenborg bekämpft, ohne doch das Odium loswerden zu können, den durch Immanuel Kant („Träume eines Geistersehers" 1766) öffentlich der Lächerlichkeit preisgegebenen Okkultisten in Deutschland erst bekannt gemacht zu haben.

Oetingers durch die Aufnahme fremder Texte häufig unförmige, durch die Sprunghaftigkeit der Gedanken schwer verständliche Schriften lassen auf den ersten Blick eine eindeutige Interessenrichtung, wie sie Bengel in seinen bibeltheologischen Hauptwerken zeigt, nicht erkennen. Oetinger beschäftigt sich mit fast allen Wissensgebieten seiner Zeit, mit Vorliebe solchen, die durch die Aufklärung des 18. Jahrhunderts an den Rand gedrängt wurden, der Alchemie, der Emblematik, der Physiognomik, der Rhetorik, der Kabbala. Der kabbalistischen „Lehrtafel der Prinzessin Antonia" in Bad Teinach hat er eine tiefgründige Auslegung gewidmet.[23] Für den Schüler Bengels behält die Bibel den Rang als maßgebende Offenbarungsurkunde. Ein Großteil seiner Bücher, nicht nur die Predigtbände, ist der Auslegung der Heiligen Schrift gewidmet, wobei gegenüber Bengel auch das Alte Testament, besonders der Psalter und der Prediger Salomos, zur

23 Kritische Edition, hg.v. R. Breymayer/F. Häussermann, 1977.

Geltung kommt. Aber die Bibel ist ihm nicht einzige Quelle religiöser Erkenntnis. Neben sie tritt als eigenständige Erkenntnisquelle das Buch der Natur, das, der verderbten Vernunft nur undeutlich erkennbar, von den Wiedergeborenen deutlich gelesen werden kann. Die von Bengel auf die Schriftauslegung bezogene Anschauung von der progressiven Erkenntnis der göttlichen Offenbarung im Laufe der Geschichte wird von Oetinger auf das Buch der Natur angewandt. Oetinger sammelt die Bezeugungen natürlicher Gotteserkenntnis aus den verdrängten Randströmungen der Neuzeit (J. Böhme, Kabbala, Alchemie u.a.) zur Vorbereitung auf jene vollkommene Erkenntnis, die für das Ende der Zeiten geweissagt ist, beginnend mit der „Güldenen Zeit", deren Anbruch Oetinger mit Bengel für das Jahr 1836 erwartet.

Seit dem schicksalhaften Jakob-Böhme-Erlebnis seiner Tübinger Studienjahre ist Oetinger immer mehr in einen Gegensatz zur Philosophie und Theologie seiner Zeit geraten, nicht nur zur westeuropäischen Aufklärung und ihrer häufig mechanistischen Naturwissenschaft, sondern besonders zu der von Leibniz und Christian Wolff bestimmten deutschen philosophischen und theologischen Aufklärung. Dabei ist er in der Absicht, das Ganze der Welt aus Grundbegriffen zu erkennen, der Aufklärungsphilosophie durchaus verhaftet geblieben. Was ihm seit der Begegnung mit Böhme zerbrach, war der Glaube an die Vernunft und das Vermögen des Menschen, mittels des diskursiven Denkens Gott und die Natur zu erkennen. Die Vernunft erreicht nur Schattenbilder, ihr von einem zum anderen fortschreitendes Erkennen ist Stückwerk; dem Verstehen der Bibel sind die Vernunftbegriffe eher hinderlich, als förderlich. Oetinger hat der intuitiven Erkenntnis den Vorzug vor dem diskursiven Denken gegeben. In der *„Zentralschau"* wie sie Jakob Böhme widerfuhr und nach ihm Johann Baptist van Helmont und der Mystikerin Marie de Sainte Therese, erblickte er das einzige Mittel, Gott und die Natur im Innersten zu erkennen. Überzeugt von dem „unendlichen Unterschied der Zentralerkenntnis von dem Stückwerk der Vernunft"[24] hat Oetinger nach Menschen Ausschau gehalten, die zu seiner Zeit diese Gabe besaßen, z.B. ein Bauer bei Erfurt, den er deshalb aufsuchte. Er selbst besaß die Gabe der Zentralschau nicht; im württembergischen Pietismus hat

24 F.Chr. Oetinger, Abriß der Evangelischen Ordnung zur Wiedergeburt, 1735, 32.

nach ihm der Bauer Michael Hahn (1758–1819) die Zentralschau gehabt, der mit seinem theosophischen Biblizismus in Oetingers Spuren wandelnde Begründer der „Hahnschen Gemeinschaft". In der Zeit seines pfarramtlichen Wirkens traten die Reflexionen über die „Zentralschau" zurück hinter der Beschäftigung mit dem *„Sensus communis"* einem niederen Grad intuitiver Erkenntnis. Oetinger verstand unter dem „Sensus communis" das allgemeine Wahrheitsgefühl, ein allem Begreifen der Vernunft vorausgehendes rezeptives Wahrnehmen der Dinge, das eher beim einfachen Mann als beim Gebildeten begegnet („Weisheit auf der Gasse"). Oetinger schrieb dem „Sensus communis" keine vollkommene Gotteserkenntnis zu, wohl aber hielt er ihn für eine notwendige Bedingung lebendiger Gotteserkenntnis aus der Heiligen Schrift. Allein der „Sensus communis" ist das Organ, mit dem wahrgenommen und empfunden wird, was „Leben" ist.

Im „Leben" hat Oetingers spekulativer Pietismus seine Gott und Welt verbindende Grundidee („Theologia ex idea vitae deducta", 1765). Von der Idee des Lebens her bekämpfte er die cartesianische Aufspaltung der Wirklichkeit in geistiges und körperliches Sein, auch die Monadenlehre von Leibniz und den Idealismus Christian Wolffs. „Ich will die Leibnizsche Philosophie passieren lassen, wenn ich ihr den Kopf abgehauen und die Idee vom Leben aufgesetzt." Oetinger hat sich gegen Ende seines Lebens immer heftiger gegen den Rationalismus und leibfeindlichen Idealismus der von der Wolffschen Philosophie abhängigen protestantisch-norddeutschen Aufklärungstheologie gewandt. Gegen Abraham Tellers „Wörterbuch des Neuen Testaments" (1773) schrieb Oetinger ein „Biblisches und Emblematisches Wörterbuch" (1776). Der Berliner Aufklärungstheologie und ihrer Idee von der Unsterblichkeit der Seele setzte der pietistische Prälat aus Murrhardt das Bekenntnis von der Leiblichkeit vollkommenen Lebens entgegen: „leiblich sein aus dem Fleisch und Blut Jesu ist die höchste Vollkommenheit, sonst wohnet die Fülle Gottes nicht leibhaft in Christo. Leiblichkeit ist das Ende der Werke Gottes."[25]

25 F.CHR. OETINGER, Biblisches und Emblematisches Wörterbuch dem Tellerischen Wörterbuch und Anderer falschen Schriftauslegung entgegen gesetzt, Stuttgart 1776 (Neudruck Hildesheim 1969), 407.

Eine Schule wie Bengel als Klosterpräzeptor hat Oetinger nicht gegründet. Gleichwohl hat er eine Reihe origineller Schüler gehabt[26]. Am eigenständigsten der frühverstorbene Johann Ludwig Fricker (1729–1766), zuletzt Pfarrer in Dettingen/Teck. Bekehrt während der Studienzeit durch eine Erbauungsstunde Bengels im Tübinger Stift entwickelte der musikalisch und mathematisch hochbegabte Fricker unter dem Einfluß Oetingers eine theosophische Theorie der Musik (Brevissima Theoriae Musicae Analysis, 1753), von der später Hölderlin beeinflußt wurde. Nach Studienreisen in Mähren, Ungarn, den Niederlanden bis nach England kam er schließlich mit den reformierten Pietisten Samuel Collenbusch und Gerhard Tersteegen in Berührung. Wieder in Württemberg fanden die von ihm gehaltenen Erbauungsversammlungen (Stunden) großen Zulauf. In Herrenberg war Oetingers Vikar der technisch begabte Philipp Matthäus Hahn (1739–1790)[27], Pfarrer und eifriger Stundenhalter, daneben Ingenieur, Erfinder von Waagen, Uhren, Himmelsmaschinen und Rechenmaschinen. Goethe besuchte ihn, um seine astronomischen und Rechenmaschinen zu sehen, auf der Rückkehr von seiner Zweiten Schweizerreise in seinem Pfarrhaus in Kornwestheim. Seine Tagebücher sind eine der ergiebigsten Quellen für das Konventikelchristentum in Württemberg, aber auch für weitreichende Verbindungen, in denen es stand. Die pietistischen Konventikel erfaßten im 18. Jahrhundert nur einen geringen Teil der Bevölkerung, fanden nicht, wie der hallische Pietismus, Unterstützung durch den Staat, und vertraten zudem sehr differente Auffassungen von der wahren Frömmigkeit. Der Bogen spannt sich von den in ganz Altwürttemberg verbreiteten Michelianern, der von dem Oetinger nahe stehenden Michael Hahn (s. oben S. 234) geführten Gemeinschaft, bei denen eine Heiligungsfrömmigkeit die kirchliche Rechtfertigungslehre nahezu verdrängt, bis hin zu den im Schwarzwald ansässigen Anhängern von Christian Gottlob Pregizer (1751–1824), den „Pregizerianern“, bei denen die Rechtfertigungsgewißheit jedes Streben nach Buße und Heiligung überflüssig macht (vgl. oben S. 32).

---

26 Vgl. zum folgenden ausführlich M. BRECHT, Geschichte des Pietismus, Bd. 2, Göttingen 1995, 278ff.

27 PH.M. HAHN, Die Kornwestheimer Tagebücher 1772–1777, Berlin 1979; DERS., Die Echterdinger Tagebücher 1780–1790, Berlin 1983.

Personenregister

VON JESUS VON NAZARETH BIS ZUM BAR-KOCHBA AUFSTAND

Markus Öhler
Geschichte des frühen Christentums
Basiswissen Theologie und Religionswissenschaft
2018. 366 Seiten, mit 9 Karten, kartoniert
ISBN 978-3-8252-4737-9

Dieses Lehrbuch von Markus Öhler bietet eine Rekonstruktion der Anfänge des frühen Christentums von Jesus von Nazareth bis zum Bar-Kochba Aufstand im Jahr 135 n.Chr. Zentrales Anliegen des Buches ist es, die Geschichte des frühen Christentums in den Horizont der Gesellschafts- und Zeitgeschichte der frühen Kaiserzeit einzuordnen. Dadurch werden die unterschiedlichen Ausprägungen christlicher Traditionen und Gemeinschaften ebenso erkennbar wie das wechselnde Verhältnis zum antiken Judentum und zur paganen Umgebungsgesellschaft. Die Rekonstruktion lässt so erkennen, wie und durch welche Faktoren bedingt sich frühchristliche Identitäten ausbildeten.

Vandenhoeck & Ruprecht Verlage
www.vandenhoeck-ruprecht-verlage.com

V&R böhlau

EINE SOLIDE UND ZUVERLÄSSIGE EINFÜHRUNG IN DIE GESCHICHTE DES FRÜHEN CHRISTENTUMS

Udo Schnelle
Die ersten 100 Jahre des Christentums 30–130 n.Chr.
Die Entstehungsgeschichte einer Weltreligion

2., durchgesehene Auflage 2016.
589 Seiten mit 12 Abb., kartoniert
ISBN 978-3-8252-4606-8

Innerhalb von nur 100 Jahren entwickelte sich das frühe Christentum von einer innerjüdischen Erneuerungsbewegung zu einer universal agierenden neuen und eigenständigen Religion. Udo Schnelle zeichnet zum einen diese Entwicklung historisch nach, zum anderen wird aber auch nach den politisch-kulturellen Rahmenbedingungen, den Hauptakteuren und den theologischen Konzepten gefragt, die dieser außergewöhnlichen Entstehungsgeschichte zugrunde liegen.

Vandenhoeck & Ruprecht Verlage
www.vandenhoeck-ruprecht-verlage.com

V&R böhlau

GRUNDLAGE FÜR DAS TIEFGEHENDE VERSTÄNDNIS BEIDER EPOCHEN

Martin H. Jung
Reformation und Konfessionelles Zeitalter (1517-1648)
Basiswissen Theologie und Religionswissenschaft
2012. 288 Seiten, mit 13 Abb., kartoniert
ISBN 978-3-8252-3628-1

Für die evangelische Kirchengeschichtsschreibung ist die Reformation eine eigenständige Epoche der Kirchen-, Theologie- und Frömmigkeitsgeschichte. Mit ihr endet das Mittelalter und beginnt die Neuzeit. Auf die Reformation folgt das Konfessionelle Zeitalter, das sich bis 1648 erstreckte, als der Friede von Münster und Osnabrück mehr Toleranz gewährte. Seine Ausläufer reichen bis ins ausgehende 18. Jahrhundert. Das Lehrbuch enthält den studien- und prüfungsrelevanten Lehrstoff zu beiden Epochen. Karten, Bilder, Tabellen und Auszüge aus Quellentexten machen den Text anschaulich. Das Glossar hilft beim Verstehen fremder Begriffe. Personen- und Sachregister ermöglichen das gezielte Auffinden einzelner Gestalten und Sachverhalte.

Vandenhoeck & Ruprecht Verlage
www.vandenhoeck-ruprecht-verlage.com

V&R böhlau

UMFASSENDE UND DENNOCH KOMPAKTE DARSTELLUNG DER KIRCHENGESCHICHTE IM ZEITALTER DER AUFKLÄRUNG

Albrecht Beutel
Kirchengeschichte im Zeitalter der Aufklärung
Ein Kompendium

2009. 272 Seiten, kartoniert
ISBN 978-3-8252-3180-4

Albrecht Beutels Buch bietet erstmals eine umfassende und dennoch kompakte Darstellung der Kirchengeschichte im Zeitalter der Aufklärung von der Mitte des 17. bis zum Ende des 18. Jahrhunderts. In konzentrierter, auch die Nachbardisziplinen berücksichtigender Darstellung werden zunächst die Voraussetzungen und Horizonte der theologischen Aufklärung vermessen, sodann deren unterschiedliche, selbst den Pietismus teilweise einbeziehende Erscheinungsformen skizziert. Schließlich wird beschrieben, welchen Niederschlag die Aufklärung in Theologie und Kirche sowie in zeittypischen Debatten und Konflikten gefunden hat.

Vandenhoeck & Ruprecht Verlage
www.vandenhoeck-ruprecht-verlage.com